प्रेमचंद

प्रेमचंद

आलोचनात्मक परिचय

डॉ. रामविलास शर्मा

राधाकृष्ण प्रकाशन

ISBN : 978-81-7119-177-2

प्रेमचंद

पहला संस्करण : 1941
पहला राधाकृष्ण संस्करण : 1994
छठा संस्करण : 2025

मूल्य : ₹595

प्रकाशक
राधाकृष्ण प्रकाशन प्राइवेट लिमिटेड
जी-17, जगतपुरी, दिल्ली-110 051
शाखाएँ : अशोक राजपथ, साइंस कॉलेज के सामने, पटना-800 006
पहली मंजिल, दरबारी बिल्डिंग, महात्मा गांधी मार्ग, प्रयागराज-211 001
1, अनमोल सोराबजी संतुक लेन, धोबी तलाव, मरीन लाइंस, मुम्बई-400 002
वेबसाइट : www.radhakrishnaprakashan.com
ई-मेल : info@radhakrishnaprakashan.com

मुद्रक
बी.के. ऑफसेट
नवीन शाहदरा, दिल्ली-110 032

PREMCHAND
Critical Introduction by Dr. Ram Bilas Sharma

श्री बलभद्र दीक्षित को

क्रम

भूमिका

प्रेमचंद का युग समाप्त हो गया है, या समाप्ति पर है। उनके युग की राजनीति आज बड़ी तीव्र गति से बदल रही है; पुराने आदर्श कसौटी पर कसे जा रहे हैं और नई-नई शक्तियाँ रंगभूमि में आकर नेतृत्व की चेष्टा कर रही हैं। सन् 20 और 30 से सन् 40 में बहुत बड़ा अंतर है। यह हमारी प्रगति का चिह्न है कि एक-एक दशक में एक-एक पीढ़ी जैसा परिवर्तन होता दिखाई देता है। राजनीति में युग को समाप्त होते देर भी लगती है क्योंकि जिनके हाथ में अधिकार है, वे उसे कठिनता से छोड़ते हैं, परंतु साहित्य में पुराने नेताओं में से कुछ तो नए आगंतुकों का नेतृत्व करने के लिए स्वयं उत्सुक रहते हैं, कुछ अपना कार्य कर चुकने पर यों भी पीछे पड़ जाते हैं। प्रेमचंद के युग को देखते हुए हम कह सकते हैं कि क्या राजनीति में क्या साहित्य में, उस समय उन्हीं का व्यक्तित्व सबसे अधिक क्रांतिकारी था।

प्रेमचंद का युग यथार्थवाद का युग नहीं था; वह युग आदर्शवाद और रोमांटिसिज्म का था। कविता में पंत, प्रसाद और निराला उस युग के प्रतिनिधि थे; राजनीति में महात्मा गांधी और उनकी कांग्रेस। प्रेमचंद पर उनके युग के आदर्शवाद की पूरी-पूरी छाप पड़ी थी परंतु परिस्थितियाँ कुछ ऐसी थीं जिनमें रहकर पूर्ण रूप से आदर्शवादी बनना उनके लिए सम्भव न था। कविता में उन्हीं की भाँति श्री मैथिलीशरण गुप्त हैं जो रामभक्त, वैष्णव और घोर अहिंसावादी होते हुए भी कहीं-कहीं परिस्थितियों से ऐसे प्रभावित हुए हैं कि अच्छे-अच्छे प्रगतिशीलों के कान काटते हैं। किसी भी साहित्यिक की महत्ता निश्चित करने में उसके युग का भी ध्यान रखना चाहिए। जब हम प्रेमचंद के युग की राजनीतिक और साहित्यिक शिथिलता का विचार करते हैं तो उनकी महत्ता हमारी दृष्टि में दुगनी हो जाती है।

प्रेमचंद एक आदर्शवादी युग में पैदा हुए थे, परंतु इस प्रकार के युग में उत्पन्न हुए किसी भी साहित्यिक से उनका स्थान नीचा नहीं। रूसी क्रांति के पूर्व का युग बहुत कुछ भारतवर्ष जैसा था, परंतु वहाँ की राजनीति में यहाँ से अधिक प्रगति थी। वहाँ पर किसान मजदूरों का एक दृढ़ आंदोलन चल रहा था जबकि यहाँ सुधारवादी कांग्रेस खद्दर और चर्खे को लेकर खेल कर रही थी। रूस की परिस्थितियों ने गोर्की, टॉल्सटाय और डॉस्टायव्स्की को पैदा किया। अनेक दृष्टियों से ये महान लेखक अपने

युग से पिछड़े थे। गोर्की में आवारापन अत्यधिक था और वर्ग-संघर्ष की उसे पूरी-पूरी जानकारी न थी। उसने अपनी डायरी में अपनी आवारा प्रवृत्तियों का मार्मिक वर्णन किया है। अपने रोमांटिकपन के कारण वह क्रांति के पश्चात भी क्रांति के पूर्व के ही पुराने चित्र बनाता रहा। प्रेमचंद अपने युग के साथ थे और अपने युग की उथल-पुथल को उन्होंने अपनी रचनाओं में चित्रित किया है। टॉल्सटाय पर ईसाई धर्म का अत्यधिक प्रभाव था। यद्यपि उसने रूसी पादरियों का विरोध किया था फिर भी उसकी व्यापक धार्मिकता उसके क्रांतिकारी बनने में बाधक रही। वह जीवन के अंत तक बहुत कुछ सत्य के प्रयोग करता रहा और आध्यात्मिक विकास उसका प्रधान लक्ष्य रहा। महात्मा गांधी ने उसे यों ही अपना गुरु नहीं माना है। इसके विपरीत प्रेमचंद ने धर्म को एक सामाजिक रूप दिया है; तटस्थ रहकर सामाजिक परिस्थितियों में उलझे हुए मनुष्य के धार्मिक विचारों को बनते-बिगड़ते दिखाया है। डॉस्टायव्स्की ने हत्यारों, विक्षिप्तों, अस्वस्थ मानसिक दशा के व्यक्तियों का चित्रण किया है। इस युग में 'साइको अनैलिसिस' के विकास के साथ उसकी काफी पूछ रही है। रूसी लेखकों में वह सबसे कम क्रांतिकारी है। किसी लेखक को यह कहना कि वह डॉस्टायव्स्की है, एक प्रकार से उसकी निंदा करना है।

भारतीय लेखकों में बहुधा शरच्चंद्र से उनकी तुलना की जाती है। दोनों में आकाश-पाताल का अंतर है। शरत बाबू बंगाल के भद्रलोक और वहाँ की घरेलू समस्याओं का चित्रण करते हैं। उनकी संस्कृति, उनका समाजसुधार, उनकी क्रांति भी भद्रलोक की है। 'पथ के दावेदार' में उन्होंने मध्यवर्ग की क्रांति में अपना विश्वास स्पष्ट कर दिया है। शरत बाबू के उपन्यासों में एक-सी समस्याओं की आवृत्ति हुई है। श्रीकांत की कहानी उनकी आत्म-कथा कही जाती है; वैसी कथा अन्य उपन्यासों में भी मिलती है। श्रीकांत की समस्या स्त्री के प्रति आकर्षण-प्रत्याकर्षण की समस्या है। प्रेम स्त्री के पास खींच लाता है परंतु प्रेम की तृप्ति में कोई निर्बलता बाधक होती है और प्रेमी फिर दूर चला जाता है। यह समस्या उनके और उपन्यासों में भी है। प्रेमचंद को ऐसी समस्याओं के चित्रण से कोई वास्ता न था; उनका मार्ग ही दूसरा था।

अपने उपन्यासों में उन्होंने सामाजिक संघर्ष के चित्र दिए हैं। प्रेमाश्रम का आधार किसान-जमींदार का संघर्ष है; गोदान की समस्या किसान-महाजन की है। कर्मभूमि में अछूत आंदोलन और रंगभूमि में नए उद्योग-धंधों से गाँवों में परिवर्तन का चित्रण किया गया है। समाज के इतने विभिन्न स्तरों का व्यापक ज्ञान संसार के बहुत कम साहित्यिकों में मिलेगा। प्रेमचंद के विचार बहुत स्पष्ट नहीं थे परंतु उनमें कलाकार की सचाई की कमी न थी। उन्होंने परिस्थितियों को घटा-बढ़ाकर नहीं चित्रित किया; अपने युग की निर्धनता, दासता और पीड़ितों की आर्त वेदना को जैसा उन्होंने अनुभव किया था, वैसा दूसरे ने नहीं। आज के साहित्यिक के विचार बहुत कुछ स्पष्ट हो गए हैं, परंतु उसके पास प्रेमचंद का अनुभव नहीं है, उनकी-सी सचाई भी कम है। प्रेमचंद की कृतियों

का हमारे लिए यह संदेश है कि हम जनता में जाकर रहें और काम करें—अपनी रचनाओं में जनता-जनता कम चिल्लाएँ।

प्रेमचंद ने साहित्य में कितना काम किया है और कहाँ से अपनी साहित्यिकता आरम्भ करने से लेखक प्रगतिशील बन सकता है—कम से कम इतना इस पुस्तक के पढ़ने से स्पष्ट हो जाना चाहिए।

इस पुस्तक के प्रकाशन के साथ सर्वश्री विनोदशंकर व्यास, अमृतलाल नागर, गंगाप्रसाद मिश्र तथा वाचस्पति पाठक के प्रति कृतज्ञता प्रकाश करना मेरा कर्तव्य है जिनसे उसके निर्माण में मुझे अनेक प्रकार की सहायता एवं प्रेरणा मिली है।

रामविलास शर्मा

दूसरे संस्करण की भूमिका

प्रेमचंद पर पहली प्रगतिशील आलोचना पुस्तक

जनार्दन प्रसाद झा 'द्विज' की पुस्तक **प्रेमचंद की उपन्यास कला** दिसम्बर 1933 में वाणी मंदिर छपरा से प्रकाशित हुई थी। कई दृष्टियों से यह पुस्तक बहुत महत्त्वपूर्ण है। सामयिक समस्याओं का चित्रण करने वाला साहित्य स्थायी नहीं होता, इस धारणा का उल्लेख करते हुए झा ने उस पर सीधा प्रहार किया है। उनकी घोषणा है : "अपने समय का सच्चा चित्र खींचे बिना कोई भी कलाकार अपनी कला के द्वारा लोकधर्म का पालन नहीं कर सकता।" और उन्होंने प्रश्न किया है : "संसार में आज तक कोई ऐसा भी कलाकार हुआ है जिसने अपनी रचनाओं को अपने समय का सच्चा प्रतिनिधित्व न सौंप दिया हो?" (118-19) स्वभावतः वह देश-विदेश के अन्य कथाकारों से उनकी तुलना करते हैं। यह तुलना अब तो सामान्य हो गई है परंतु 'हिंदी में क्या है?' के उस युग में यह साहस का काम था। प्रसाद, कौशिक, वृंदावनलाल वर्मा, जैनेंद्र आदि के बाद रवींद्रनाथ, गोर्की आदि से तुलना करने के पहले उन्होंने एक बड़े मार्के की बात कही है : "इस युग का कोई भी प्रश्न अब एक राष्ट्रीय—नहीं रह गया है—प्रत्येक प्रश्न के साथ किसी-न-किसी प्रकार का अंतर्राष्ट्रीय महत्त्व लगा रहता है। प्रेमचंद जी के उपन्यास भारत की उन गम्भीर समस्याओं पर प्रकाश डालते हैं जिनका सम्बन्ध एक मात्र भारत के ही हितों से नहीं, सारे संसार के हितों से है।" (177) राष्ट्र की समस्याओं को अंतर्राष्ट्रीय परिप्रेक्ष्य में देखना चाहिए, इसी धारणा के अनुरूप वह प्रेमचंद के उपन्यासों को भारतीय और विश्व साहित्य के परिप्रेक्ष्य में देखते हैं।

झा के विचार से रवींद्रनाथ और प्रेमचंद दोनों "लोकोपयोगी कलाकार" हैं (178); रवींद्रनाथ में भावुकता अधिक है, प्रेमचंद में विविधता अधिक है। शरच्चंद्र में "कोमलता" है, "हृदय संग्राम" है, प्रेमचंद में "ओजस्विता" है, "जीवन-संग्राम" है (181)। हार्डी के उपन्यासों में ग्रामीण जीवन के सुंदर चित्र हैं, प्राकृतिक दृश्यों का वर्णन है, परन्तु उनमें "निराशावाद की मात्रा अधिक पाई जाती है।" (184) अभिजात साहित्य और जनसाहित्य का भेद गाल्सवर्दी और प्रेमचंद की तुलना में बहुत स्पष्ट हुआ है : "प्रेमचंद जी जहाँ

जीवन की साधारण आवश्यकताओं के अभाव में तड़पते हुए, अन्न-वस्त्र के दुख से दुखी, दीन-हीन प्राणियों की व्यथा का मार्मिक विश्लेषण करते हैं, वहाँ 'गाल्सवर्दी' की कला का प्रवेश कम है। वे तो अधिकतर, असाधारण वर्ग के, असाधारण प्राणियों की, असाधारण वेदना के ही विश्लेषक से जान पड़ते हैं—साधारण मनुष्यों के, दीन-हीन प्राणियों के, अभाव-कष्ट की कथा उनकी उपन्यास कला के लिए कोई विशेष आकर्षण नहीं रखती दीख पड़ती।" (187) कुछ नाटकों में गाल्सवर्दी ने "साधारण वर्ग के लोगों के सुख-दुख से सम्बन्ध रखने वाली" सामयिक समस्याओं पर भी लिखा है; इन पर "प्रकाश डालना ही प्रेमचंद जी की उपन्यास कला का प्रधान काम होता है।" (185)

अभिजात और साधारण का यह भेद हमारे सांस्कृतिक इतिहास के लिए बहुत महत्त्वपूर्ण है। इससे पता चलता है कि संगठित प्रयास के बिना, सन् 30-31 के आंदोलन की विफलता के बाद, हिंदी आलोचना में प्रगतिशील रुझान अपने आप उभर रहे थे। प्रेमचंद ने अपने कथा-साहित्य द्वारा इस दिशा में पहल की थी। झा ने प्रेमचंद की तुलना गोर्की से भी की है। यह तुलना बहुत दिलचस्प है और उसे विस्तार से उद्धृत करना आवश्यक है। कहते हैं :

"रूसी भाषा के सुप्रसिद्ध उपन्यासकार 'मैक्सिम गोर्की' अपनी रचनाओं में अपने देश की स्थिति का चित्रण उसी तरह करते हैं जिस तरह प्रेमचंद जी। 'गोर्की' वर्तमान रूस की सामाजिक और राजनीतिक क्रांति के सबसे बड़े विश्लेषक हैं और प्रेमचंद जी आधुनिक भारत की सामाजिक और राष्ट्रीय भावनाओं के। गोर्की के 'मदर' (माँ) नामक उपन्यास की समस्याओं के स्वरूप में बड़ी समता है। 'डिकन्स' की तरह 'गोर्की' की रचनाओं में भी चोरों, डाकुओं, पियक्कड़ों आदि के बड़े आकर्षक चरित्र-चित्र देखने को मिलते हैं। वस्तुतः समाज के दीन-हीन लांछित और बहिष्कृत लोगों के आभ्यंतरिक जीवन की व्याख्या करने में ये कमाल करते हैं। 'कर्मभूमि' के 'काले खाँ'–जैसे दो-एक इसी वर्ग के पात्रों का चरित्र-चित्रण प्रेमचंद जी ने भी अपनी रचनाओं में किया है, किंतु ऐसा करते समय इन्होंने मार्मिकता से उतना काम नहीं लिया है जितना दार्शनिकता से। उन्हें हम अधमता के पैरों तले लोटते देखते हैं और मनुष्य की तरह नहीं मानते, उनकी छिपी हुई मनुष्यता के मार्मिक उपकरणों का उद्घाटन और विश्लेषण करना 'गोर्की' की कला का उद्देश्य रहता है किंतु प्रेमचंद जी की कला का उद्देश्य रहता है उन्हें बाहरी नैतिक दृष्टांतों द्वारा मनुष्यता के आदर्श रूप का बोध कराना।" (185-86)

झा आदर्शवाद के प्रभाव से पूरी तरह मुक्त नहीं हैं, प्रेमचंद भी उससे पूरी तरह मुक्त नहीं थे। किंतु जैसे प्रेमचंद के कथा-साहित्य में यथार्थवाद की धारा ही अधिक शक्तिशाली है, वैसे ही झा की आलोचना में प्रगतिशील विचारधारा प्रधान है। उनकी पुस्तक का सबसे महत्त्वपूर्ण अध्याय 'देशकाल का प्रतिबिम्ब' है। इसका सूत्रवाक्य यह

है : "हमारे समाज में जितने प्रकार के लोग रहते हैं उन सबके आचार-विचार, रीति-रिवाज, रहन-सहन तथा उनकी जीवन-स्थिति से सम्बन्ध रखने वाली अन्यान्य छोटी-मोटी बातों का सर्वांग सुंदर वर्णन उपस्थित करके, हमारे सामाजिक और राष्ट्रीय जीवन को संचालित करने वाली भिन्न-भिन्न संस्थाओं तथा उनकी कार्य-प्रणालियों की वस्तुस्थिति का दिग्दर्शन करा के, अपने पाठकों को देश-काल सम्बन्धी सच्चे ज्ञान की सीमा के भीतर ले आना इनके उपन्यासों का एक आवश्यक कार्य होता है।" (113) **समाज में जितने प्रकार के लोग रहते हैं**—उन प्रकारों को आधार बनाकर प्रेमचंद-साहित्य का विश्लेषण किया जा सकता है, यह उद्भावना यहाँ विद्यमान है। झा ने विश्लेषण के लिए 'वस्तु-विन्यास', 'चरित्र-चित्रण', 'कथोपकथन का प्रयोग', 'भाषा शैली और भाव व्यंजना' और 'उद्देश्य-पालन' को आधार बनाया है। ये उनके अध्यायों के शीर्षक हैं। परंतु हर अध्याय में लोगों के 'प्रकार' उनकी आँखों से ओझल नहीं होते। यही नहीं, वह इन प्रकारों के बीच जो टक्कर होती है, उस पर भी ध्यान देते हैं। **प्रेमाश्रम** को वह "किसानों और जमींदारों के अधिकार-युद्ध" की करुण कथा मानते हैं। (13) **कायाकल्प** में "अपार्थिव और अविश्वसनीय वातावरण की सृष्टि की गई है" (14), फिर भी इसमें "साम्प्रदायिक झगड़े तथा किसान-आंदोलन से सम्बन्ध रखने वाली राजनीतिक घटनाओं का भी सजीव विवरण उपस्थित किया गया है।" (115) **रंगभूमि** "गरीबों और अमीरों के जीवन से सम्बन्ध रखने वाली नाना प्रकार की समस्याओं की ओर हमारा ध्यान आकृष्ट करती है।" (115) इसी तरह **कर्मभूमि** : "हमारे राष्ट्र के निर्माण कार्य में दलितों, गरीब किसानों और मजदूरों की दुरवस्था के सुधार का प्रश्न कितना महत्त्वपूर्ण है और इस प्रश्न की जटिलता दूर करने के लिए हमें क्या-क्या करना चाहिए, यही इसमें बतलाया गया है।" (16-17)

दलितों, गरीब किसानों और मजदूरों की दुरवस्था पर ध्यान केंद्रित करना प्रगतिशील साहित्य की मुख्य विशेषता बना। सामंतवादी संस्कृति के पोषक जितने तत्त्व भारत में थे, वे जन-साधारण के जीवन की समस्याओं से साहित्य को जोड़ने का प्रबल विरोध करते थे। वे जानते थे, इन समस्याओं से साहित्य को जोड़ने का परिणाम देश के क्रांतिकारी आंदोलन को बढ़ावा देना होगा। परंतु झा ने पूछा : "फ्रांस के लेखकों ने क्या फ्रांसीसी विप्लव का विश्लेषण अपनी-अपनी रचनाओं में नहीं किया है? रूस के कहानी-लेखकों तथा उपन्यासकारों की रचनाएँ क्या रूस की राज्यक्रांति का चित्र उपस्थित नहीं करतीं?" (119) प्रेमचंद के जीवनकाल में और उनके निधन के बाद भी शाश्वतवादियों का कहना था कि प्रेमचंद में एक बड़े कलाकार की क्षमता है ही नहीं। झा ने बड़ी दृढ़ता से इस लांछन का उत्तर दिया : "अपनी कृतियों में अपने समय का सर्वांग सुंदर चित्र उतारना यदि साहित्यिक अक्षमता है तो इसी अक्षमता के नाते प्रेमचंद जी भारतीय कथा-साहित्य के संसार में आज अपने समय के सबसे विश्वस्त प्रतिनिधि कलाकार कहे जा सकते हैं ··· सच तो यह है कि इनका प्रस्तुत किया हुआ

साहित्य सामयिकता की छाप लिये हुए है, इसी से उसकी आत्मा को हम अच्छी तरह पहचान सकते हैं, उसे जी खोलकर प्यार कर सकते हैं, उसके साथ अपनी अनुभूति का सामंजस्य संस्थापित कर सकते हैं।" (117-18)

जनार्दन प्रसाद झा 'द्विज' की पुस्तक **प्रेमचंद की उपन्यास कला** प्रेमचंद पर, मेरी जानकारी में, पहली आलोचना पुस्तक है, वह निश्चय ही प्रेमचंद के उपन्यासों पर ध्यान केंद्रित करने वाली पहली पुस्तक है और प्रगतिशील दृष्टिकोण से प्रेमचंद साहित्य का विश्लेषण करने वाली भी वह पहली पुस्तक है। प्रेमचंद अपने कथा-साहित्य में जो दृष्टि अपनाते हैं, उसी का प्रतिफलन झा की आलोचना है। इस प्रकार मूल कथा साहित्य और उसकी आलोचना में यहाँ जबर्दस्त सामंजस्य है। यह इस पुस्तक का युगांतरकारी महत्त्व है। स्मरणीय है कि प्रेमचंद की अमर कृति, **गोदान**, अभी प्रकाशित न हुई थी।

प्रेमचंद के मार्क्सवादी अध्ययन का आरम्भिक प्रयास

हिंदी में अपना पहला लेख मैंने निराला पर लिखा था, हिंदी में अपनी पहली आलोचना पुस्तक मैंने प्रेमचंद पर लिखी। मेरे कई मित्रों को आश्चर्य था कि अपनी पहली पुस्तक के लिए मैंने निराला की जगह प्रेमचंद को चुना। यह पुस्तक सन् 39-40 में लिखी गई थी और 1941 में प्रकाशित हुई थी। उस समय 'हंस' प्रगतिशील लेखकों का मुखपत्र था, मैं उसमें लिखता तो था पर प्रगतिशील लेखक संघ का सदस्य नहीं था। प्रगतिशील साहित्य को लेकर उस समय बहुत तरह के विवाद चल रहे थे। इन विवादों से जुड़े हुए लेखकों में एक दल उनका था जो प्रेमचंद साहित्य के प्रगतिशील पक्ष को अस्वीकार करते थे, वह उन्हें फौरी समस्याओं पर लिखने वाला प्रचारक मानते थे, कुछ तो उन्हें घृणा का प्रचारक तक कहते थे। उनके मुकाबले में वह मानव हृदय की सूक्ष्म भावनाओं का चित्रण करने वाले के रूप में शरच्चंद्र को पेश करते थे। दूसरा दल उन लेखकों का था जो प्रगतिशील साहित्य की आवश्यकता स्वीकार करते थे पर मानते थे कि प्रेमचंद यह आवश्यकता पूरी नहीं कर पाए। ये लोग यूरुप की भाषाओं के बड़े-बड़े लेखकों का नाम लेते थे और उनकी तुलना में प्रेमचंद को बहुत पिछड़ा हुआ पाते थे। उनकी यह अभिलाषा भी थी कि जो काम प्रेमचंद नहीं कर पाए, उसे अब वे स्वयं करेंगे। इन्हीं को लक्ष्य करके अपनी पुस्तक की भूमिका में मैंने लिखा था : "प्रेमचंद ने साहित्य में कितना काम किया है और कहाँ से अपनी साहित्यिकता आरम्भ करने से लेखक प्रगतिशील बन सकता है,—कम से कम इतना इस पुस्तक के पढ़ने से स्पष्ट हो जाना चाहिए।"

प्रगतिशील साहित्य का विकास आवश्यक है पर यह विकास तभी होगा जब नए लेखक प्रेमचंद को पढ़ेंगे, उनसे सीखेंगे और उनकी तरह श्रमिक जनता से घनिष्ठ सम्पर्क कायम करेंगे। मैंने भूमिका में यह भी लिखा था : "आज के साहित्यिक

के विचार बहुत कुछ स्पष्ट हो गए हैं परंतु उसके पास प्रेमचंद का अनुभव नहीं है, उनकी-सी सचाई भी कम है। प्रेमचंद की कृतियों का हमारे लिए यह संदेश है कि हम जनता में जाकर रहें और काम करें—अपनी रचनाओं में जनता-जनता कम चिल्लाएँ।" प्रगतिशील लेखन सम्बन्धी वाद-विवाद से निराला उस तरह न जुड़े थे प्रेमचंद जिस तरह जुड़े थे। इसलिए मेरी पहली आलोचना पुस्तक निराला पर नहीं प्रेमचंद पर थी। उसकी पृष्ठभूमि में यह वाद-विवाद है, पाठक इस बात का ध्यान रखें।

सन् 36 में प्रेमचंद ने प्रगतिशील लेखकों के प्रथम सम्मेलन की अध्यक्षता की। इससे पहले वह लेखकों के संगठन की आवश्यकता पर ध्यान दे रहे थे, यह **हंस** की सम्पादकीय टिप्पणियों से स्पष्ट है और वह **हंस** को अखिल भारतीय साहित्य का मुख-पत्र बना रहे थे यह भी उसके अंकों से स्पष्ट है। किंतु प्रगतिशील लेखक संघ के प्रमुख कार्यकर्ता मुल्कराज आनंद और सज्जाद ज़हीर प्रेमचंद के इस कार्य से अपरिचित थे। प्रेमचंद ने प्रगतिशील लेखक सम्मेलन की अध्यक्षता की, उनकी समझ में इसका भी कोई विशेष महत्त्व न था। महत्त्व था लंदन में इन लोगों द्वारा 1935 में प्रोग्रेसिव राइटर्स एसोसिएशन के बीजारोपण का। 'न्यू इंडियन लिटरेचर' (1939) पत्रिका में मुल्कराज का लेख छपा था—'ऑन द प्रोग्रेसिव राइटर्स मूवमेंट'। इसमें लंदन वाले उस बीजारोपण का उल्लेख है, प्रेमचंद का कहीं नाम भी नहीं है। उनके अध्यक्षीय भाषण को छापने का प्रश्न ही न था। मुल्कराज आनंद ने अपने लेख में भारत की अन्य भाषाओं के लेखकों के नाम गिनाए हैं, इंग्लैंड के लेखकों की भी चर्चा की है, परंतु प्रेमचंद का नाम उन्होंने नहीं लिया। मुल्कराज आनंद के चेतन या उपचेतन में कहीं प्रेमचंद के प्रति स्पर्धाभाव था। दोनों कथाकार थे, दोनों अपने-अपने ढंग से प्रगतिशील थे। भारत का प्रतिनिधि लेखक किसे माना जाए? मुल्कराज ने अपना साहित्य अंग्रेजी में लिखा था और अधिकतर इंग्लैंड में रहते हुए लिखा था। प्रेमचंद ने अपना साहित्य हिंदी-उर्दू में लिखा था, और अधिकतर किसानों के जीवन को लेकर लिखा था। मुल्कराज के पाठक दो बातों की विशेष चर्चा करते थे : एक तो गालियों का व्यवहार, अधिकतर अंग्रेजी अनुवाद में; दूसरे जहाँ-तहाँ यौन क्रियाओं का वर्णन। प्रेमचंद इन दोनों से कोसों दूर थे। सन् 20 के आसपास भारत में जगह-जगह किसान आंदोलन फूट रहे थे, प्रेमचंद इनसे परिचित थे, मुल्कराज उनसे कोसों दूर थे।

उस समय प्रगतिशील लेखकों की आम धारणा यह थी कि **गोदान** लिखते समय प्रेमचंद अच्छे प्रगतिशील लेखक बन रहे थे, तभी दुर्भाग्य से उनका देहांत हो गया। यह धारणा मार्च 1937 के **विशाल भारत** में प्रकाशित शिवदान सिंह चौहान के प्रसिद्ध लेख 'भारत में प्रगतिशील साहित्य की आवश्यकता' में प्रतिबिम्बित है। दोष शिवदान सिंह चौहान का नहीं है। वह अभी हिंदी साहित्य से परिचित हो रहे थे और इस

साहित्य पर मुल्कराज-सज्जाद ज़हीर से प्राप्त सूत्रों को सिद्ध कर रहे थे। बागडोर शिवदान सिंह के हाथ में नहीं, उन दोनों महारथियों के हाथ में थी। ये महारथी उर्दू-अंग्रेजी से परिचित थे, हिंदी से उनका परिचय बहुत कम था। प्रेमचंद **हंस** हिंदी में निकालते थे, उर्दू या अंग्रेजी में नहीं। मुल्कराज और सज्जाद ज़हीर की तुलना में शिवदान सिंह हिंदी-साहित्य के विद्वान थे। हिंदी पाठक मुल्कराज और सज्जाद जहीर के बारे में कुछ न जानते थे, उनके लिए शिवदान सिंह नई विचारधारा के प्रतिनिधि थे।

उस समय प्रगतिशील लेखक संघ के संगठनकर्ता यह मानते थे कि उनके अविर्भाव से पहले भारतीय भाषाओं में जो कुछ लिखा गया है, वह अधिकतर निर्जीव और प्रतिक्रियावादी है। यह धारणा उनके 1936 के घोषणा-पत्र में है, 1938 के उसके संशोधित रूप में है। यह धारणा अगस्त 1938 के **रूपाभ** के सम्पादकीय में है। **रूपाभ** के सम्पादक को यह बहुत स्वाभाविक लगता था कि संसार के प्रगतिशील साहित्यिक ज्वार में "पिछले युगों की, वर्गों में सीमित समस्त संस्कृतियाँ सदैव के लिए एक नवीन जलप्रलय में बहकर निमग्न हो जाएँगी।" यह एक बालरोग था जिससे अनेक युवा और प्रौढ़ लेखक पीड़ित थे। बहुत से लोग समझते थे कि साहित्य में मार्क्सवाद को लागू करने का यही तरीका है। जिस मार्क्सवाद को वे लागू कर रहे थे, वह मार्क्स और एंगेल्स की कुछ स्थापनाओं पर आधारित था। उन्होंने मार्क्स, एंगेल्स के चिंतन की विकासमानता को, उस चिंतन के क्रांतिकारी सारतत्त्व को न पहचाना था। वह बालरोग सन् 40-41 में था और सन् 90-91 में भी है।

सवाल केवल प्रेमचंद या तुलसीदास का नहीं है, अंग्रेजी राज कायम होने से पहले भारतीय समाज के सारे विकास का है। यदि भारत स्वायत्त ग्राम समाजों का देश रहा है तो अंग्रेजी राज कायम हुए बिना यहाँ कोई परिवर्तन हो कैसे सकता था? और इस अपरिवर्तनशील, जड़ समाज में ऊँचे स्तर के साहित्य का सृजन कैसे हो सकता था? भारत के सामाजिक विकास के प्रति और उस समाज में रचे हुए साहित्य के प्रति जो निषेधात्मक दृष्टिकोण पचास साल पहले था, वह बहुत से आलोचनात्मक लेखन में अब भी है। यदि मार्क्स की स्थापनाओं को विकसित और परिवर्तित होते दिखाया जाए तो अनेक विशेषज्ञ कहते हैं—यह मार्क्सवाद का विरोध है। साथ ही अनेक मार्क्सवादी लेखक यह मानने को तैयार हैं कि बहुत-सा पुराना साहित्य मानवतावादी है। लेकिन इस मानवतावाद का सामाजिक आधार क्या है? कहीं स्वायत्त ग्राम समाज भी मानवतावाद के आधार बने हैं? केवल मार्क्सवादी लेखक नहीं, वामपक्ष के अधिकांश सिद्धांतकार एक तगड़े अंतर्विरोध की गिरफ्त में हैं। वे यह मानने को तैयार नहीं हैं कि भारत के सामंती ढाँचे के भीतर व्यापारिक पूँजीवाद का विकास हुआ; साथ ही यह कहने को तैयार नहीं हैं कि स्वायत्त ग्राम समाजों के देश में रचा हुआ साहित्य त्याग देने के योग्य है।

दो तरह के लेखक इस अंतर्विरोध से मुक्त हैं। एक है अराजकतावादी। ये कहते हैं, भारत में वर्ग नहीं हैं, यहाँ अगड़ी-पिछड़ी जातियाँ हैं। पिछड़ी जातियाँ अगड़ी जातियों से भिड़ जाएँ—भारतीय क्रांति का यही रूप होगा। इनमें अनेक चीनी क्रांति के परम प्रशंसक हैं। वे यह नही बताते, चीन में कौन-सी पिछड़ी जातियाँ किन अगड़ी जातियों से लड़ी थीं। वहाँ तो धनी, मझोले और गरीब किसानों का सवाल महत्त्वपूर्ण हो जाता है; भारत में रह जाती हैं केवल बिरादरियाँ! बिरादरियाँ आपस में लड़ें। यहाँ मजदूर और गरीब किसान अपने वर्गों के आधार पर तो किसी से लड़ेंगे नहीं! पर उनके न लड़ने से लाभ होगा साम्राज्यवाद और पूँजीवाद को, और सामंतवाद को भी।

जातिवाद सामंती व्यवस्था की देन है। ऊपर से देखने में लगता है नीची जातियाँ ऊँची जातियों से लड़ें तो यह व्यवस्था टूटेगी। वास्तव में ऐसी लड़ाई उस व्यवस्था की सीमाओं के भीतर होती है, सीमाएँ अपनी जगह बनी रहती हैं, उनके टूटने का सवाल नहीं है। मान लीजिए शूद्र लड़-भिड़कर द्विज बन गया और द्विज पतित होकर शूद्र हो गया। द्विज और शूद्र का भेद फिर भी बना रहा। यह भेद सामंती व्यवस्था की विशेषता है। वास्तव में द्विजों के अंदर बीसियों ऊँची-नीची जातियाँ हैं, वैसे ही शूद्रों में हैं। आक्रमण के लिए अथवा आत्मरक्षा के लिए पिछड़ी जातियाँ संगठित होंगी तो उसी तरह अगड़ी जातियाँ संगठित होंगी। वित्त के चलन से, विनिमय के विकास से, सामंती व्यवस्था विघटित होती है, वर्ण व्यवस्था टूटती है। भिन्न वर्णों और जातियों के लोग नए स्तर पर पुनर्गठित होते हैं। कबीर जिस साधु को बार-बार सम्बोधित करते हैं, वह वर्णमुक्त है, वह शूद्रत्व या द्विजत्व से बँधा हुआ नहीं है। खेती न किसान को भिखारी को न भीख बलि—तुलसीदास के ये किसान किसी एक वर्ण या जाति के नहीं हैं, न उनके भिखारी किसी एक वर्ण या जाति के हैं। तबसे अब तक समाज में वर्ग विभाजन और स्पष्ट हो गया है। प्रेमचंद साहित्य में यह वर्ग विभाजन साफ़ दिखाई देता है और इस पुस्तक में उसी आधार पर प्रेमचंद साहित्य का विवेचन किया गया है।

पुस्तक जब लिखी गई थी, तब मार्क्सवादी पुस्तकें आसानी से न मिलती थीं। मैं सन् 38 में लखनऊ विश्वविद्यालय में अध्यापक हो गया था, वहाँ के पुस्तकालय से अच्छी तरह परिचित था। इससे पहले सन् 31-32 में, बी.ए. के द्वितीय वर्ष में, हमें राजनीति के सिद्धांत पढ़ाए गए थे। इनमें समाजवाद का सिद्धांत भी था। मार्क्स, एंगेल्स, लेनिन, स्तालिन की रचनाएँ कहीं देखने को न मिलती थीं। सन् 41 में सोवियत संघ पर जर्मन आक्रमण के बाद, काफी संघर्ष के बाद, कम्युनिस्ट पार्टी को कानूनी जीवन बिताने की अनुमति मिलने पर मार्क्सवादी साहित्य धीरे-धीरे सुलभ होने लगा। लेकिन ब्रिटेन के सोशलिस्टों के लेखन में मार्क्सवाद की आलोचना अक्सर होती थी। अप्रत्यक्ष रूप में ही सही, उससे मार्क्सवाद का थोड़ा-बहुत परिचय हो जाता था।

मार्क्सवादी और गैरमार्क्सवादी समाजवाद में मुख्य भेद वर्ग-संघर्ष को लेकर है। गैरमार्क्सवादी सोशलिस्ट वर्गों की बात करते थे, वर्ग-संघर्ष से बचते थे। मेरी पुस्तक में वर्गों की बात है, वर्ग-संघर्ष की भी। प्रेमचंद के समय में जैसा भारतीय समाज था, वैसे समाज का विश्लेषण इंग्लैंड के किसी सोशलिस्ट ने न किया था।

यहाँ दो तरह के यथार्थ एक साथ विद्यमान थे : एक वर्गों का यथार्थ, दूसरा वर्णों और बिरादरियों का यथार्थ। मार्क्स, एंगेल्स, लेनिन, स्तालिन की रचनाओं में ऐसे सूत्र नहीं हैं जिनको लागू करने से भारतीय समाज का विश्लेषण अपने आप प्रस्तुत हो जाए। प्रेमचंद के मार्क्सवादी अध्ययन के रास्ते में अनेक कठिनाइयाँ थीं, अब भी हैं।

वर्गों के आधार पर प्रेमचंद साहित्य का विश्लेषण करने के लिए मैंने उपन्यासों के साथ उनकी कहानियों को भी समेट लिया था। कथा-साहित्य के अलावा उनके विवेचनात्मक गद्य पर भी मैंने भरसक ध्यान दिया था। 'आदर्श और यथार्थ' शीर्षक पहले अध्याय में प्रेमचंद के मानस में दो विरोधी प्रवृत्तियों के द्वंद्व का विवरण है। निष्कर्ष यह है कि "उनकी आंतरिक मनोवृत्ति यथार्थवाद की ओर थी।" आदर्शवाद की रक्षा के लिए वह यथार्थ की कटुता को छिपाते नहीं हैं। 'महाजनी सभ्यता' के अंतर्गत पूँजीवाद और पूँजीवादी संस्कृति के बारे में प्रेमचंद के दृष्टिकोण का विवेचन है। अगले चार अध्यायों में राजाओं, जमींदारों, हाकिमों और महाजनों द्वारा किसानों के शोषण की चर्चा है। 'राजनीतिक आंदोलन' में स्वाधीनता आंदोलन के प्रति विभिन्न वर्गों की अलग-अलग तरह क़ी धारणाएँ दिखाई गई हैं। इस आंदोलन की कमजोरी यह है कि वह निर्धन जनता के कष्ट दूर करने के लिए उसे गोलबंद नहीं कर पाता। "प्रेमचंद में अथवा उनके युग में नए नेतृत्व का निर्माण नहीं होता, न वह जनता को दूसरी राह से आगे बढ़ने का आदेश करता है।" नया नेतृत्व अर्थात् गैरकांग्रेसी नेतृत्व; दूसरी राह से, क्रांतिकारी राह से, स्वाधीनता आंदोलन का आगे बढ़ना आवश्यक था। 'समाज से बहिष्कृत' में दलित, चमार, मेहतर, आवारा, भिखारी, अनाथ बच्चे आदि हैं जिनसे प्रेमचंद को गहरी सहानुभूति थी। मेरे लिए अब भी इस पुस्तक का बहुत दिलचस्प अध्याय है 'समाज की मर्यादा'। इसमें परिवार के विघटन पर ध्यान केंद्रित किया गया है। मार्क्सवादी साहित्य में परिवार पर कम ही लिखा जाता है। परिवार और उनकी संस्कृति वर्गों से परे नहीं हैं। एक शोषण परिवार के बाहर है, दूसरा उसके भीतर है। "समाज में इस भीतरी शोषण की जड़ जमाए रखने के लिए धर्म और अंधविश्वास उसे सींचा करते हैं।"

इस तरह का अध्ययन मुख्यतः समाजशास्त्रीय होता है। पर यहाँ एक अध्याय 'प्रेमचंद की कला' पर भी है। इसे अपर्याप्त कहा जा सकता है पर लेखक ने कला-पक्ष पर ध्यान ही नहीं दिया, उस पर यह आरोप नहीं लगाया जा सकता। मेरा उद्देश्य प्रगतिशील लेखकों को यह बताना था कि पहले वे प्रेमचंद साहित्य में भारतीय समाज

की प्रतिच्छवि पहचानें, अपनी रचनाओं में प्रेमचंद के बराबर आ जाएँ, फिर उनसे आगे बढ़ने का दावा पेश करें। 'प्रेमचंद के विचार' (परिशिष्ट) के अंत में यह उद्देश्य स्पष्ट कर दिया गया था। प्रगतिशील लेखक सम्मेलन के अध्यक्ष प्रेमचंद के लिए "प्रगतिशील लेखक साहित्य में कुछ ऐसा न करने जा रहे थे जो नितांत नवीन हो और पूर्व साहित्य उससे अपरिचित हो। केवल नाम का बिल्ला लगाने से कोई प्रगतिशील या अन्य रूप से महान साहित्यिक नहीं हो जाता।" प्रगतिशील लेखक संघ के नेता स्वयं को मार्क्सवादी कहते थे, इसलिए परम्परागत आलोचना का मार्ग छोड़कर मैंने उन्हें यह बताने का प्रयत्न किया था कि मार्क्सवादी दृष्टिकोण से प्रेमचंद का विश्लेषण किया जाए तो भारतीय समाज का एक भरा-पूरा चित्र उनके साहित्य में उभर कर सामने आता है।

इस विश्लेषण की सीमाएँ थीं। पुस्तक में किसी भी उपन्यास या कहानी का, उसकी समग्रता में, कलाकृति के रूप में, विवेचन न किया गया था। इसलिए कलाकार के रूप में प्रेमचंद की रचना-क्षमता का भरपूर निदर्शन न हो सकता था। इसके विपरीत कलाकृतियों के अलग-अलग विवेचन से समग्र प्रेमचंद साहित्य में किसी भी वर्ग के चित्रण की जानकारी न हो सकती थी। ऐसी जानकारी देने का यह पहला प्रयास था। ऐसा प्रयास, अधिक विस्तार से, अधिक गहराई से, किया जाना चाहिए; वह भारतीय समाज की जानकारी के लिए अत्यंत आवश्यक है। लेनिन ने तोल्स्तोय पर कई लेख लिखे थे। इनमें उन्होंने अलग-अलग कलाकृतियों का विवेचन न करके, समग्र तोल्सतोय-(कथा और गैर कथा-) साहित्य सामने रखकर उसमें सामाजिक यथार्थ के, विशेष रूप से किसानों की भावनाओं के, चित्रण पर जोर दिया था। प्रेमचंद पर इस पुस्तक के छप जाने के कई साल बाद मुझे तोल्सतोय पर लेनिन के लेख पढ़ने को मिले थे।

अंग्रेजी, रूसी और फ्रांसीसी कथा-साहित्य की जो थोड़ी-सी जानकारी मुझे है, उससे मुझे लगता है, किसानों के चित्रण में प्रेमचंद से बड़ा कलाकार दूसरा नहीं हुआ। अन्य महान कलाकारों ने किसानों को कथा की पार्श्वभूमि में रखा है, प्रेमचंद ने उन्हें अग्रभूमि में ला खड़ा किया है। विशेष रूप से मझोले और निर्धन किसानों की बहुत बड़ी संख्या उनके कथा-साहित्य में है और यही लोग दोहात में समाजवादी व्यवस्था का निर्माण करते हैं। प्रेमचंद इस व्यवस्था का स्वप्न देखते थे। वह खेती के पुनर्गठन को आवश्यक मानते थे और इस पुनर्गठन की दिशा निजीकरण की ओर नहीं, सहकारिता की ओर है। प्रेमचंद के स्वप्न का भी महत्त्व है। वह खेती की समस्या के पूँजीवादी समाधान को अस्वीकार करता है। खेती ही नहीं, शहरी उद्योग में भी, प्रेमचंद पूँजीवादी शोषण का विरोध करते थे। राष्ट्रीय आंदोलन की खामियों के लिए वह पूँजीवादी प्रभाव को जिम्मेदार मानते थे। पूँजीवाद की यह आलोचना प्रेमचंद के युग से कहीं अधिक हमारे आज के जमाने के लिए प्रासंगिक है।

विश्व साहित्य में प्रेमचंद के स्थान का निर्धारण उनके कथा-साहित्य के किसानों के चित्रण के आधार पर होगा। ये किसान इतने सजीव हैं कि लगता है, प्रेमचंद उनके अंतस में पैठकर देख आए हैं, वे क्या साचते-विचारते हैं। प्रेमचंद ने बहुत अच्छी कहानियाँ लिखी हैं पर विभिन्न वर्गों के परस्पर घात-प्रतिघात का विशद चित्रण उनके उपन्यासों में ही मिलता है। तोल्स्तोय की तरह वह भी कहानी लेखक की अपेक्षा उपन्यासकार के ही रूप में अधिक मान्य हुए हैं। ये उपन्यास किसानों के शोषण के विभिन्न पक्ष उद्घाटित करते हैं। इस पुस्तक की भूमिका में मैंने लिखा था : "प्रेमाश्रम का आधार किसान-जमींदार का संघर्ष है; गोदान की समस्या किसान-महाजन की है। कर्मभूमि में अछूत आंदोलन और रंगभूमि में नए उद्योग-धंधों से गाँवों में परिवर्तन का चित्रण किया गया है। समाज के इतने विभिन्न स्तरों का व्यापक ज्ञान बहुत कम साहित्यिकों में मिलेगा।"

गोर्की और लेनिन

भूमिका में मैंने रूस के तीन लेखकों, गोर्की, तोल्स्तोय और दॉस्तोयेव्स्की तथा भारत के शरच्चंद्र का उल्लेख किया है और किसान जीवन के चित्रण में इन सबसे प्रेमचंद को श्रेष्ठ माना है। पचास साल बाद मैं उस मान्यता को अब भी सही मानता हूँ। देश-विदेश के कई आलोचकों ने प्रेमचंद की तुलना तोल्स्तोय से की है। धार्मिक विश्वासों के प्रति दोनों के दृष्टिकोण में मौलिक अंतर था, इस तथ्य पर इन आलोचकों ने कम ही ध्यान दिया है। भूमिका में उसकी ओर संकेत किया गया है। विश्व साहित्य से हिंदी साहित्य को खारिज करने वाले विद्वानों ने इस स्थापना पर कोई टिप्पणी नहीं की कि किसानों के चित्रण में प्रेमचंद संसार के सर्वश्रेष्ठ कथाकार हैं पर उन्होंने गोर्की के प्रसंग में आवारगी के उल्लेख को लेकर काफी हल्ला मचाया। गोर्की—संसार का महान क्रांतिकारी लेखक, उसे रामविलास ने आवारा कहा, क्रांति विरोध का इससे बड़ा प्रमाण और क्या होगा?

गोर्की के बारे में जो कुछ मैंने **प्रेमचंद** की भूमिका में लिखा था, वह संदर्भ सहित यह था : "अनेक दृष्टियों से ये महान लेखक [गोर्की, तोल्सतोय, दॉस्तोयेव्स्की] अपने युग से पिछड़े थे। गोर्की में आवारापन अत्यधिक था और वर्ग-संघर्ष की उसे पूरी-पूरी जानकारी न थी। उसने अपनी डायरी में अपनी आवारा प्रवृत्तियों का मार्मिक वर्णन किया है। अपने रोमांटिसिज्म के कारण वह क्रांति के पश्चात भी क्रांति के पूर्व के ही पुराने चित्र बनाता रहा। प्रेमचंद अपने युग के साथ थे और अपने युग की उथल-पुथल को उन्होंने अपनी रचनाओं में चित्रित किया है।" प्रश्न यह था कि कौन अपने युग के साथ था, कौन उससे पिछड़ रहा था। निर्णय यह है कि प्रेमचंद अपने युग के साथ थे, गोर्की पिछड़ रहे थे। दोनों के युग अलग-अलग थे, दोनों की सामाजिक परिस्थितियाँ अलग-अलग थीं—यह बात भूमिका में स्पष्ट कर दी गई है :

"रूसी क्रांति के पूर्व का युग बहुत कुछ भारतवर्ष जैसा था, परंतु वहाँ की राजनीति में यहाँ से अधिक प्रगति थी। वहाँ पर किसान-मजदूरों का एक दृढ़ आंदोलन चल रहा था जबकि यहाँ सुधारवादी कांग्रेस खद्दर और चर्खे को लेकर खेल कर रही थी।" गोर्की अपने देश की परिस्थितियों को देखते अपने युग से पिछड़े हुए थे, भारत की परिस्थितियों को देखते नहीं। इसी तरह प्रेमचंद भारत की परिस्थितियों को देखते अपने युग के साथ थे, रूस की परिस्थितियों को देखते नहीं।

गोर्की ने अपना प्रारम्भिक जीवन उन आवारा और घुमंतू लोगों में बिताया था जिनके पास रहने को निश्चित ठिकाना नहीं होता, करने को निश्चित धंधा नहीं होता। इनमें बहुत से अपराधकर्मी थे। गोर्की जिन लोगों के सम्पर्क में आए थे, अपनी आत्म-कथा में उन्होंने उनके जीवन का मार्मिक वर्णन किया है। उनकी सबसे अच्छी कहानियाँ मजदूरों और किसानों पर नहीं ऐसे ही खानाबदोश लोगों पर लिखी गई हैं। गोर्की इनमें मनुष्यता के दर्शन कराते हैं, यह उनकी कला की विशेषता है। अपने विश्व प्रसिद्ध उपन्यास **माँ** में उन्होंने मजदूरों का चित्रण किया है। इस उपन्यास के बावजूद उनके मानस में मजदूर वर्ग की भूमिका स्पष्ट नहीं थी। मैंने गोर्की के इस उपन्यास के अलावा उनकी डायरी भी पढ़ी थी। उस डायरी का पता-ठिकाना यह था : **फ्रैगमेंट्स फ्रॉम माई डायरी** बाइ मैक्सिम गोर्की, फिलिप ऐलन ऐंड कम्पनी, लंदन, पहली बार 1924 में प्रकाशित। इसके पृ. 215 पर गोर्की ने बुद्धिजीवी वर्ग (इंटेलीजेंशिया) के बारे में लिखा था : "हमेशा-हमेशा उसने इतिहास के लद्दू घोड़े की भूमिका निबाही है और निबाहता रहेगा। अपनी अथक मेहनत से उसने सर्वहारा को क्रांति की बुलंदी तक उठा लिया है। तात्कालिक समाधान के लिए इस क्रांति ने जो समस्याएँ हमारे सामने रखी हैं, वे अपनी विशालता और गहराई में अभूतपूर्व हैं।"

क्रांति और बुद्धिजीवियों के प्रसंग में लेनिन ने गोर्की के बारे में, और गोर्की को लिखे पत्रों में, जो कुछ कहा था, उसकी जानकारी मुझे उस समय न थी। हो सकता है, बहुत से हिंदी पाठक उससे परिचित न हों। जिन्हें भी जन आंदोलन से, उससे जुड़े हुए साहित्य से, दिलचस्पी हो, उनके लिए वह प्रसंग महत्त्वपूर्ण होगा। इसलिए उस पर मैं कुछ विस्तार से लिख रहा हूँ। फरवरी 1917 में रूस के पूँजीपति वर्ग ने ज़ार को गद्दी से उतार दिया और जनवादी सरकार क़ायम की। इस जनवादी सरकार ने भूमि पर जमींदारों का प्रभुत्व बना रहने दिया, युद्ध में ब्रिटेन और फ्रांस की सहायता करना जारी रखा। जनता की कोई समस्या हल न हुई, इसलिए बोल्शेविक पार्टी तुरंत इस सरकार को उलटने के प्रयत्न में लग गई। 7 नवम्बर 1917 की प्रसिद्ध क्रांति में उसने इसी सरकार का तख्ता उलटा था। लेकिन गोर्की ने इस सरकार के प्रति भिन्न रुख अपनाया था। मार्च 1917 में लेनिन स्विट्ज़रलैंड में थे। वहाँ उन्होंने एक जर्मन पत्र में यह समाचार पढ़ा :

"स्वीडन से रिपोर्ट मिली है कि मैक्सिस गोर्की ने सरकार और कार्य समीति का उत्साहपूर्ण शब्दों में अभिनंदन किया है। उन्होंने प्रतिक्रियावाद के प्रभुओं पर जनता की विजय का स्वागत किया है और समस्त रूस के पुत्रों का आह्वान किया है कि वे नई रूसी राज्यसत्ता की इमारत खड़ी करने में हाथ बँटाएँ। साथ ही सरकार से उन्होंने आग्रह किया है कि शांति-समझौता करके मुक्ति के उद्देश्य में चार चाँद लगाएँ। उनका कहना है, यह किसी भी कीमत पर हासिल की हुई शांति न होनी चाहिए। रूस के लिए अब पहले से और भी कारण कम है कि वह किसी भी कीमत पर शांति हासिल करने को प्रयत्नशील हो। शांति ऐसी होनी चाहिए कि रूस धरती पर अन्य राष्ट्रों के बीच सम्मान के साथ रह सके। मानवता ने काफी खून बहाया है। नई सरकार यदि जल्दी शांति-समझौता करने में सफल हो जाए, तो वह केवल रूस की नहीं समस्त मानवजाति की बहुत बड़ी सेवा करेगी।"

रोजमर्रा की जिंदगी में बँधे हुए मंद दृष्टि के लोगों के लिए लेनिन 'फिलिस्टिन' शब्द का प्रयोग करते थे। गोर्की के पत्र का विवरण पढ़कर उन्होंने लिखा : "आदि से अंत तक यह पत्र घिसे-पिटे फिलिस्टिन पूर्वाग्रहों से भरपूर है। इन पंक्तियों के लेखक को काप्री में गोर्की से अनेक बार मिलने का, उनकी राजनीतिक गलतियों के लिए उन्हें चेतावनी देने और उनकी भर्त्सना करने का, अवसर मिला है। गोर्की अपनी अनुपम आकर्षक मुस्कराहट से उस भर्त्सना को तरह दे जाते थे और बड़ी सादगी से कहते थे : 'मैं जानता हूँ, मैं खराब मार्क्सवादी हूँ। इसके सिवा हम सभी कलाकार थोड़ा गैर जिम्मेदार हैं।' इसके विरुद्ध बहस करना आसान नहीं है।

" इसमें संदेह नहीं है कि गोर्की में भारी कलात्मक क्षमता है जो विश्व सर्वहारा आंदोलन के लिए अत्यंत लाभकारी हुई है और होगी।

" लेकिन गोर्की राजनीति से क्यों उलझते हैं?

" मेरी राय में गोर्की के पत्र में जो पूर्वाग्रह व्यक्त हुए हैं, वे केवल निम्न पूँजीवादी वर्ग में नहीं, वरन उससे प्रभावित मजदूरों के एक हिस्से में भी बेहद फैले हुए हैं। इन पूर्वाग्रहों के विरुद्ध लगातार जमकर, चौतरफा संघर्ष चलाने पर हमारी पार्टी की **सारी** शक्ति, वर्ग चेतन मजदूरों की सारी कोशिशें, केंद्रित होनी चाहिए।

" निर्बल जातियों को लूटने और उनका गला घोटने के लिए ज़ार सरकार ने वर्तमान युद्ध एक **साम्राज्यवादी**, लूटमार वाले युद्ध के रूप में शुरू किया और चलाया था। गुच्कोव-मिल्यूकोव मंडली की सरकार जमींदारों और पूँजीपतियों की सरकार है। वह **ठीक उसी तरह** का युद्ध चालू रखने को बाध्य है और उसे चालू रखना चाहती है। उस सरकार से जनवादी शांति कायम करने के लिए कहना वेश्यालय के रखवालों को सदाचार का उपदेश देना है।" (लेनिन : **कलेक्टेड वर्क्स**, खंड 23, पृ. 333-34)

लेनिन को गोर्की से शिकायत है कि वह राजनीति से उलझते हैं। उनकी कलात्मक प्रतिभा के बारे में उन्हें जरा भी संदेह नहीं है पर कलात्मक प्रतिभा और राजनीति एक ही चीज नहीं हैं। गोर्की के मन में पूर्वाग्रह भरे हैं। ये पूर्वाग्रह निम्न पूँजीवादी वर्ग के हैं, लेनिन की पार्टी को और समस्त वर्ग चेतन मजदूरों को उन्हें ध्वस्त करने में सारी शक्ति लगा देनी है। इस तरह गोर्की अपने युग की मूल सामाजिक धारा से पिछड़ रहे थे। यही नहीं, वह उसके विरोध में खड़े थे। आज, 1990-91 में, बहुत से लोग कहने लगे हैं, रूसी क्रांति की क्या जरूरत थी। अच्छी खासी जनवादी सरकार कायम हो गई थी, उसे चलने देना चाहिए था। ये लोग निम्न पूँजीवादी (और सीधे पूँजीवादी) विचारधारा से प्रभावित हैं, वे इतिहास में मजदूरों और किसानों की सत्ता के विरुद्ध पूँजीपतियों और जमींदारों की सत्ता का समर्थन करते हैं। रूस की जनवादी सरकार देश को साम्राज्यवादी युद्ध में फँसाए हुए थी। उसके ये समर्थक साम्राज्यवादी नरसंहार और लूटमार का समर्थन करते हैं। लेनिन ने गोर्की के प्रसंग में जो कुछ कहा, वह आज के लिए बहुत प्रासंगिक है।

नवम्बर 1917 में क्रांति काफी शांतिपूर्ण ढंग से हो गई। उसके बाद साम्राज्यवादी ताकतों ने हस्तक्षेप किया, गृहयुद्ध तेज हुआ, किसान-मजदूर सत्ता के विरूद्ध पूँजीवादी बुद्धिजीवियों ने षड़यंत्र आरम्भ किए। सोवियत सरकार ने उन्हें जेल में बंद कर दिया। इससे गोर्की बहुत विचलित हुए। उन्हें लगा कि बोल्शेविक पार्टी देश की बौद्धिक क्षमता का नाश कर रही है। जो लोग सोवियत सत्ता के लिए लड़ रहे हैं और जो उसका नाश करने को लड़ रहे हैं, दोनों ही जनता के शत्रु हैं—अपनी राय उन्होंने लेनिन को लिख भेजी। लेनिन ने गोर्की को लिखा :

"पूँजीपति वर्ग और उसके अनुचरों को परास्त करने के संघर्ष में मजदूरों और किसानों की बौद्धिक शक्ति बढ़ रही है और अधिक सक्षम हो रही है। पूँजी के चाकर समझते हैं कि वे राष्ट्र का दिमाग हैं। वास्तव में वे राष्ट्र का दिमाग नहीं, उसका मल हैं।

" जो 'बौद्धिक शक्ति' विज्ञान को जनता के पास लाना चाहती है (और पूँजी की सेवक बनकर काम नहीं करना चाहती), उसे हम **औसत से ज्यादा** तनख्वाह देते हैं। यह तथ्य है। हम उसकी देखभाल करते हैं। यह तथ्य है। सैकड़ों गद्दारों के बावजूद हजारों अफ़सर लाल फौज में काम कर रहे हैं और विजय प्राप्त कर रहे हैं। यह तथ्य है।

" जहाँ तक तुम्हारी मनोदशाओं (मूड्स) का सवाल है, मैं उन्हें बखूबी 'समझ' सकता हूँ (चूँकि तुमने सवाल उठाया है कि मैं तुम्हें समझ पाऊँगा या नहीं)। अक्सर काप्री में, और बाद को, मैंने तुमसे कहा था : तुम पूँजीवादी बुद्धिजीवियों में सबसे घटिया लोगों से स्वयं को घिरा रहने देते हो और उनकी पें-पें के आगे झुक जाते हो। कुछ हफ्तों की 'भयानक' गिरफ्तारी को लेकर तुम सैकड़ों बुद्धिजीवियों की चीख-पुकार

सुनते हो और उस पर कान देते हो लेकिन आम जनता की, करोड़ों की, मजदूरों और किसानों की आवाज तुम नहीं सुनते, उस पर कान नहीं देते। इनके लिए देनिकिन, कोल्चक, लिआनोज़ोव, रोद्ज़ियांको, क्रास्नाया गोर्का (और अन्य **कैडेट**) षड्यंत्रकारी खतरा बने हुए हैं। मैं खूब समझता हूँ, बिलकुल और बखूबी समझता हूँ कि इस तरह आदमी लिखते-लिखते यह कह सकता है कि 'लाल फौज के लोग जनता के वैसे ही शत्रु हैं जैसे श्वेत फौज के लोग हैं' ('The Reds are just as much enemies of the people as Whites') (पूँजीपतियों और जमींदारों का तख्ता उलटने के लिए लड़ने वाले जनता के वैसे ही शत्रु हैं जैसे जमींदार और पूँजीपति)। यही .हीं, लिखते-लिखते आदमी दयालु ईश्वर या हमारे पिता ज़ार के प्रति विश्वास भी प्रकट कर सकता है। मैं खूब समझता हूँ।

"नहीं, सच ही यदि पूँजीवादी बुद्धिजीवियों के इस परिवेश से तुम अपना पिंड न छुड़ाओगे तो गड्ढे में गिरोगे! मैं हृदय से चाहता हूँ कि तुम जल्दी से जल्दी यह कर डालो।" (लेनिन : **कलेक्टेड वर्क्स**, खंड 44, पृ. 284-85) (यानी जल्दी से जल्दी पूँजीवादी बुद्धिजीवियों से अपना पिंड छुड़ा लो।)

लेनिन की मृत्यु के काफी दिन बाद स्तालिन गोर्की को सही रास्ते पर लाने में सफल हुए। गोर्की ने सोवियत लेखकों की पहली कांग्रेस की अध्यक्षता की और नए सोवियत साहित्य के विकास में मार्गदर्शक की भूमिका निबाही। ऐसा इसलिए न हुआ था कि बोल्शेविक नेताओं ने उनकी राजनीतिक गलतियों को नजरंदाज किया था। ऐसा इसलिए हुआ कि बोल्शेविक नेताओं ने उनकी गलतियों की आलोचना की और गोर्की पुरानी गलतियाँ छोड़कर सही रास्ते पर आगे बढ़े।

हमारे अनेक प्रगतिशील लेखक प्रेमचंद की सीमाएँ बताने को उत्सुक रहते थे, गोर्की जैसे लेखकों की उलझनों के बारे में चुप रहते थे। प्रेमचंद किसानों के बीच रहे थे, उनके जीवन से परिचित थे, बहुत हद तक उन्होंने उनसे तादात्म्य स्थापित किया था। यह खूबी महावीरप्रसाद द्विवेदी और निराला जैसे लेखकों में भी थी। प्रगतिशील लेखक संघ के संगठनकर्ताओं में उस समय एक भी ऐसा लेखक न था जो किसानों और मजदूरों के जीवन से अच्छी तरह परिचित हो, पर दावा प्रेमचंद से आगे बढ़ जाने का सब करते थे। लेखक यदि खेतों, कारखानों में काम करने वालों के जीवन से परिचित हो, उनसे उसे सहानुभूति हो, तो वैचारिक उलझनों के बावजूद वह अच्छी कहानियाँ और उपन्यास लिख सकता है। केवल विचारधारा के बल पर जनता का सजीव चित्रण असम्भव है। प्रगतिशील लेखकों ने प्रारम्भिक छह-सात वर्षों में हिंदी साहित्य के प्रति जो संकीर्णतावादी रुख अपनाया था, वह कभी पूरी तरह खत्म नहीं हुआ। समय-समय पर वह उभरता रहता है। तेवर ये रहते हैं : जो अब तक किसी ने नहीं किया, वह अब हम करने जा रहे हैं।

मैंने जब यह पुस्तक लिखी थी, तब मैं यह समझता था कि स्वाधीनता आंदोलन किसानों-मजदूरों को संगठित करके नई शक्ति से आगे बढ़ेगा। उसके साथ नए स्तर पर साहित्य का भी विकास होगा। भारत के वामपक्ष में संकीर्णतावादी रुझानों के साथ गहरी सुधारवादी प्रवृत्तियाँ भी रही हैं। या तो देशी पूँजीवाद से सीधी टक्कर या संयुक्त मोर्चे के नाम पर उसके पीछे चलना। जब-जब वह इन रुझानों से मुक्त रहा है, उसकी उपलब्धियाँ महत्त्वपूर्ण रही हैं। इस सबका असर प्रगतिशील साहित्य पर भी पड़ा है।

प्रेमचंद में वैचारिक उलझनें कम नहीं थीं। उनमें अनेक का उल्लेख इस पुस्तक में है। इनके बावजूद जनजीवन की अपनी व्यापक जानकारी और गहरी सहानुभूति के बल पर वह हमारे सबसे बड़े कथाकार हैं। एक समय था जब समाजवादी देशों में भारतीय साहित्य के प्रतिनिधियों के रूप में रवींद्रनाथ ठाकुर के साथ मुल्कराज आनंद का नाम लिया जाता था। यह प्रथा धीरे-धीरे खत्म हो गई है। सोवियत संघ में आधुनिक भारतीय साहित्य के अध्ययन का संगठन और संचालन बरान्निकोव ने किया था, सबसे पहले उन्होंने प्रेमचंद की कहानियों का अनुवाद रूसी भाषा में किया था, फिर उनके शिष्यों ने प्रेमचंद के उपन्यासों का अनुवाद किया, उन पर लेख और पुस्तकें लिखीं। भारतीय भाषाओं का गम्भीर अध्ययन करने वाले सोवियत विद्वानों ने सदा ही प्रेमचंद को भारत का श्रेष्ठ और प्रतिनिधि कथाकार माना है। अंतर्राष्ट्रीय स्तर पर प्रेमचंद का सही मूल्यांकन प्रस्तुत करने में इनका बड़ा योगदान रहा है। हम, प्रेमचंद के हिंदी पाठक, उसे प्रसन्नता और कृतज्ञतापूर्वक याद करते हैं।

प्रेमचंद—चीनी विवेचकों की दृष्टि में

इधर 1988 में, चीन से प्रेमचंद पर एक निबंध संग्रह प्रकाशित हुआ है : **चीनी समालोचकों की नजर में प्रेमचंद**। सबसे पहले इन निबंधों के चीनी अनुवादकों की साफ सुथरी भाषा की प्रशंसा करनी चाहिए। लगता है, इन्होंने प्रेमचंद को पढ़ा है, ध्यान से पढ़ा है। प्रेमचंद के साहित्यिक दर्शन पर अपने निबंध का अनुवाद ल्यू आन ऊ ने स्वयं किया है। दिलचस्प बात है कि आदर्शोन्मुख यथार्थवाद की चर्चा करते हुए इन्होंने प्रेमचंद को उसकी सीमाएँ लाँघते दिखाया है। फङ त्वानचि ने कथाकार रवींद्रनाथ से प्रेमचंद की तुलना करते हुए **गोदान** के प्रसंग में लिखा है : "इस उपन्यास में प्रतिबिम्बित जीवन की गहराई और व्यापकता का मुकाबला [**नौका डूबी** के] रमेश और [**गोरा** उपन्यास के नायक] गोरा का जीवन हरगिज नहीं कर सकता है।" (31) **गोदान** की बहुत बड़ी विशेषता यह है कि पाठक बुहत बारीकी से किसानों के जीवन को देख सकता है, उनके दुख-दर्द को समझ सकता है "स्वयं भारतीय गाँवों में रह रहे होने की ही तरह।" (उप.) बहुत अच्छा कहा है, गाँवों में रह रहे होने की ही तरह। प्रेमचंद की यथार्थवादी कला की यह महान उपलब्धि है। यदि चीन के लेखक

यह अनुभव करते हैं कि **गोदान** पढ़ते हुए वह भारत के किसी गाँव में रह रहे हैं तो भारत और चीन के किसानों में कहीं गहरी भावात्मक समानता होनी चाहिए।

ऊ वन ह्वेइ का लेख 'प्रेमाश्रम और प्रेमचंद का यथार्थवाद' हमें विशेष मनोयोग से पढ़ना चाहिए। इसमें प्रेमचंद का 'आदर्शोन्मुख यथार्थवाद' काफी मुखर है, फिर भी किसानों के लम्बे संघर्ष का जैसा जीवंत चित्रण यहाँ है, वैसा प्रेमचंद साहित्य में भी अन्यत्र कम है। ऊ वन ह्वेइ के अनुसार "धरती की ओर झाँकता दर्पण, भारतीय जमीन में जमी जड़ों वाली जनोद्धार की भावना और प्रतिमा, सृजन की चीरफाड़ की तकनीक, ये तीनों प्रेमचंद के यथार्थवाद की मुख्य विलक्षणताएँ हैं। ये तीन विलक्षणताएँ उनके सुप्रसिद्ध आरम्भकालीन उपन्यास प्रेमाश्रम में बहुत स्पष्ट रूप से व्यक्त हुई हैं।" (53-54) ल्यू छिङ्ह्वो ने **गोरा** की आनंदमयी से **गोदान** की धनिया की तुलना की है। आनंदमयी आदर्श माता है, धनिया यथार्थवाद की जमीन पर रहने वाली देहाती स्त्री है। **गोदान** का क्रांतिकारी पक्ष वही उजागर करती है क्योंकि "उसमें प्रतिरोध की जबरदस्त भावना कूट-कूटकर भरी हुई थी।" (128) लेखक की इस राय से मैं पूरी तरह सहमत हूँ कि "प्रेमचंद द्वारा स्थापित महिलाओं की प्रतिमाओं और यहाँ तक कि सभी चरित्रों में भी धनिया यथार्थ और सबसे जीवंत चरित्र है।" (129)

किसानों के चित्रण में मनोवैज्ञानिक गहराई नहीं हो सकती, ऐसा बहुतों का बहुत दिनों से विचार है। इसलिए हूसिङ ध्येन का यह मत पढ़कर बहुत संतोष होता है कि प्रेमचंद ने मनोवैज्ञानिक चित्रण के संदर्भ में सूक्ष्मता तथा सजीवता से सम्पन्न निजी निराली शैली का सृजन किया। जीवन के विशिष्ट अनुभवों और विभिन्न चरित्रों की गहरी जानकारी के कारण प्रेमचंद अलग-अलग पात्रों के मनोविज्ञान का सच्चा चित्रण करके पाठकों की आत्मा को झकझोर कर कहीं अधिक स्वच्छ बना देते हैं।" (76) जीवन के विशिष्ट अनुभव, चरित्रों की गहरी जानकारी—इनके बिना मनुष्य के मन का अध्ययन करने वाले विज्ञान का विकास नहीं होता, न साहित्य में पात्रों का सही मनोवैज्ञानिक चित्रण होता है।

किसी भी विदेशी के लिए प्रेमचंद की भाषा का अध्ययन कठिन होगा, खास तौर से इसलिए कि प्रेमचंद हिंदी-उर्दू दोनों में लिखते थे। उपन्यास का एक ही पात्र हिंदी संस्करण में एक ढंग से बोलेगा, उर्दू संस्करण में दूसरे ढंग से; स्वयं प्रेमचंद दोनों में अलग-अलग ढंग से बोलेंगे, सो अलग। इसके सिवा बोलचाल की भाषा के नाम पर नेताओं ने संस्कृत और अरबी-फारसी के शब्द मिलाकर हिंदुस्तानी नाम से एक संयुक्त भाषाई उद्योग चलाने का प्रयत्न किया था। प्रेमचंद ने एक भी कहानी, एक भी उपन्यास इस भाषा में न लिखा था। 'साहित्यिक भाषा और कौमी भाषा' पर विचार करते हुए जिन विङ्हान ने दो बड़ी कायदे की बातें कही

हैं। पहली लेख के आरम्भ में : "आधुनिक हिंदी कथा साहित्य का कोई भी अध्येता किताब और लेखक का नाम देखे बिना महज कुछ पन्ने पढ़ते ही जान सकता है कि वह किताब प्रेमचंद की ही है या किसी और की।" (97) दूसरी लेख के अंत में : "उन्होंने न सिर्फ आधुनिक हिंदी साहित्य में यथार्थवाद का बड़ा और चौड़ा मार्ग दिखाया, बल्कि आधुनिक हिंदी भाषा के निर्माण के लिए महान योगदान किया है।" (107)

लेखक का नाम देखे बिना किताब पढ़ते ही हम समझ जाएँ कि वह किसकी लिखी है, तो मानना चाहिए, शैली पर उसके व्यक्तित्व की गहरी छाप है। ऐसा तभी होता है जब भाषा पर लेखक का असाधारण अधिकार हो। आधुनिक हिंदी साहित्य में यथार्थवाद का विकास और आधुनिक हिंदी भाषा का निर्माण—ये दोनों बातें एक-दूसरे से जुड़ी हैं। हिंदी की शक्ति इसी में है कि वह यथार्थवाद के विकास के साथ आगे बढ़ी है। **गोदान** में होरी-धनिया जो हिंदी बोलते हैं, वह उनकी गाँव की बोली के बहुत नजदीक है। उनकी भाषा के इस रूप से **गोदान** में यथार्थवाद निखरता है। उसका अनुवाद उर्दू में कर दीजिए, तुरत यथार्थवाद फीका पड़ जाएगा। हिंदी-उर्दू के क्रियापद एक हैं; इसलिए बुनियादी तौर से वे एक ही भाषा हैं। जितना ही उनमें यथार्थवाद का विकास होगा, उनमें किसान और मजदूर सहज भाव से बोलेंगे, उतना ही उनके बीच का फासला कम होगा और कुछ समय बाद जैसे बोलचाल की भाषा एक है, वैसे ही साहित्य में हमारी जातीय भाषा एक होगी। ध्यान देने की बात है कि पिछले चालीस साल में यथार्थवाद की विरोधी धाराएँ ही साहित्य में प्रबल रही हैं—हिंदी-उर्दू दोनों में। इसलिए कोई आश्चर्य नहीं कि साहित्य में हिंदी-उर्दू को बीच का फासला पहले से बहुत ज्यादा बढ़ गया है। इस परिस्थिति में प्रेमचंद को पढ़ना, उनसे सीखना हमारी भाषा और साहित्य के विकास के लिए अत्यंत आवश्यक है। कुल मिलाकर **चीनी समालोचकों की नजर में प्रेमचंद** पुस्तक प्रेमचंद के यथार्थवाद पर ध्यान केंद्रित करती है, इसलिए वह स्वागत योग्य है।

जाति-बिरादरी, वर्ग और प्रेमचंद

यथार्थवाद के ही प्रसंग में एक प्रश्न और है : प्रेमचंद शोषक और शोषित जातियों का चित्रण करते हैं या शोषक और शोषित वर्गों का? कुछ लोग अपने को शोषित जनता का मसीहा माने बैठे हैं, वे शोषित वर्गों को हटाकर उनकी जगह शोषित जातियों को बिठा देते हैं। ऊँच-नीच के भेदभाव के प्रति प्रेमचंद से अधिक सचेत और कोई हिंदी लेखक नहीं था। पर उनके कथा-साहित्य में वर्ग-संघर्ष है, जमींदारों, महाजनों अंग्रेजी राज के हाकिमों के विरुद्ध संघर्ष है, अगड़ी-पिछड़ी जातियों के बीच संघर्ष नहीं है। कहीं भी यह संकेत नहीं है कि बिरादरी के आधार पर सब लोग एक हो जाएँ तो उनका उद्धार हो जाएगा। ऊँच-नीच का भेदभाव डूबता हुआ यथार्थ है; वर्गों का निर्माण,

जमींदारों-महाजनों के खिलाफ गरीब किसानों का संघर्ष उगता हुआ यथार्थ है। जो लोग बिरादरियों के संगठन पर जोर देते हैं, वे मजदूर वर्ग की एकता को तोड़ते हैं, गरीब किसानों और मजदूरों की एकता को तोड़ते हैं, वे पूँजीपतियों और जमींदारों के पिट्ठुओं की भूमिका निबाहते हैं। जितना ही किसानों और मजदूरों के वर्ग संगठन कमजोर पड़ते हैं, उतना ही सम्प्रदायवाद मजबूत होता है। हर तरह के जातिवाद, हर तरह के सम्प्रदायवाद का एक ही इलाज है—वर्ग-संघर्ष। यह जरूर है कि वर्ग-संघर्ष चलाने पर, चलाना तो दरकिनार, सिर्फ उसकी बात करने पर अंतर्राष्ट्रीय मुद्राकोश से कर्ज न मिलेगा। यह महाजनी सभ्यता का युग है। प्रेमचंद कितने प्रासंगिक हैं, महाजनी सभ्यता पर उनके लेख से साबित होता है।

सितम्बर 1936 के **हंस** में प्रेमचंद का 'महाजनी सभ्यता' लेख छपा था। महाजनी सभ्यता पूँजीवादी सभ्यता है, यह बात प्रेमचंद के एक वाक्य से स्पष्ट हो जाती है : "परंतु अब एक सभ्यता का सूर्य सुदूर पश्चिम से उदय हो रहा है, जिसने इस नारकीय महाजनवाद या पूँजीवाद की जड़ खोदकर फेंक दी है।" विश्व पैमाने पर पूँजीवाद ने समाज को दो हिस्सों में बाँट दिया है। "बड़ा हिस्सा तो मरने और खपने वालों का है, और बहुत ही छोटा हिस्सा उन लोगों का, जो अपनी शक्ति और प्रभाव से बड़े समुदाय को अपने बस में किए हुए है।" इस बड़े हिस्से में भारत की जनता शामिल है। वैसे तो भारत के पूँजीपतिवर्ग को भी साम्राज्यवाद दबाता है पर इससे देशी पूँजीवाद का अपना उत्पीड़क रूप समाप्त नहीं हो जाता; भारतीय जनता से इस पूँजीवाद का अंतर्विरोध गौण रूप में कायम हुआ है। देशी पूँजीपतियों में केवल उद्योगति नहीं हैं, शहरों और गाँवों में फैले हुए सूदखोर महाजन भी हैं। अंग्रेजी शासनतंत्र से इनका घनिष्ठ सम्बन्ध था। जो उद्योगपति थे, वे भी जब-तब विदेशी पूँजीवाद से सहयोग करके अपना धंधा चमकाने के फिराक में रहते थे।

पूँजीवादी विचारधारा की विशेषता यह थी कि वह नैतिक मूल्यों की समस्या को वर्गों से हटाकर व्यक्तियों में केंद्रित कर देती थी। महाजन गरीब किसानों को कर्ज देता है, कर्ज न अदा कर पाने पर तरह-तरह से किसानों को सताता है। यदि उसका हृदय परिवर्तन हो जाए तो वह किसानों को सताना छोड़ दे। प्रेमचंद नैतिक मूल्यों को समाज में वर्गों की स्थिति से जोड़ते हैं। भारतीय साहित्य में वह एक नया क्रांतिकारी दृष्टिकोण लेकर आए थे, यह तथ्य **सेवासदन** में ही स्पष्ट हो गया था। वेश्यावृत्ति के संदर्भ में उन्होंने लिखा था : "जिस समाज में अत्याचारी जमींदार, रिश्वती राजकर्मचारी, अन्यायी महाजन, स्वार्थी बंधु आदर और सम्मान के पात्र हों, वहाँ दालमंडी क्यों न आबाद हो? हराम का धन हरामकारी के सिवा और कहाँ जा सकता है? जिस दिन नजराना, रिश्वत और सूद-दर-सूद का अंत होगा, उसी दिन दालमंडी उजड़ जाएगी, ये

चिड़ियाँ उड़ जायँगी—पहले नहीं।" नैतिक मूल्यों की प्रतिष्ठा के लिए समाज व्यवस्था को बदलना जरूरी है। प्रेमचंद साहित्य के काफी बड़े हिस्से में पूँजीवादी नैतिकता की आलोचना फैली हुई है।

प्रगतिशील लेखकों में जो सुधारवादी हैं, वे इस आलोचना पर कम ध्यान देते हैं। **प्रेमचंद** के दूसरे अध्याय में मैंने लिखा था: 'प्रेमचंद का विश्लेषण छिछला और सुधारवादी न होकर क्रांतिकारी और सामाजिक व्यवस्था की जड़ पर ही आघात करने वाला हो जाता है।" सुधारवादी और क्रांतिकारी विश्लेषणों का यह भेद सन् 40-41 के लिए प्रासंगिक था, पचास साल बाद वह सन् 90-91 के लिए और भी प्रासंगिक है। इस अवधि में सुधारवाद घटा नहीं, बढ़ा है। उसकी जड़ें पूँजीवादी विचारधारा में हैं।

प्रेमचंद देशी पूँजीवाद को आलोचनात्मक निगाह से देखते थे। जहाँ कांग्रेसी नेता साम्राज्यवाद से लड़ते थे, वहाँ प्रेमचंद उनका समर्थन करते थे; जहाँ उससे समझौता करते थे, वहाँ प्रेमचंद कस कर उनकी आलोचना करते थे। वामपक्ष यदि साम्राज्यवाद और देशी पूँजीवाद को समान रूप से शत्रु माने, एक साथ दोनों को खत्म करना चाहे, तो यह बहुत बड़ी गलती होगी। साथ ही देशी पूँजीवाद के साथ वह संयुक्त मोर्चा बनाने के नाम पर उसका पिछलगुआ बन जाए, तो यह भी बहुत बड़ी गलती होगी। कारण यह कि जब देशी पूँजीवाद अपनी ढुलमुल नीति के कारण साम्राज्यवाद से समझौता करेगा, तब वामपक्ष, अपनी स्वतंत्र कार्यवाही के अभाव में, उसका अनुसरण करने को बाध्य होगा। स्वतंत्र कार्यवाही में सबसे पहले होगा किसानों का संगठन और उनका सामंत-विरोधी संघर्ष।

प्रेमचंद की भूमिका में मैंने लिखा था : "प्रेमचंद के युग को देखते हुए हम कह सकते हैं कि क्या राजनीति में, क्या साहित्य में, उस समय उन्हीं का व्यक्तित्व सबसे अधिक क्रांतिकारी था।" क्रांतिकारी इसलिए था कि उन्होंने किसानों के उत्पीड़न पर ध्यान केंद्रित किया था। उस समय मार्क्सवादी कार्यकर्ताओं ने कुछ बड़े नगरों के मजदूरों को संगठित किया था पर किसानों में उनका काम, सन् 36 तक, नहीं के बराबर था। राजनीति में प्रेमचंद का व्यक्तित्व सबसे अधिक क्रांतिकारी था इन्हीं किसानों के संदर्भ के कारण, न केवल गांधीवादियों की तुलना में, वरन मार्क्सवादियों की तुलना में भी। सन् 36 तक के भारतीय साहित्य को देखें तो प्रेमचंद से अधिक यथार्थवाद का विकास और किसी साहित्यकार ने न किया था। इस यथार्थवाद का सुदृढ़ आधार किसानों का जीवन था। समस्याओं का समाधान खोजने में प्रेमचंद आदर्शवाद की ओर झुकते थे पर किसानों की वास्तविक दशा का चित्रण करने में वह यथार्थ को रंग चुनकर पेश न करते थे। उनके साहित्य में बहुत तरह के किसान हैं। यह भी उनकी कलात्मक उपलब्धि है। वह किसानों के अंधविश्वासों, उनकी निष्क्रियता का चित्रण करते हैं, उनकी कर्मठता और

जीवट का भी। उनकी विचारधारा में असंगतियाँ हैं, वह क्रांतिकारी हैं अपने यथार्थवादी चित्रण के कारण।

प्रेमचंद के दूसरे अध्याय का शीर्षक है 'महाजनी सभ्यता'। प्रेमचंद ने कहाँ-कहाँ कैसे देशी पूँजीवाद की आलोचना की है, इसकी रूपरेखा इस अध्याय में है। एक अध्याय का शीर्षक है 'राजनीतिक आंदोनल'। स्वाधीनता आंदोलन में पूँजीपतियों, जमींदारों, किसानों की भूमिकाएँ अलग-अलग तरह की थीं, यह इस अध्याय में देखा जा सकता है। किसानों की आर्थिक माँगों के आधार पर संचालित होने पर स्वाधीनता आंदोलन कैसे शक्तिशाली हो सकता है, इसकी ओर संकेत भी है। इस अध्याय के आरम्भ में मैंने लिखा है कि प्रेमचंद ने "कभी भी कौंसिलों में जाकर किसी रचनात्मक कार्यक्रम की सफलता में विश्वास नहीं किया।" यह बात सही नहीं है। **प्रेमाश्रम** के अंत में ऐसे ही कार्यक्रम की सफलता चित्रित है।

'महाजनी सभ्यता' वाले अध्याय में मैंने लिखा है : "अंग्रेजों ने आकर हिंदुस्तान में एक नई शिक्षा फैलाई और उससे महाजनी सभ्यता की जड़ जमी। साथ ही वे अपने साथ नए उद्योग-धंधे भी लाए, जिन्होंने देशी उत्पादन के साधनों में क्रांति कर दी।" गाँवों में फैला हुआ देशी उत्पादन का बहुत बड़ा हिस्सा इस 'क्रांति' से बाहर था। अंग्रेजों ने शहरों में जो कारखाने लगाए, अधिकतर उनमें पूँजी उन्हीं की थी और जो मुनाफा कमाते थे, उसे वे विलायत भेज देते थे। उन्हें भारत में विलायती माल की बिक्री से दिलचस्पी थी, यहाँ के कारखानों में देशी माल के उत्पादन से नहीं। भारत में जो थोड़ा-बहुत औद्योगिक विकास हुआ, वह मुख्यत: स्वदेशी आंदोलन का परिणाम था। अंग्रेजों की शिक्षा नीति से उनका शासन यहाँ सुदृढ़ हुआ, देशी पूँजीवाद को उससे अल्प मात्रा में ही लाभ हुआ।

अंग्रेजों ने भारतीय पूँजीपतियों में कुछ को अपना भागीदार बनाया और उनकी सहायता से लूट का धन बाहर भेजते रहे।इनकी साँठ-गाँठ कुछ राष्ट्रीय नेताओं से भी थी। प्रेमचंद ने देवीदीन के माध्यम से इनकी तीखी आलोचना की थी। "गरीबों को लूटकर विलायत का घर भरना तुम्हारा काम है।" उस आलोचना का सारांश यह है।

1991 में इराक पर अमरीकी विजय के बाद भारत सरकार ने विदेशी पूँजी के लिए अर्थतंत्र के प्रवेश द्वार खोल दिए, क्या यह एकदम नया घटनाक्रम था? नया जरूर था पर एकदम नया नहीं था। विदेशी पूँजीवाद से अनेक प्रभावशाली भारतीय पूँजीपतियों के घनिष्ठ सम्बन्ध सन् 47 के पहले थे, उसके बाद भी बने रहे। सन् 37 में प्रमुख कांग्रेसी नेताओं ने पहले अंग्रेजों के बनाए कानून का विरोध किया, फिर उसी के अनुसार चुनाव लड़कर उन्होंने अनेक प्रांतों में मंत्रिमंडल बनाए। अपने शासनकाल में किसानों और मजदूरों के आंदोलनों से निपटने में उन्होंने अपनी जनविरोधी नीति

बहुत स्पष्ट कर दी। प्रेमचंद पुस्तक की पृष्ठभूमि में यह सारा घटनाक्रम था। सन् 39-40 में कम्युनिस्ट पार्टी कांग्रेसी नेताओं की तीव्र आलोचना करने के साथ स्वतंत्र कार्यवाही की दिशा में बढ़ रही थी। सन् 29-30 में भी वह कांग्रेसी नेताओं की तीखी आलोचना करती रही थी। उस आलोचना में और दस साल बाद की इस आलोचना में बड़ा फर्क था।

कम्युनिस्ट पार्टी अब जानती थी कि मुख्य शत्रु ब्रिटिश साम्राज्यवाद है। पार्टी का तात्कालिक लक्ष्य भारतीय पूँजीवाद को समाप्त करना नहीं था। सन् 34 से वह कांग्रेस के साथ मिलकर काम करती आई थी, अब भी कर रही थी, पर वह पूँजीवादी नेताओं का पिछलगुआ बनने को तैयार नहीं थी। सन् 41 में, कांग्रेसी नेताओं की आलोचना करते हुए कई लेख मैंने **हंस** में लिखे थे। यदि कम्युनिस्ट पार्टी अपनी स्वतंत्र कार्यवाही जारी रखती, कांग्रेस के साथ काम करते हुए भी किसानों के संगठन की ओर अधिक ध्यान देती तो वह देश को वैकल्पिक नेतृत्व दे सकती थी। पर 43-44 में उसकी नीति बदल गई और वह कांग्रेस-लीग एकता के बल पर राष्ट्र को स्वाधीन करने का स्वप्न देखने लगी। सन् 37-40 वाले दौर का एक विशेष अनुभव ध्यान देने योग्य है।

सन् 35 के ब्रिटिश कानून के तहत जब कांग्रेस ने मंत्रिमंडल बनाए, तब मुस्लिम लीग शक्तिशाली पार्टी के रूप में उभर कर सामने आई। अंग्रेजी राज में मुसलमानों की जो दुर्दशा हो रही थी, उसकी जिम्मेदारी अंग्रेजों ने कांग्रेस के सिर मढ़ दी। इस तरह साम्प्रदायिक नेताओं के सहयोग से अंग्रेज काफी हद तक शहरी हिंदुओं और मुसलमानों को एक दूसरे से लड़ाने में सफल हुए। सन् 45-46 में कम्युनिस्ट पार्टी सही नीति पर चली और अनेक प्रदेशों में उसने क्रांतिकारी जन आंदोलनों का नेतृत्व किया। किंतु पार्टी के भीतर सुधारवादी नेता काफी प्रभावशाली थे। एक बार जब कांग्रेस ने मुस्लिम लीग से, वास्तव में ब्रिटिश साम्राज्यवाद से समझौता कर लिया, तब कम्युनिस्ट पार्टी उस समझौते को मंजूर करने के अलावा कोई वैकल्पिक नीति न दे सकी।

सन् 48 से 56 तक पार्टी जनवादी क्रांति के सही रास्ते पर चली। उसके बाद उसमें सुधारवादी रुझान फिर उभरे। इनका विरोध करने वाले हमेशा सही नीति पर नहीं चले, चीनी आक्रमण के समय उन्होंने गलत रुख अपनाया और पार्टी के विभाजित होने की जिम्मेदारी काफी हद तक उन पर है। सन् 70 के दशक में अमरीकी पूँजीवाद ब्रिटिश पूँजीवाद को धकियाता हुआ अपनी विश्व स्थिति को सुदृढ़ कर रहा था। इस दौर में भारत सरकार विदेशी पूँजीवाद से अनेक प्रकार के समझौते करती रही। इसके साथ ही भारत में सम्प्रदायवाद के नए-नए रूप प्रकट हुए और देश का राजनीतिक संकट गहरा होता गया। एक समझौता सन् 37 का, दूसरा सन् 47 का, तीसरा सन् 70 के दशक का, और चौथा सन् 91 का। हर बार समझौते के साथ

सम्प्रदायवाद और अलगाववाद की ताकतें बढ़ीं। इसमें किसी को संदेह न होना चाहिए कि नई आर्थिक नीति के रूप में कांग्रेसी सरकार ने साम्राज्यवाद से जो नया समझौता किया है, उसके बाद सम्प्रदायवाद और अलगाववाद की ताकतें पहले से ज्यादा उपद्रव करेंगी।

आज की दुनिया और सूदखोर पूँजीवाद

राज्य सत्ता हमारे हाथ में है, विदेशी पूँजी को आने दो, हम जैसे चाहेंगे, वैसे आर्थिक विकास करेंगे—इस तरह का प्रचार जोरों पर है। सन् 70 के दशक में पूर्वी यूरुप और सोवियत संघ के नेता भी यही कहते थे। उन्होंने विदेशी पूँजी को आने दिया। इस पूँजी के साथ ऐसे लोग भी आए जो समाजवाद के खुले शत्रु थे। अलगाववादियों को उन्होंने उत्साहित किया, उनके संगठित होने में सहायता की। नतीजा यह कि सोवियत संघ में समाजवाद तो खत्म हुआ ही, राष्ट्र के रूप में भी वह स्वयं छिन्न-भिन्न हो गया।

प्रेमचंद ने 'महाजनी सभ्यता' में सोवियत संघ की समाजवादी व्यवस्था के बारे में लिखा था : "दुनिया के महाजनों की शामिल आवाज इस नई सभ्यता को कोस रही है, इसे शाप दे रही है। व्यक्ति स्वातंत्र्य, धर्म-विश्वास की स्वाधीनता और अंतरात्मा के आदेश पर चलने की आजादी, वह इन सब की घातक, गला घोंट देने वाली बताई जा रही है। उस पर नए-नए लांछन लगाए जा रहे हैं, नई-नई हुरमतें तराशी जा रही हैं। वह काले से काले रंगों में रँगी जा रही है, कुत्सित से कुत्सित रूप में चित्रित की जा रही है। उन सभी साधनों से, जो पैसे वालों के लिए सुलभ हैं, काम लेकर उसके विरुद्ध प्रचार किया जा रहा है, पर सचाई है, जो इस सारे अंधकार को चीरकर दुनिया में अपनी ज्योति का उजाला फैला रही है।" प्रेमचंद ने, रवींद्रनाथ ठाकुर और सुब्रह्मण्य भारती ने, भारत के अनेक प्रमुख लेखकों ने, सोवियत संघ की नई व्यवस्था का स्वागत किया था। विश्वव्यापी पूँजीवादी प्रचार के विरुद्ध खड़े होकर उन्होंने उसका समर्थन किया था। उनका समर्थन उचित था, वह भ्रम और मोह का परिणाम नहीं था। हमें उनके इस समर्थन पर गर्व करना चाहिए।

रूस विरोधी प्रचार में ब्रिटेन, फ्रांस, अमरीका जैसे बड़े पूँजीवादी देश सबसे आगे थे। आज भी समाजवाद का विरोध करने में वे आगे हैं। इतिहास दोहराया जा रहा है, थोड़े से फर्क के साथ। कारखानों मे माल बनाना और बाहर बेचना—यह ढंग पुराने पूँजीवाद का था। कारखानेदारों को उधार पूँजी देना और उसके सूद से धन बटोरना—यह पूँजीवाद का नया ढंग है। आज का विकसित पूँजीवाद सूदखोर है। वह इजारेदार भी है। उद्योग-धंधों पर और कच्चे माल के स्रोतों पर वह अपना इजारा कायम करता है। दूसरे महायुद्ध के बाद इजारेदार पूँजीवाद के तीन केंद्र बने—यूरुप, अमरीका और जापान।

यूरुप में वित्त पूँजी सबसे ज्यादा जर्मनी के पास है। जर्मनी की तरह जापान के पास वित्त पूँजी खूब है, ऐटमी हथियार नहीं है। ऐसे हथियार सबसे ज्यादा अमरीका के पास हैं। अमरीका इजारेदार पूँजीवाद का नेता है। दूसरे महायुद्ध के बाद पूँजी का केंद्रीकरण बहुत बड़े पैमाने पर हुआ है। इसका प्रतीक है विश्व बैंक। इस बैंक का सदर मुकाम अमरीका में है। इस बैंक के द्वारा अमरीका संसार के अधिकांश देशों के आर्थिक विकास की दिशा निर्धारित करता है। यह साम्राज्यवाद का नया रूप है।

इजारेदार पूँजीवाद ने पिछड़े हुए और विकासशील देशों के अर्थतंत्र की बागडोर अपने हाथ में ली, फिर उसने समाजवादी देशों में घुसपैठ शुरू की। पिछले चालीस-पैंतालीस साल में इजारेदार पूँजीवाद और समाजवाद का अंतर्विरोध और तीव्र हुआ। अमरीका ने दुनिया-भर में फौजी अड्डे कायम करके सोवियत संघ को जो घेर रखा है, वह इस अंतर्विरोध का प्रमाण है। अमरीका को घेरने लायक फौजी अड्डे सोवियत संघ के पास नहीं हैं। वह अधिक से अधिक आत्मरक्षा के लिए ऐटमी हथियार बना सकता था। पूँजी का निर्यात करके उसके सूद से धन बटोरना न तो उसके बस में था, न उसके किसी सहयोगी के। दरअसल दूसरे महायुद्ध में सबसे ज्यादा तबाह सोवियत संघ हुआ था। युद्ध के बाद आठ-दस साल में विदेशी सहायता के बिना उसने अपने अर्थतंत्र को बहाल कर लिया। उपभोक्ता सामग्री के उत्पादन में कटौती करके ही वह आत्मरक्षा के लिए ऐटमी हथियार बना सकता था। पूँजी के निर्यात से बड़े पैमाने पर सूद कमाने का सवाल न था।

ऐसे समय में कुछ नए ढंग के मार्क्सवादी पैदा हुए। वे कहते थे—सोवियत संघ साम्राज्यवादी देश है। वे अमरीका को भी साम्राज्यवादी कहते थे पर मुख्य रूप से ध्यान केंद्रित करते थे सोवियत संघ पर। अमरीका के पूँजीवादी प्रचारक सोवियत संघ को साम्राज्य कहते थे। इस तरह ये नए मार्क्सवादी अमरीकी प्रचार को ही नमक-मिर्च लगाकर दोहराते थे। इस कारण परोक्ष रूप में वे अमरीकी साम्राज्यवाद का समर्थन कर रहे थे।

मार्क्सवादियों की एक किस्म और थी। ये कहते थे, दुनिया का विकास इस ढंग से हो रहा है कि पूँजीवाद और समाजवाद का भेद व्यर्थ हो गया है, पूँजीवादी और समाजवादी, दोनों ही तरह के देश सामान्य आर्थिक सम्बन्धों में बँधे हुए हैं। इन्हें मिलकर अपना विकास करना चाहिए। मिलकर विकास करने का वास्तविक अर्थ विदेशी बैंकों से पैसा उधार लेना था। इनके पास तो उधार देने को कुछ था नहीं, ये केवल उधार ले सकते थे। इस तरह ये मार्क्सवादी भी सूद कमाने में बड़े महाजन देशों की मदद कर रहे थे। मार्क्सवादियों की यह किस्म पहले यूगोस्लाविया में पैदा हुई, वहाँ से पूर्वी यूरुप, सोवियत संघ, चीन आदि देशों में पहुँची। समाजवादी देशों ने जी खोलकर कर्ज लेना शुरू किया। इस नीति का एक ही परिणाम हो सकता

था—वे बड़े महाजन देशों के आसामी बन गए। कर्ज चुकाने का सामर्थ्य इनमें था नहीं। अर्थतंत्र को चलाने के लिए लगातार कर्ज लेते रहने के सिवा इनके पास कोई चारा न था। अपनी दिवालिया नीति को छिपाने के लिए उन्होंने समाजवादी व्यवस्था को दोष देना शुरू किया। उन्होंने कहा, आर्थिक सुधार लागू करके हम ये दोष दूर करेंगे।

फिर उन्होंने कहा, समाजवाद को सुधारा नहीं जा सकता। उसमें राज्य सत्ता की इजारेदारी होती है, सारा काम आदेशों के जरिये होता है, व्यक्ति की स्वाधीनता नष्ट हो जाती है, इसलिए सभ्यता का तकाजा है कि मंडीतंत्र कायम किया जाए। मंडीतंत्र के लिए पूँजी चाहिए। घर में पूँजी थी नहीं। विदेशी पूँजी के बल पर ही मंडीतंत्र चल सकता था। इस तरह विदेशी पूँजी की आमद के साथ समाजवादी देश इजारेदार पूँजीवाद के उपनिवेश बनते गए।

ज़ारशाही रूस में लेनिन ने बोल्शेविक पार्टी संगठित की, इसी पार्टी ने नवम्बर 1917 में पूँजीवादी सरकार का तख्ता उलटकर मजदूरों और किसानों की सत्ता कायम की, इसी पार्टी के नेतृत्व में सोवियत जनता ने देश में नए उद्योग-धंधों का निर्माण किया, फिर हिटलर की फौजों को परास्त किया, युद्ध के बाद विदेशी सहायता लिये बिना अर्थतंत्र को बहाल किया, इस पार्टी के नेतृत्व के कारण एक जमाने का पिछड़ा हुआ सोवियत संघ महाशक्ति कहलाया। यदि इस पार्टी में ऐसे लोग घुस आएँ जो भीतर-भीतर उसे खोखला कर दें, तो मानी बात है, कम्युनिस्ट पार्टी तो टूटेगी ही, उसके साथ सोवियत संघ भी टूट जाएगा।

सोवियत संघ में कम्युनिस्ट पार्टी भंग कर दी गई है और सोवियत संघ टूट रहा है।

लोग पूछते हैं : यह सब कैसे हुआ? जनता ने समाजवाद को क्यों नहीं बचाया?

विदेशी पूँजी की आमद के साथ कम्युनिस्ट नेताओं और जनता के बीच का फासला बढ़ता गया। पूँजी का उपयोग इन नेताओं के द्वारा ही होता था। इन्होंने सबसे पहले इसका उपयोग अपने जीवन स्तर को ऊपर उठाने में किया। ठीक पूँजीवादी देशों की तरह नेताओं का जीवन स्तर उठता गया, श्रमिक जनता का जीवन स्तर गिरता गया। रुमानिया के राष्ट्रपति चाउसेस्कू के आलीशान महल विदेशी पूँजी के सहयोग से बने थे, उन्हें बनाने में महाजनों ने चाउसेस्कू को खूब प्रोत्साहित किया था। इस तरह के नेताओं ने राज्य शक्ति कम्युनिस्ट पार्टी में केंद्रित कर ली; जनसंस्थाएँ, सोवियतें, निष्क्रिय हो गईं। शक्ति के इस केंद्रीकरण की शानदार मिसाल हैं गोर्बाचोव। वह सोवियत संघ की कम्युनिस्ट पार्टी के महासचिव थे, और सोवियत संघ के राष्ट्रपति भी हैं। मौका पाते ही उन्होंने पार्टी की केंद्रीय समिति भंग कर दी, और देश की सर्वोच्च सोवियत भी।

जनसंस्थाएँ यदि निष्क्रिय हो जाएँ, सत्ता कुछ नेताओं में केंद्रित हो जाए, तो जनता ऐसे नेताओं की रक्षा के लिए क्यों लड़े? वास्तव में इस समय रूस में केवल क्रांति-विरोधी संगठित हैं। साम्राज्य-विरोधी कम्युनिस्ट असंगठित हैं। सन् 85 के बाद से गर्बाचोव पार्टी और शासनतंत्र से चुन-चुन कर साम्राज्य-विरोधी कम्युनिस्टों को निकलते रहे। जो कम्युनिस्ट कट्टरपंथी कहलाते हैं, वे भी आर्थिक सुधारों का, अर्थात विदेशी पूँजी की आमद का, समर्थन करते हैं। साम्राज्यवाद के विरुद्ध जनता को संगठित करने वाले कम्युनिस्ट रूस में मानो रह नहीं गए।

1905 की असफल क्रांति के बाद 1906 से 1914 तक लेनिन जिन अवसरवादियों से लड़े, वे सब 'मार्क्सवादी' थे, बोल्शेविक पार्टी के भीतर थे (उसके बाहर तो थे ही)। सशस्त्र विद्रोह की तारीख जिन नेताओं ने अखबारों में छपा दी थी, वे पार्टी की केंन्द्रीय समिति के सदस्य थे। रूस में समाजवाद का निर्माण नहीं हो सकता—यह कहने वाले कम्युनिस्ट पार्टी के बड़े नेता थे। समाजवाद का विरोध करने वाले, कम्युनिस्ट पार्टी को उसके भीतर घुसकर तोड़ने वाले, उसके नेता बन सकते हैं, यह स्थिति सोवियत संघ की कम्युनिस्ट पार्टी के इतिहास से प्रमाणित है। गोर्बाचोव ने सगाजवाद को सुधारने के नाम पर उसका सफाया कर दिया तो यह कोई बड़े आश्चर्य की बात नहीं है।

क्या सोवियत संघ में समाजवाद फिर से कायम होगा? अवश्य होगा। सोवियत संघ में अनेक जातियाँ रहती हैं। इनमें प्रमुख है रूसी जाति। अक्तूबर क्रांति से पहले भी उसकी अनेक उपलब्धियाँ महान थीं। क्रांति के बाद उसकी सारी सफलताएँ समाजवाद के साथ जुड़ी हुई हैं। महाशक्ति के पद से नीचे गिरकर, विदेशी महाजनों के आगे कर्ज के लिए झोली पसार कर उसे भारी अपमान सहना पड़ा है। यह अपमानित जीवन वह बहुत दिनों तक नहीं बिता सकती। रूसी जाति, और सोवियत संघ की समस्त जातियों, के लिए प्रश्न केवल समाजवाद का नहीं है। यह उनकी स्वतंत्रता का, उनके राष्ट्रीय आत्मसम्मान का प्रश्न है। और ये दोनों चीजें उन्हें फिर प्राप्त हो सकती हैं, केवल समाजवाद द्वारा।

पहले दो महाशक्तियाँ थीं। अब एक ही रह गई है। यह सूदखोरों, इजारेदारों की महाशक्ति है। इसके पास ढेरों ऐटमी हथियार हैं, नैतिक शक्ति रत्ती भर नहीं है। विकासशील देश और भूतपूर्व समाजवादी देश विदेशी बैंकों से कर्ज लेना बंद कर दें, बहुराष्ट्रीय कम्पनियों के माल का बाईकाट शुरू कर दें, तो वह दो दिन में चीं बोल जाए। जनतंत्र का ढोल पीटने वाला अमीरकी पूँजीवाद दुनिया पर अपनी डिक्टेटरशिप कायम कर रहा है। इस डिक्टेटरशिप को खत्म करने का मूल मंत्र है—स्वदेशी। भारत जितना ही आत्मनिर्भर बनेगा, उतना ही वह अपनी एकता और स्वाधीनता की रक्षा

करने से समर्थ होगा, उतना ही साम्राज्यवादी दासता से विश्व जनता की मुक्ति में सहायक होगा। आगे आने वाले दिनों में हमारे महान लेखक प्रेमचंद का साहित्य संघर्ष में प्रेरणा देगा, विजय में हमारी आस्था को दृढ़ करेगा। हमारे साहित्य की और हमारे राष्ट्रीय जीवन की सचाई एक दिन अवश्य सारे अंधकार को चीरकर दुनिया में अपनी ज्योति का उजाला फैला देगी।

रामविलास शर्मा

आदर्श और यथार्थ

प्रेमचंद ने साहित्य की किसी हद तक वही व्याख्या की है जिसे हम भारतीय कहने के आदी हैं। साहित्य का सम्बन्ध किसी ऐसी वस्तु से है जो हमारे ऊपरी इंद्रियज्ञान से परे है, जो अनेकों में व्याप्त होते हुए भी एक और अनंत है। सहित्य की यह रहस्यात्मक कल्पना भारतीय विचारधारा की कोई अनोखी देन नहीं है, न वह पश्चिम के कलाकारों के लिए ही अश्रुत और अपूर्व है। फिर भी इस युग में हम उस दृष्टिकोण को भारतीय कहने के आदी हैं और प्रेमचंद का साहित्य की इस प्रकार की व्याख्या करना उन पर इस युग के, और उसकी भारतीयता के प्रभाव को बताता है। 'हंस' में उन्होंने लिखा था, "साहित्य उस उद्योग का नाम है, जो आदमी ने आपस के भेद मिटाने और उस मौलिक एकता को व्यक्त करने के लिए किया है, जो इस ज़ाहिरी भेद की तह में, पृथ्वी के उदर में व्याकुल ज्वाला की भाँति, छिपा हुआ है। जब हम मिथ्या विचारों और भावनाओं में पड़कर असलियत से दूर जा पड़ते हैं, तो साहित्य हमें उस सोते तक पहुँचाता है, जहाँ Reality अपने सच्चे रूप में प्रवाहित हो रही है।" इससे मालूम होता है कि साहित्य का ध्येय, उसे व्यक्त करना नहीं है, जो है, बल्कि उसे, जिसे होना चाहिए। मनुष्य ने आपस में तमाम भेद-भाव कर लिये हैं; साहित्य इन्हीं का चित्र खींचने से संतुष्ट नहीं,—वह उनके परे मनुष्य-मात्र की उस एकता का चित्र खींचना चाहता है जो अब भी है, पर छिपी हुई है और जिसे हमारे समाज में व्यक्त होना चाहिए। हमें यथार्थ से मतलब नहीं क्योंकि मनुष्य यथार्थ इन्हीं भेद-भावों को समझ बैठा है; हमें उस सच्चे यथार्थ से मतलब है जो निर्मल निष्पाप इस ऊपरी यथार्थ के नीचे छिपा हुआ है। इस सच्चे यथार्थ को हम आदर्श कह सकते हैं क्योंकि हम उस तक पहुँचना चाहते हैं और व्यक्त रूप में अभी वह हमारे पास नहीं है।

साहित्य के प्रति उनका एक दूसरा दृष्टिकोण भी हमारे सामने आता है जिसे हम विदेशी और पश्चिमी कहने के आदी हैं। इसके अनुसार साहित्य किसी परोक्ष यथार्थ—जो

निर्मल, सनातन और अखंड है—को नहीं व्यक्त करता वरन उसकी सृष्टि ही दो तत्त्वों के द्वंद्व से होती है जो हमेशा बदलने वाले हैं। सत्य और असत्य का संघर्ष ही साहित्य है और ये 'सत्य' और 'असत्य' सामाजिक परिस्थितियों द्वारा निर्धारित होते हैं;—उनकी कोई स्वतंत्र, अमर सत्ता नहीं है। जैसा उन्होंने लिखा था, "सत्य और असत्य का संघर्ष रामायण और महाभारत-काल से लेकर बीसवीं सदी तक बराबर चला आता है और जब तक साहित्य की सृष्टि होती रहेगी, यह संघर्ष साहित्य का मुख्य आधार बना रहेगा।" एक चिरंतन सत्य में संघर्ष असम्भव है; संघर्ष उनमें होता है जो परिवर्तनशील हैं। इसलिए साहित्य का सम्बन्ध उस यथार्थ से है जिसने मनुष्य को मनुष्य से जुदा कर रखा है और जो बदलने वाला है। यह जुदा करने वाली वस्तु आदर्श नहीं है; इसलिए उसे यथार्थ कह सकते हैं। और यहीं से प्रेमचंद में हम इन दोनों का संघर्ष देख सकते हैं।

साहित्य में जो प्रचलित यथार्थवाद है, उसकी प्रेमचंद ने अनेक स्थलों पर निंदा की है और साहित्यिकों को उससे बचने के लिए सचेत किया है। यथार्थवाद मनुष्य की दुर्बलताओं का चित्रण है और इस प्रकार का चित्रण मनुष्य को दुर्बलताओं की ही ओर ले जा सकता है। 'कायाकल्प' में चक्रधर कहता है, "यह मैं नहीं कहता कि तुमने जो कुछ लिखा है, वह यथार्थ नहीं है। उनकी (इच्छाओं और प्रवृत्तियों की) नग्न यथार्थता ही ने उन्हें इतना घृणित बना दिया है। यथार्थ का रूप अत्यंत भयंकर होता है, और हम यथार्थ को ही आदर्श मान लें, तो संसार नरक-तुल्य हो जाय।" एक भयंकर यथार्थ 'है,' इससे नाहीं नहीं की जा सकती; अपने क्षेत्र में वह भी एक सत्य है। परंतु साहित्य में तो हम एक आदर्श उपस्थित करते हैं; इस यथार्थ को हम आदर्श कैसे मान सकते हैं? आगे चक्रधर कहता है कि दुर्बलताओं की ओर मनुष्य का मन अपने आप दौड़ता है; उसे उधर दौड़ाने की जरूरत नहीं। अगर दुर्बलताओं का चित्रण किया जाय तो उनमें भी सत्य और सुंदर की खोज की जानी चाहिए। प्रेमचंद यहाँ एक मनोवैज्ञानिक सत्य के रूप में यह बात मान लेते हैं कि दुर्बलताओं के चित्रण से मनुष्य का मन उनकी ओर खिंचता ही है; इसकी विरोधी बात को कि दुर्बल को देख मनुष्य स्वयं सबल बनने की चेष्टा करता है, वह एकदम अस्वीकार करते हैं। फिर इसी का क्या सबूत कि दुर्बलताओं में सत्य और सुंदर को पाकर मनुष्य उस सत्य और सुंदर को छोड़ दुर्बलताओं की ही ओर अधिक झुकेगा? तब तो उसकी आत्मा को संतोष होगा कि दुर्बलताओं के होते हुए भी कुछ अच्छाइयाँ उन्हीं के साथ लिपटी हुई उनके अंदर मौजूद हैं। साहित्य का ध्येय मनुष्य का पतन न होकर उत्थान ही है; एक ऐसा साहित्य भी हो सकता है जो नग्न यथार्थ का चित्रण करते हुए भी मनुष्य के उत्थान के लिए हो,—इसकी ओर अभी प्रेमचंद ध्यान नहीं देते।

प्रेमचंद को यथार्थवाद से इसलिए भय है कि वह भयंकर है और मनुष्य को पतन की ओर ले जाने वाला है। उनका यह दृढ़ विश्वास, कि मनुष्य कमज़ोरियों का पुतला

है और उसकी कमज़ोरियों का चित्रण उसके लिए घातक हो सकता है, उनके आदर्शवादी दृष्टिकोण का मूल कारण है। यदि हम किसी आदमी को उठाना चाहते हैं तो हमें चाहिए कि हम यह दिखावें कि वह कितना ऊपर उठ सकता है न कि वह कितना नीचे गिर सकता है या गिर चुका है। स्वभावतः जब हम साहित्य को कटु अनुभव के क्षेत्र से खींच ले जाएँगे तो वह एक प्रकार का काल्पनिक स्वर्ग बन जायगा जहाँ हमारे संग्राम-भीरु हृदय को सांत्वना मिलेगी। यह कम आश्चर्य की बात नहीं कि प्रेमचंद ने इस काल्पनिक स्वर्ग की आवश्यकता का प्रतिपादन किया है। वह कहते हैं, "मानव-स्वभाव की एक विशेषता यह भी है कि वह जिस छल, क्षुद्रता और कपट से घिरा हुआ है, उसी की पुनरावृत्ति उसके चित्त को प्रसन्न नहीं कर सकती। वह थोड़ी देर के लिए ऐसे संसार में उड़कर पहुँच जाना चाहता है, जहाँ उसके चित्त को ऐसे कुत्सित भावों से नजात मिले—वह भूल जाय कि मैं चिंताओं के बंधन में पड़ा हुआ हूँ; जहाँ उसे सज्जन, सहृदय, उदार प्राणियों के दर्शन हों, जहाँ छल और कपट, विरोध और वैमनस्य का ऐसा प्राधान्य न हो। उसके दिल में ख्याल होता है कि जब हमें किस्से-कहानियों में भी उन्हीं लोगों से साबका है, जिनके साथ आठों पहर व्यवहार करना पड़ता है, तो फिर, ऐसी पुस्तक पढ़ें ही क्यों?" काल्पनिक स्वर्ग के निर्माताओं की यह पुरानी दलील है कि मनुष्य साहित्य या कला में यथार्थ की पुनरावृत्ति नहीं देखना चाहता। इससे उल्टा दूसरा सिद्धांत है कि मनुष्य स्वभावतः साहित्य में यथार्थ की नकल करना चाहता है;—कुछ लोग तो कला की सृष्टि ही इस प्रवृत्ति से मानते हैं। दूर जाने की ज़रूरत नहीं; स्वयं प्रेमचंद ने लिखा है, "कला दीखती तो यथार्थ है; पर यथार्थ होती नहीं। उसकी खूबी यही है कि वह यथार्थ न होते हुए भी यथार्थ मालूम हो।" इससे मालूम होता है कि कला यथार्थ का भ्रम उत्पन्न करती है परंतु वह एक काल्पनिक स्वर्ग की रचना नहीं करती। यदि मनुष्य साहित्य में यथार्थ की पुनरावृत्ति नहीं चाहता, तो फिर यथार्थ का यह भ्रम खड़ा करने की क्या ज़रूरत है? यथार्थ से भागने वाले के लिए जैसे यथार्थ वैसे उसका भ्रम;—बल्कि भ्रम से शायद उसे ज्यादा भय हो क्योंकि जीवित मनुष्य से मनुष्य का भूत ज्यादा भयकारी होता है।

वास्तव में कल्पनावादियों को यथार्थ के चित्रण से जो चिढ़ है वह इसलिए नहीं कि कला में उसकी पुनरावृत्ति मनुष्य को भाती नहीं बल्कि इसलिए कि यथार्थ का सामना करने का उनमें साहस नहीं। शायद कोई कल्पनावादी इस बात को ईमानदारी के साथ स्वीकार न करेगा क्योंकि इससे उसकी कमज़ोरी साबित होती है; परंतु प्रेमचंद के संघर्ष में कल्पनावाद के विरोधी तत्त्व ने उनसे इस कमजोरी को साहस के साथ स्वीकार कराया है। वह मानते हैं कि यथार्थ इतना कटु है कि हमें निराशा से बचने के लिए एक काल्पनिक स्वर्ग रचने की ज़रूरत होती ही है। "यथार्थवादी अनुभव की बेड़ियों में जकड़ा होता है और चूँकि संसार में बुरे चरित्रों की ही प्रधानता है—यहाँ तक कि उज्ज्वल से उज्ज्वल चरित्र में भी कुछ न कुछ दाग-धब्बे रहते हैं, इसलिए

यथार्थवाद हमारी दुर्बलताओं, हमारी विषमताओं और हमारी क्रूरताओं का नग्न चित्र होता है और इस तरह यथार्थवाद हमको निराशावादी बना देता है, मानव-चरित्र पर से हमारा विश्वास उठ जाता है, हमको अपने चारों तरफ बुराई ही बुराई नज़र आने लगती है।"

इस निराशावाद से बचने के लिए आदर्शवाद की ज़रूरत पड़ती है। वास्तव में यथार्थ से भागने पर निराशा का रंग और गहरा ही हो जाता है; काल्पनिक स्वर्ग में दुबकने की आशा टिकाऊ नहीं होती। आशा तो संघर्ष से ही उत्पन्न होती है, जब हम लड़ते रहते हैं और आशा करते हैं कि आगे विजयी भी होंगे।

यहाँ पर आदर्शवाद को साहित्य में लाने के लिए प्रेमचंद यथार्थवाद की सहायता भी ज़रूरी समझते हैं लेकिन सिर्फ इसी हद तक कि पढ़ने वाला भुलावे में आ जाय और यह न जानने पाए कि लेखक सरासर झूठ बोलकर उसका मन बहला रहा है। इस आदर्शवाद और यथार्थवाद के सम्मिश्रण को वह 'आदर्शोन्मुख यथार्थवाद' कहते हैं जो हमें स्टैलिन के समय के कुछ रूसी साहित्यिक आंदोलनों की याद दिलाता है जिनमें आदर्शवाद के साथ फिर समझौता किया गया है। लेखक मनुष्य की कमजोरियों का चित्रण करे लेकिन हमेशा यह दिखावे कि उसने उन पर विजय पाई है। साहित्यकार हमारे भीतर सद्‌भावनाओं का संचार करे, इसके लिए "ज़रूरत है कि उसके चरित्र Positive हों, जो प्रलोभनों के आगे सिर न झुकाएँ; बल्कि उनको परास्त करें; जो वासनाओं के पंजे में न फँसे; बल्कि, उनका दमन करें; जो किसी विजयी सेनापति की भाँति शत्रुओं का संहार करके विजयनाद करते हुए निकलें।" इस तरह यथार्थ की भयंकरता से प्रेमचंद समझौता करते हैं; भयंकर होने पर भी जब यह दिखाया जायगा कि आदर्शवाद उसकी गर्दन पर सवार है तो लोगों का भय दूर हो जायगा और वे आदर्शवाद पर श्रद्धा करने लगेंगे।

एक तरह से प्रेमचंद ने यथार्थवाद को मनुष्य की कमज़ोरियों का पर्यायवाची मान लिया है। लेकिन यथार्थ में सच्चे साधु पुरुष भी तो होते हैं जिनके अंदर कमज़ोरियों से अधिक शहज़ोरियाँ होती हैं? अपनी ही व्याख्या से जैसे चिढ़कर वह पूछते हैं, "क्या यथार्थता अपने क्षेत्र में समाज और व्यक्ति की पवित्र साधनाओं को नहीं ले सकती? एक विधवा के पतित जीवन की अपेक्षा, क्या उसके सेवामय, तपमय जीवन का चित्रण मंगलकारी नहीं है?" यह यथार्थ से दूसरा समझौता है; यथार्थ के भीतर आदर्श से जो कुछ मिलता-जुलता है, उसे हम लेने के लिए तैयार हैं। लेकिन आगे चलकर वह साहित्य में असुंदर को भी लेने के लिए तैयार हैं, इस शर्त पर कि सुंदर की सुंदरता बिगड़ने न पाए। यह वही पहले की बात है कि आदर्श को हमेशा यथार्थ की गर्दन पर सवार रखा जाय। असुंदर के सहयोग से सुंदर और भी चमक उठता है। "साहित्य में असुंदर का प्रवेश केवल इसलिए होना चाहिए कि सुंदर को और भी सुंदर बनाया जा सके।" यथार्थवाद का ऊँट आदर्शवाद के तम्बू में थोड़ी और गर्दन

ढकेलता है। यथार्थवाद की नग्नता तो भयंकर होती है लेकिन उसकी ओर यदि संकेत भर कर दिया जाय तो एक नया ही सौंदर्य पैदा हो जाता है। "कला संयम और संकेत में है। वही बात जो संकेतों और रहस्यों में आकर कविता बन जाती है, अपने स्पष्ट या नग्नरूप में वीभत्स हो जाती है। ··· ऊषा की लाली में जो सौंदर्य है, वह सूरज के सम्पूर्ण प्रकाश में हर्गिज़ नहीं।" लेकिन ज़िंदा रहने के लिए ऊषा का प्रकाश ही काफी नहीं : हमें सूर्य के पूर्ण प्रकाश की भी ज़रूरत होती है। और कला का ध्येय जब तक मनुष्य का कल्याण है तब तक वह गुलाबी संकेतों से संतुष्ट नहीं रह सकती।

सुंदर और असुंदर का भेद तो वास्तव में मनुष्य के दृष्टिकोण पर निर्भर है। खोजने वाले के लिए 'वीभत्स में सुंदर और सत्य मौजूद हैं।' आगे चलकर इस वीभत्स का चित्रण ही कला का लक्ष्य बन जाता है। अपने आदर्शवादी रूप को लक्ष्य कर प्रेमचंद कहते हैं, "उसकी दृष्टि अभी इतनी व्यापक नहीं कि जीवन-संग्राम में सौंदर्य का परमोत्कर्ष देखे। उपवास और नग्नता में भी सौंदर्य का अस्तित्व सम्भव है, इसे कदाचित वह स्वीकार नहीं करता। उसके लिए सौंदर्य सुंदर स्त्री में है,—उस बच्चों वाली गरीब रूपरहित स्त्री में नहीं जो बच्चे को खेत की मेंड़ पर सुलाए पसीना बहा रही है; उसने निश्चय कर लिया है कि रँगे होंठों, कपोलों और भौंहों में निस्संदेह सुंदरता का वास है,—उसके उलझे हुए बालों, पपड़ियों पड़े हुए होंठों और कुम्हलाए हुए गालों में सौंदर्य का प्रवेश कहाँ?" लेकिन जीवन में इसी ग़रीबी और भोंड़ेपन से हम परेशान रहते हैं; साहित्य में उसकी पुनरावृत्ति देखकर हम चिढ़ेंगे नहीं? क्या उससे हमारा मनोरंजन सम्भव है? जो मेहनत करते हैं उनके गाल सूखे हैं, ओठों पर पपड़ियाँ पड़ी हैं और जो उनकी कमाई से महल में बैठे मौज करते हैं उनके गालों और ओठों पर रंगीनी है,—क्या यह चित्र हमें निराश न बना देगा? क्या साहित्यकार को यह न दिखाना चाहिए कि मेहनत करने पर रंगीनी इन ग़रीबों के ही चेहरे पर है और महल में आराम करने वाली के गाल सूख गए हैं? क्या आदर्शवाद की रक्षा ऐसे ही चित्रण से न होगी और आदर्शवादी दृष्टिकोण से क्या उन्नति भी इसी मार्ग से सम्भव नहीं है? आदर्शवादी की उन्नति वास्तव में अवनति है; यथार्थ से भागकर काल्पनिक स्वर्ग में शरण लेने वाले आशावाद का ज़ोरों से खंडन करते हुए प्रेमचंद कहते हैं, "उन्नति से हमारा तात्पर्य उस स्थिति से है जिससे हममें दृढ़ता और कर्मशक्ति उत्पन्न हो, जिससे हमें अपनी दुःखावस्था की अनुभूति हो, हम देखें कि किन अंत-र्बाह्य कारणों से हम इस निर्जीवता और ह्रास की अवस्था को पहुँच गए, और उन्हें दूर करने की कोशिश करें।" साहित्य का यह लक्ष्य मान्य और हमारी चेष्टाओं को अपनी ओर केंद्रित करने योग्य है। साथ ही वह प्रेमचंद के आदर्श और यथार्थ के संघर्ष को भी भली भाँति स्पष्ट कर देता है।

आदर्श और यथार्थ के संघर्ष से मिलता-जुलता हृदय और मस्तिष्क तथा कला और उपयोगिता का झगड़ा है। प्रेमचंद बुद्धिवाद से साहित्य को वैसे ही बचाना चाहते

हैं जैसे उसे यथार्थवाद से। इसका कारण भी बहुत कुछ वही पुराना भय है कि बुद्धिवाद उन्हें संसार के कटु सत्यों का सामना करने के लिए बाध्य करेगा। वह कहते हैं, "सच पूछिए तो कला और साहित्य बुद्धिवाद के लिए उपयुक्त ही नहीं। साहित्य तो भावुकता की वस्तु है, बुद्धिवाद की यहाँ इतनी ही ज़रूरत है कि भावुकता बेलगाम होकर दौड़ने न पाए।" साहित्य में भावुकता एक बहुत सस्ती चीज़ है जिसका अभाव ही आजकल साहित्य को ऊँचा बनाता है। जो चीज़ मीठी-मीठी दिल को लुभाने वाली लिखी जाती है उसे बचकानी कहकर हम टाल देते हैं। लेकिन प्रेमचंद का मतलब इस सस्ती भावुकता से नहीं। वे भावुकता के अंतर्गत मनुष्य की उन सभी प्रवृत्तियों को लेते हैं जो व्यक्तिगत स्वार्थ से रहित पूरी समाज के हित के लिए हैं। भावुकता की श्रेष्ठता दिखाने को वह एक विचित्र उदाहरण देते हैं। मान लीजिए एक स्त्री को कुछ लम्पटों ने घेर लिया और आप अकेले उसकी रक्षा नहीं कर सकते। यहाँ बुद्धिवाद कहेगा, अकेले पाँच से कैसे जीतोगे, चलो भाग चलो। लेकिन भावुकता कहेगी, एक स्त्री की रक्षा करना तुम्हारा धर्म है; चाहे प्राण चले जायँ, लेकिन उसे इन दुष्टों के हाथ से बचाना होगा। ऐसी परिस्थिति में भावुकता मनुष्यता है; बुद्धिवाद वहाँ कायरता बन जाता है। प्रेमचंद भावुकता का सम्बन्ध हृदय से मानते हैं। और मनुष्य के हृदय में सत्कर्म की प्रेरणा स्वभावतः मौजूद है। इसलिए जब वह भावुकता का सहारा लेगा तो अवश्य सत्कर्म की ओर प्रेरित होगा। वास्तव में यदि वीरता का भाव हृदय से उत्पन्न होता है तो वहीं से कायरता के भाव की भी उत्पत्ति माननी होगी। एक ही के लिए हृदय उत्तरदायी नहीं हो सकता। ऊपर के उदाहरण के विपरीत हमारे सामने बैरगिया नाला के ठगों की कथा है; वहाँ भावुकता से कथित दुःसाहसी न हुए वरन बुद्धि से काम लेकर एक-एक पर तीन-तीन मिलकर वार करने लगे और इस तरह से बुद्धि द्वारा विजयी हुए। प्रेमचंद को बुद्धिवाद से इसलिए भय नहीं है कि वह कायरता है वरन इसलिए कि वह उनके आदर्शवाद की भावुक कल्पना को ढहा देता है।

जब साहित्य हृदय की वस्तु हो जाती है तो उसका ध्येय भी आनंद उत्पन्न करना रह जाता है। साहित्य से रस की सृष्टि, उसका ध्येय आनंद मात्र होना, प्रेमचंद की 'भारतीयता' का प्रमाण है। विदेश में भी रोमांटिक कवियों ने साहित्य का ध्येय आनंद माना है और जब उपयोगितावादियों से संघर्ष हुआ है तो उन्होंने आनंद की ही उपयोगिता सिद्ध की है। साहित्य का आनंद ही मनुष्य को मनुष्य बनाता है और उसे सत्कार्यों की ओर प्रेरित करता है। इसका एक उदाहरण शेली की 'डिफेन्स ऑव पोएज़ी' में है। एक जगह प्रेमचंद कहते हैं कि सत्य से मनुष्य का तीन प्रकार का सम्बन्ध होता है। एक जिज्ञासा का, जो दर्शन का विषय है; दूसरा प्रयोजन का, जो विज्ञान का विषय है और तीसरा आनंद का जो साहित्य का विषय है। सत्य की उपयोगिता, इस तरह विज्ञान का विषय बन जाती है। जहाँ साहित्य में प्रयोजन होगा, वहाँ वह उतना ही वैज्ञानिक और भावुकता से रहित होगा। उसका सम्बन्ध हृदय से न होकर मस्तिष्क से

जुड़ जायगा। परंतु बाद में वह इसी आनंद में उपयोगिता की भी खोज करते हैं। उपयोगिता का प्रश्न जब एक रोमांटिक को बुरी तरह झकझोरता है तब वह आनंद को ही उपयोगी सिद्ध करने की चेष्टा करता है। उसी तरह प्रेमचंद भी कहते हैं, "मुझे यह कहने में हिचक नहीं कि मैं और चीज़ों की तरह कला को भी उपयोगिता की तुला पर तौलता हूँ। निस्संदेह कला का उद्देश्य सौंदर्य-वृत्ति की पुष्टि करना है और वह हमारे आध्यात्मिक आनंद की कुंजी है; पर ऐसा कोई रुचिगत मानसिक तथा आध्यात्मिक आनंद नहीं जो अपनी उपयोगिता का पहलू न रखता हो। आनंद स्वतः एक उपयोगिता-युक्त वस्तु है और उपयोगिता की दृष्टि से एक ही वस्तु से हमें सुख भी होता है और दुःख भी। ···प्रकृति का विधान वृद्धि और विकास है और जिन भावों, अनुभूतियों और विचारों से हमें आनंद मिलता है, वे इसी वृद्धि और विकास के सहायक हैं। कलाकर अपनी कला से सौंदर्य की सृष्टि करके परिस्थिति को विकास के उपयोगी बनाता है।" बात वही पुरानी है; आनंद हममें आगे बढ़ने और विकसित होने की क्षमता उत्पन्न करता है। मनुष्य को कर्म के लिए प्रेरणा हृदय से मिलती है; आनंद इस प्रेरणा-केंद्र को ही प्रभावित करता है और इसीलिए मनुष्य में सत्प्रेरणाओं का भी जन्म होता है। उदाहरण के लिए तुलसीदास की रामायण का आनंद ले एक व्यक्ति राजनीति के समर में कूद सकता है क्योंकि साहित्यिक आनंद उसके अंदर दूसरों के दुख समझने की क्षमता और उन्हें दूर करने का साहस उत्पन्न करता है।

साहित्य का मुख्य ध्येय अब भी आनंद उत्पन्न करना ही है—उपयोगिता उसी के साथ गौण रूप से आती है। लेकिन साहित्य के प्रति जैसे प्रेमचंद का दृष्टिकोण आदर्शवादी ही न रह यथार्थवादी भी हुआ, वैसे ही उपयोगिता आनंद के क्षेत्र में गौणरूप से समाई न रही वरन उसने ही प्रमुखता ले ली और आनंद गौण बन बैठा। साहित्य की सृष्टि के लिए वह आनंद की भावना को नहीं, वरन उपयोगिता की भावना को उत्तरदायी बताते हैं। "साहित्य का जन्म उपयोगिता की भावना का ऋणी है। जो चतुर कलाकार है, वह उपयोगिता को गुप्त रखने में सफल होता है, जो इतना चतुर नहीं है, वह उपदेशक बन जाता है और अपनी हँसी उड़वाता है।" साहित्य में उपयोगिता छिपाई जाती है तो इसलिए कि साहित्य अधिक उपयोगी हो सके। उपयोगिता अपने निरावरण रूप में लोगों को चौंका देगी। इसलिए उसे आनंद के वस्त्र पहनाना ज़रूरी है। फिर जैसे यथार्थ और जीवन के संघर्ष को प्रेमचंद ने ज़ोरदार शब्दों में साहित्य का ध्येय घोषित किया था, वैसे ही वह साहित्य की सिद्धि आनंद नहीं, उपयोगिता के सूत्र से करते हैं। वह कहते हैं, "मेरा पक्का मत है कि परोक्ष या अपरोक्ष रूप से सभी कला उपयोगिता के सामने घुटना टेकती है। प्रोपेगेंडा बदनाम शब्द है, लेकिन आज का विचारोत्पादक, बलदायक, स्वास्थ्यवर्धक साहित्य प्रोपेगेंडा के सिवा न कुछ है, न हो सकता है, न होना चाहिए और इस तरह के प्रोपेगेंडा के लिए साहित्य से प्रभावशाली

कोई साधन ब्रह्मा ने नहीं रचा।" आखिर पलड़ा ही उलट गया। यही नहीं कि साहित्य का ध्येय प्रचार है, अपितु प्रचार का वह सर्वश्रेष्ठ साधन भी है।

ऊपर दिए गए उद्धरणों से प्रेमचंद का संघर्ष भली भाँति समझ में आ जाना चाहिए। एक ओर उनमें बीते युग की आदर्शवादी भावना है जो ठीक-ठीक बुद्धिवादी दृष्टिकोण से यथार्थ का सामना करने से हिचकती है; दूसरी ओर उनका यथार्थवादी दृष्टिकोण है जो सामाजिक और राजनीतिक जीवन पर तीव्र प्रकाश डाल उसकी वीभत्स नग्नता को हमारे सामने ला खड़ा करता है। इसी कारण वह पुराने युग की विचारधारा से प्रभावित होते हुए भी नए युग के साथ हैं; उनकी गिनती उन लेखकों में है जो एक युग की भावना को अपने भीतर केंद्रित कर दूसरे युग के लिए मार्ग प्रशस्त कर जाते हैं। अपने आदर्शवाद के कारण कहीं-कहीं वह समस्याओं का उचित निराकरण नहीं कर पाते; उनकी भावुकता उन्हें एक कल्पित समझौता ढूँढ़ निकालने के लिए बाध्य करती है। कहीं-कहीं समस्याओं को उनकी पूरी जटिलता के साथ वह पेश भी नहीं करते। परंतु यह दूसरा दोष, जो आदर्शवादी लेखकों की खास कमज़ोरी है, प्रेमचंद पर सबसे कम आरोपित किया जा सकता है। वास्तव में उनका आदर्शवाद उनकी बुद्धि का परिणाम था,—बुद्धिवाद का एक परिवर्तित रूप। जिस बुद्धिवाद से उन्हें भय था, और जिससे वह साहित्य की रक्षा करना चाहते थे, वही आदर्शवाद के विकृत रूप में उनकी रचनाओं में प्रकट हुआ है। उनकी आंतरिक मनोवृत्ति यथार्थवाद की ओर थी। इसका प्रमाण यह है कि अन्य आदर्शवादियों की भाँति उन्होंने एक निश्चित परिणाम की सिद्धि के लिए अपने आधार को ही नहीं तोड़ा-मरोड़ा। उदाहरण के लिए यदि वह किसान और ज़मींदारों में वर्ग-संघर्ष नहीं चाहते थे, वरन सोचते थे कि उनमें समझौता हो जायगा तो इसीलिए उन्होंने किसानों पर ज़मींदारों के अत्याचारों को कम करके नहीं दिखाया। आर्थिक शोषण का यथार्थ चित्रण, उसकी पूर्ण भयानकता के साथ, उन्होंने किया है। दूसरा आदर्शवादी लेखक अपना निश्चित परिणाम सिद्ध करने के लिए यथार्थ के आधार को ही विकृत कर देता ।

प्रेमचंद की रचनाओं में अध्ययन के लिए सबसे महत्त्वपूर्ण यही समस्याएँ हैं। हमारे जीवन का शायद ही कोई पहलू छूटा हो जिसकी गुत्थियों को प्रेमचंद ने सुलझाने की चेष्टा न की हो। हम उनके परिणामों से सहमत न हों, लेकिन नए युक्तिसंगत परिणाम निकालने के लिए यहाँ से अधिक यथार्थ आधार अभी दूसरी जगह न मिलेंगे! प्रेमचंद भारतीय जीवन के भिन्न-भिन्न अंगों से परिचित थे और उनका-सा परिचय हमें अन्य किसी भी भारतीय साहित्यिक की कृतियों में नहीं मिलता। नए प्रगतिशील लेखक साहित्य में अपने मार्क्सवादी सिद्धांत प्रतिपादित कर रहे हैं लेकिन जितना सुबोध उनके लिए समस्या का परिणाम है, उतनी समस्या नहीं। सामाजिक और राजनीतिक जीवन के विभिन्न अंगों से अभी उन्हें वह परिचय नहीं प्राप्त हुआ जो प्रेमचंद की कृतियों में मिलता है। इसलिए यथार्थवाद का एक विशिष्ट आवरण पहने हुए भी ये नए लेखक

वास्तव में प्रेमचंद से अधिक आदर्शवादी हैं। प्रेमचंद ने हमारे जीवन की समस्याओं की छानबीन की है—जीवन की कटुता का सामना किया है; इसलिए निराशावादी न होकर जब वह हमारे सामने एक आदर्श रखते हैं, तब रूखे से रूखे आलोचक के निकट भी उनका आदर्शवाद क्षम्य हो जाता है। नए लेखकों को प्रेमचंद से सीखना है कि जीवन के कितने अंगों का विस्तृत ज्ञान उन्हें प्राप्त करना है और परिणाम नहीं तो, कम से कम समस्या को किस प्रकार यथार्थवादी ढंग से साहित्य में पेश करना चाहिए। क्योंकि प्रेमचंद का आदर्शवाद उनकी कृतियों के एक ही पहलू को बिगाड़ता है, वह है समस्या से एक सुंदर परिणाम निकालने वाला। परंतु उनके अंतर में बसा हुआ यथार्थवादी समस्या की जटिलता चित्रित करने में बहुत कम मेल-मुलाहिजा करता है। जहाँ उनका आदर्शवाद दब गया है और उन्होंने बरबस परिणाम ढूँढ़ने का प्रयत्न नहीं किया, या समस्या को ही सामने रखकर संतोष कर लिया है, वहाँ वे अद्वितीय हैं।

समाज के जिन-जिन अंगों पर प्रेमचंद ने प्रकाश डाला है, उनका अध्ययन करना अपने सारे सामाजिक जीवन का ही अध्ययन करना है। उनकी कृतियों की विवेचना से हम समस्याओं से ही परिचित न होंगे वरन परिणाम खोजने में उनकी अतार्किकता और आदर्शवादी दृष्टिकोण को समझकर आगे के लिए सचेत भी हो सकेंगे। प्रेमचंद ने भारतीय जीवन का जो विश्लेषण किया है, आगे उसी की आलोचना की जायगी।

महाजनी सभ्यता

'हंस' के एक लेख में आज की सभ्यता का विश्लेषण करते हुए प्रेमचंद ने उसे 'महाजनी सभ्यता' कहा था। इस युग के पहले जागीरदारी सभ्यता थी, जिसमें अनेक दोष होते हुए काफी गुणा भी थे। बलवान भुजाएँ और मज़बूत कलेजा तब जीवन की आवश्यकताओं में थे। "राजा और सम्राट जनसाधारण को अपने स्वार्थ-साधन और धन-शोषण की भट्ठी का ईंधन न समझते थे। लेकिन नई सभ्यता में पैसे का स्थान सर्वोपरि है। साम्राज्यवाद के आवश्यक गुण मज़बूत कलेजा और बलवान भुजाएँ नहीं हैं, उसके लिए, बुद्धि का धन-संचय के लिए उपयोग तथा मौन आज्ञा-पालन आवश्यक हैं। इस सभ्यता ने समाज को दो अंगों में बाँट दिया है, जिनमें एक हड़पने वाला है, दूसरा हड़पा जाने वाला। इस महाजनी सभ्यता का अंत हुआ है केवल रूस देश में और जो समाज-व्यवस्था उस देश के लिए हितकर हुई है, वह हिंदुस्तान के लिए भी हो सकती है।"

इस लेख से साफ मालूम होता है कि जागीरदारी सभ्यता के प्रति प्रेमचंद के हृदय में थोड़ा-बहुत स्नेह बाक़ी है; वह स्नेह उस पुरानी सभ्यता के ध्वंस के वर्णन में, उसके रहे-सहे स्मारक, कुछ उदार जमींदारों-ताल्लुक़दारों और बिगड़े रईसों के चित्रण में हमें देखने को मिलता है। यहाँ पर उनका दृष्टिकोण एक ठेठ किसान का है, जो स्वभावतः नए युग के शोषण से व्याकुल होकर पिछले युग के सुख-स्वप्न देखता है। और, यह केवल कल्पना नहीं। प्रेमचंद ने गाँवों में रहकर देखा था कि पुरानी सभ्यता में पला ज़मींदार उतना भयंकर नहीं होता, जितना कि वर्तमान सभ्यता के सम्पर्क में आया हुआ उसी का दूसरा जातिभाई। 'प्रेमाश्रम' में प्रभाशंकर और उनके स्वर्गीय भाई इसी पुरानी जागीरदारी सभ्यता के ज़मींदार थे; राय कमलानंद और ज्ञानशंकर नई सभ्यता के सम्पर्क में आए हुए नई श्रेणी के ज़मींदार हैं। वर्ग-संघर्ष तो पहले भी था, परंतु तब देवता के आसन पर पैसे को न प्रतिष्ठित किया गया था, इसलिए शोषण इतना कटु न था। आज सामाजिक व्यवस्था बदल गई है; जागीरदारी सभ्यता का प्रायः अंत हो चुका है। नई सभ्यता ने व्यापार को अपना ध्येय बनाया है; प्रत्येक व्यक्ति किसी न किसी रूप में आगे बढ़कर दूसरों का सरताज बनना चाहता है। इसीलिए बड़े-बड़े खानदानों में जो अपनी इज़्ज़त का एक विचार लोगों को नंगा नाचने से रोके रहता था, वह अब

मिट गया है, उसकी जगह धोखेबाज़ी ने ले ली है। लोग कोशिश यह करते हैं कि इज़्ज़त रहे, चाहे जाय, जेब किसी तरह पैंसों से भर जाय। नई सभ्यता के नए बड़े आदमियों से कहीं ज़्यादा इज़्ज़त-आबरू का ख़याल गाँव में ग़रीब किसानों को है, जो अपनी काल्पनिक आन के लिए सूद पर रुपए लेते-लेते आखिरकार मिट जाते हैं। प्रंतु यही बात जागीरदारी सभ्यता के ध्वंसावशेषों अर्थात पुराने राजों-रईसों के प्रति हमारे हृदय में सहानुभूति उत्पन्न करती है, ग़रीब किसानों में अंधविश्वास बन जाती है और हमें उनकी मूर्खता पर दया आने लगती है।

प्रेमचंद ने आधुनिक सभ्यता को महाजनी सभ्यता के नाम से कुछ रूस या समाजवाद पर दो-चार पुस्तकें पढ़कर न पुकारा था। उन्होंने बहुत पहले अनुभव किया था कि किसी समाज की सभ्यता उसकी भीतरी व्यवस्था पर निर्भर रहती है। यह संतोष की बात है कि उन्होंने जिन सामाजिक कुरीतियों की आलोचना की है, उनकी जड़ भी उन्होंने सामाजिक व्यवस्था में ही खोज निकाली है। इसीलिए प्रेमचंद का विश्लेषण छिछला और सुधारवादी न होकर क्रांतिकारी और सामाजिक व्यवस्था की जड़ पर ही आघात करने वाला हो जाता है। उन्होंने बहुत पहले 'सेवासदन' में वेश्याओं के बारे में लिखते हुए एक महाजनी सभ्यता पर, जिसके कारण आज का पतित वेश्याजीवन सम्भव हुआ है, चोटें की थीं। उन्होंने कुँअर अनिरुद्धसिंह के मुँह से कहलाया था—"हमें वेश्याओं को पतित समझने का कोई अधिकार नहीं। यह हमारी परम धृष्टता है। हम रात-दिन जो रिश्वतें लेते हैं, सूद खाते हैं, दीनों का रक्त चूसते हैं, असहायों का गला काटते हैं, कदापि इस योग्य नहीं हैं कि समाज के किसी अंग को नीच या तुच्छ समझें। सबसे नीच हम हैं, सबसे बड़े पापी, दुराचारी, अन्यायी हम हैं, जो अपने को शिक्षित, सभ्य, उदार और उच्च समझते हैं। हमारे शिक्षित भाइयों ही की बदौलत दालमंडी आबाद है, चौक में चहल-पहल है, चकलों में रौनक़ है। यह मीनाबाज़ार हम लोगों ने ही सजाया है, ये चिड़ियाँ हम लोगों ने ही फँसाई हैं, ये कठपुतलियाँ हमने ही बनाई हैं। जिस समाज में अत्याचारी ज़मींदार, रिश्वती राजकर्मचारी, अन्यायी महाजन, स्वार्थी बंधु आदर और सम्मान के पात्र हों, वहाँ दालमंडी क्यों न आबाद हो? हराम का धन हरामकारी के सिवा और कहाँ जा सकता है? जिस दिन नज़राना रिश्वत और सूद दर सूद का अंत होगा, उसी दिन दालमंडी उजड़ जायगी, ये चिड़ियाँ उड़ जायँगी—पहले नहीं।"

यही महाजनी सभ्यता है, ज़मींदार अत्याचारी हैं, राज-कर्मचारी रिश्वतखोर हैं, महाजन अन्यायी हैं और भाई भाई का गला काटने के लिए तैयार है। प्रेमचंद ने महाजनी सभ्यता के इन स्तम्भों को, ज़मींदारों, राजकर्मचारियों और महाजनों को उधेड़-उधेड़कर हमारे सामने उनकी बीभत्सता में खड़ा कर दिया है, जिससे हम अपनी सभ्यता की इमारत ढहाकर उसकी जगह एक नई इमारत बनाने के लिए बाध्य हों।

'कर्मभूमि' में अमरकांत सलीम से जलसे में आने और पश्चिमी सभ्यता पर बोलने

को कहता है। सलीम कहता है कि उसे पश्चिमी सभ्यता की बुराइयाँ नहीं मालूम, जिन पर वह बोले। अमरकांत कहता है—"एक तो यह तालीम ही है। जहाँ देखो, वहीं दूकानदारी। अदालत की दूकान, इल्म की दूकान, सेहत की दूकान। इस एक पाइंट पर बहुत कुछ कहा जा सकता है।"

सलीम ने चाहे न कहा हो, पर प्रेमचंद ने कहने में कोई कसर नहीं रखी। स्वाभाविक था कि उनका रोष पश्चिमी शिक्षा पर प्रकट होता। 'कर्मभूमि' के आरम्भ में ही उन्होंने लिखा था—"कचहरियों में पैसे का राज है, हमारे स्कूलों में भी पैसे का राज है, उससे कहीं कठोर, कहीं निर्दय। ···ऐसे कठोर नियमों का उद्देश्य इसके सिवा और क्या हो सकता था कि ग़रीबों के लड़के स्कूल छोड़कर भाग जायँ। वही हृदयहीन दफ़्तरी शासन, जो अन्य विभागों में है, हमारे शिक्षालयों में भी है। ··· अध्यापकों की मेज़ों पर रुपयों के ढेर लगे हैं। चारों तरफ़ खनाखन की आवाज़ें आ रही हैं। सराफ़े में भी रुपए की ऐसी झंकार कम सुनाई देती है। हरएक मास्टर तहसील का चपरासी बना बैठा हुआ है। ··· यदि ऐसे शिक्षालयों से पैसे पर जान देने वाले, पैसे के लिए ग़रीबों का गला काटने वाले, पैसे के लिए अपनी आत्मा को बेच देने वाले छात्र निकलते हैं, तो आश्चर्य ही क्या है?"

महाजनी सभ्यता को जीवित रखने वाली यह इस युग की शिक्षा है। यद्यपि प्रेमचंद ने पश्चिमी सभ्यता और शिक्षा को बहुधा खरी-खोटी ही सुनाई हैं, फिर भी उनका विरोध उसी शिक्षा से था, जो महाजनी सभ्यता की पोषक है। पश्चिमी शिक्षा का एक रूप हमें प्रेमशंकर में भी देखने को मिलता है, जो 'प्रेमाश्रम' में उनके आदर्श नायक हैं।

यह शिक्षा जब जागीरदारी सभ्यता के वारिसों को मिलती है तो ज्ञानशंकर-से व्यक्तियों का जन्म होता है, जो प्रजा से पैसा खींचने में किसी प्रकार की भी रियायत नहीं कर सकते। ज्ञानशंकर का जन्म उस कुल में हुआ था, जिसने अपने को मर्यादा के पीछे मिटा दिया था। नई शिक्षा ने उन्हें सिखाया था कि जीवन एक संग्राम है और इसमें जो दूसरों पर दया दिखावेगा, वह मिट जायगा। जीवन का अर्थ है दूसरों को मारकर जीवित रहना; ऐसे संघर्ष में आत्मत्याग और दया के लिए गुंजाइश कहाँ?

धनीवर्ग के लड़के जब यही शिक्षा पाते हैं तो उनमें 'कर्मभूमि' के सलीम और 'प्रेमाश्रम' के ज्वालासिंह से हुक्काम निकलते हैं। जो हाकिम नहीं बनते, वे डॉक्टरी, वकालत आदि करते हैं और वे सभी महाजनी सभ्यता के स्तम्भ हैं। मध्यवर्ग के लोग अँगरेज़ी पढ़कर दफ्तरों में गुलामी करते हैं। 'सेवासदन' में सदनसिंह जब नौकरी खोजने निकलता है, तब उसे अपनी शिक्षा का अभाव खटकता है; साथ ही वह उस शिक्षा का मूल्य भी आँक लेता है—"मेरा चरित्र उच्च न सही, पर बहुतों से अच्छा है। मेरे विचार उच्च न हों, पर ऐसे नीच नहीं। लेकिन मेरे लिए सब दरवाज़े बंद हैं। मैं या तो कहीं चपरासी हो सकता हूँ या बहुत होगा तो कांसटेबिल हो जाऊँगा। बस यही

मेरी सामर्थ्य है। यह हमारे साथ कितना बड़ा अन्याय है। हम कैसे ही चरित्रवान हों, कितने ही बुद्धिमान हों, कितने ही विचारशील हों, पर अंगरेज़ी भाषा का ज्ञान न होने से उसका कुछ मूल्य नहीं। हमसे अधम और कौन होगा, जो इस अन्याय को चुपचाप सहते ही नहीं, बल्कि उस पर गर्व करते हैं।"

इस तरह विदेशी सभ्यता ने महाजनी सभ्यता की जड़ें हमारे समाज में मज़बूती से जमा दी हैं और इसीलिए प्रेमचंद उसका विरोध करते हैं : इसलिए नहीं कि वह विदेशी है। पुरानी सभ्यता अपनी पुरानी सामाजिक सभ्यता के साथ मिट गई है—उसमें कुछ दम नहीं है, बहुत से बहुत उसके लिए सहानुभूति के चार आँसू गिराए जा सकते हैं; परंतु नई सामाजिक परिस्थितयों के लिए वह बेकार है। नई शिक्षा एक नई सभ्यता को पोषित कर रही है और इस सभ्यता की भित्ति स्वार्थ पर है।

अंगरज़ों ने आकर हिंदुस्तान में एक नई शिक्षा फैलाई और उससे महाजनी सभ्यता की जड़ जमी। साथ ही वे अपने साथ नए उद्योग-धंधे भी लाए, जिन्होंने देशी उत्पादन के साधनों में क्रांति कर दी। महाजनी सभ्यता का आधार ही वास्तव में आधुनिक व्यापार है और इस व्यापार का स्वभावतः नए उद्योग-धंधों से घनिष्ट सम्बन्ध है। 'रंगभूमि' में प्रेमचंद ने यही संघर्ष चित्रित किया है। एक ओर नया व्यापार और नया धंधा है; दूसरी ओर पुरानी सभ्यता और पुराना सामाजिक आदान-प्रदान। इन दोनों के संघर्ष में पड़कर पुराना जीवन छिन्न-भिन्न हो जाता है और एक गाँव का गाँव ध्वस्त हो जाता है, उसके साथ ही शहर के और बहुत-से लोग भी। 'रंगभूमि' में नए व्यापार का विरोध वह उन्हीं कारणों से करते हैं, जिनसे उन्होंने पश्चिमी शिक्षा का विरोध किया था। नया उद्योग और नया व्यापार पुरानी सभ्यता के दोनों अंगों को, किसान और ज़मींदार को, निकम्मा बना देता है। एक मज़दूरी करता है, अपने पुराने बंधनों से अलग होकर पतन के समुद्र में बह चलता है; दूसरा अपनी खानदानी बातें भूलकर कारखानों में हिस्से ख़रीदता है और पहले से भी अधिक भंयकर शोषक बन जाता है।

जॉन सेवक सूरदास की ज़मीन पर कारखाना बनवाना चाहते हैं। सूरदास उन्हें ज़मीन नहीं देना चाहता। न देने के उसके पास बहुत-से कारण हैं। ज़मीन से कुछ पैतृक प्रेम है; उससे बाप-दादों का नाम चलता है; कुछ अपनी यादगार में वहाँ बनवाकर छोड़ भी जाना चाहता है, लेकिन व्यक्तिगत कारणों के होते हुए भी ज़मीन को न बेचने में वह सामाजिक लाभ भी देखता है। एक तो जब तक वह परती पड़ी है, उसमें गाँव के गोरू चरते हैं; इसके सिवा जब वहाँ कारखाना बन जायगा, और वह भी सिगरेट का, तो गाँव में अनाचार का ठिकाना न रहेगा। लेकिन जॉन सेवक, जो एक नए व्यापारी, देश के नए पूँजीपतियों के प्रतीक हैं, इन सब दलीलों को कोरी भावुकता समझते हैं। अपने कारखाने की सामाजिक उपयोगिता सिद्ध करने के लिए उनके पास कम तर्क नहीं हैं।—"हमारी जाति का उद्धार कला-कौशल और उद्योग की उन्नति में है। इस सिगरेट के कारखाने से कम से कम एक हज़ार आदमियों के जीवन की समस्या हल

हो जायगी, और खेती के सिर से उनका बोझ टल जायगा। जितनी ज़मीन को एक आदमी अच्छी तरह जोत-बो सकता है, उसमें घरभर का लगा रहना व्यर्थ है। मेरा कारखाना ऐसे बेकारों को अपनी रोटी कमाने का अवसर देगा।"

कुँअर भरतसिंह को संदेह होता है कि तमाखू की खेती से अनाज महँगा हो जायगा और लोगों के स्वास्थ्य पर भी उसका बुरा प्रभाव पड़ेगा। जॉन सेवक इसका सीधा उत्तर देते हैं—"व्यवसायी लोग इन गोरख-धंधों में नहीं पड़ते; उनका लक्ष्य केवल वर्तमान परिस्थितियों पर रहता है। हम देखते हैं कि इस देश में विदेश से करोड़ों रुपए के सिगरेट और सिगार आते हैं। हमारा कर्तव्य है कि इस धन-प्रवाह को विदेश जाने से रोकें। इसके बग़ैर हमारा आर्थिक जीवन कभी पनप नहीं सकता।"

आर्थिक जीवन के पनपने का सही-सही मतलब क्या है? जॉन सेवक कुँअर को कारखाने से फायदे का एक सब्ज़बाग़ दिखाते हैं; पहले ही साल 25/- प्रति सैकड़ा मुनाफा होगा। अगर कोई दैवी बाधाएँ पड़ भी गईं तो 20/- सैकड़ा तो कहीं गया नहीं है। नतीजा यह होता है कि वही कुँअर साहब, जो तम्बाकू से देश को नुकसान होने की बात सोच रहे थे, अब एकदम 500 हिस्से लेने को तैयार हो जाते हैं।

आज के व्यवसाय का यही रूप है; व्यक्तिगत स्वार्थ के आगे मनुष्य समाज के हानि-लाभ की चिंता नहीं करता। जॉन सेवक की आत्मा भी उन्हें धिक्कारती है, "तुमने देश की व्यावसासिक उन्नति के लिए नहीं, अपने स्वार्थ के लिए यह प्रयत्न किया है।"

जॉन सेवक का उद्देश्य है, नफे का बड़ा भाग किसी न किसी हीले से अपनी जेब के हवाले करना। लेकिन अपने कार्य की उपयोगिता सिद्ध करने के लिए और विरोधियों के तर्क को खंडित करने के लिए उनके पास भाँति-भाँति के अस्त्र हैं। नायकराम पंडा को समझाते हैं कि उनके यात्रियों के लिए सड़क के किनारे खपरैल के मकान बनवा दिये जायँगे। बजरंगी अहीर से कहते हैं कि वह हाते में अपनी गायें-भैंसें चरा लिया करेगा। इसके सिवा अभी सारा दूध लेकर उसे शहर जाना पड़ता है; उस दूध से हलवाई दही, मलाई बनाता है और फायदा उठाता है। कारखाना खुल जाने से उसका दूध अलग बिकेगा, मलाई अलग। उपले घर बैठे बिक जायँगे। ठाकुरदीन पान वाले की बिक्री चौगुनी हो जायगी। खोंचे वालों और ताड़ी वालों की आमदनी का तो कहना ही क्या? लड़कों के लिए मदरसा भी खुल जायगा। इस तरह गाँव वाले भी ज़मीन देने के लिए राज़ी हो जाते हैं। राजा महेंद्रप्रतापसिंह के आगे जॉन सेवक राष्ट्रीयता का स्वाँग भरते हैं। जब एक बार असफल होते हैं तो दूसरी बार अपने गुमाश्ता ताहिरअली के घर में घुसकर स्त्रियों पर गाँव वालों द्वारा अत्याचार किए जाने की कथा गढ़ते हैं। आदि झूठ, अंत झूठ; आज की सभ्यता का आधार यही झूठ का व्यापार है।

इस व्यापार में समाज के सभी उच्चवर्गों का स्वार्थ है। वहाँ ग़रीब की सुनवाई नहीं है; जिनके हाथ में न्याय है, वे भी व्यापारी हैं, वे अपने भाई-बंदों के विरुद्ध फैसला नहीं कर सकते। जॉन सेवक सूरदास को यथार्थ का बोध कराते हुए कहते हैं—"अब

व्यापार का राज्य है, और जो इस राज्य को स्वीकार न करे, उसके लिए तारों को निशाना मारने वाली तोपें हैं।"

नतीजा यह होता है कि सूरदास की ज़मीन उससे ले ली जाती है। कारखाना बनाना शुरू होता है और पाँड़ेपुर की शांत बस्ती में मज़दूरों के नए वर्ग की सृष्टि होती है। सूरदास इनके बारे में शिकायत करता है—"वे सारी बस्ती में फैले हुए हैं, और रोज़ ऊधम मचाते रहते हैं। हमारे मुहल्ले में किसी ने औरतों को नहीं छेड़ा था, न कभी इतनी चोरियाँ हुईं, न कभी इतने धड़ल्ले से जुआ हुआ, न शराबियों का हुल्लड़ रहा। जब तक मजूर लोग यहाँ काम पर नहीं आ जाते, औरतें घरों से पानी भरने नहीं निकलतीं। रात को इतना हुल्लड़ होता है कि नींद नहीं आती।"

धीरे-धीरे एक दिन वह आता है कि इस शिकायत की गुंजाइश ही नहीं रखी जाती। मजूरों के लिए मकानों की ज़रूरत है। पांड़ेपुर के किसानों से उनके मकान खाली कराए जाते हैं। कहाँ उन्हें मुनाफे का स्वप्न दिखाकर लुभाया गया था, कहाँ जॉन सेवक मकान खाली कराने का परवाना लिये पुलिस के साथ उनके सिर पर आ धमकते हैं। लोग मकानों से निकलना नहीं चाहते; सरकारी मुआवजा उनके बाप-दादों के बनाये घरों की कीमत से कहीं कम है। और उस मुआवज़े के रुपए का भी अभी कहीं ठिकाना नहीं। सिपाहियों ने मकानों में घुस-घुसकर लोगों का सामान इधर-उधर फेकना शुरू किया "मानो दिनदहाड़े डाका पड़ रहा हो।"

और लोग तो मकान खाली कर देते हैं, लेकिन सूरदास अपनी झोपड़ी से अलग नहीं होता। जनता उसके चारों ओर इकट्ठी हो जाती है और पुलिस को गोलियाँ चलानी पड़ती हैं, जिसमें कई आदमी शहीद हो जाते हैं। रात में जब सोफी वहाँ पहुँचती है, तब उसे बरसते पानी में रह-रहकर दीवालों के धम-धम गिरने की आवाज़ सुनाई देती है। और इस तरह पुरानी सभ्यता, पुराना रहन-सहन, और गाँवों में रहने वाले किसानों के पुराने जीवन को भूमिसात करती हुई नए व्यापार की यह महाजनी सभ्यता हिंदुस्तान में अपना प्रसार करती है। जॉन सेवक ने झूठ नहीं कहा था—"व्यवसाय कुछ नहीं है, अगर नर-हत्या नहीं है। आदि से अंत तक मनुष्यों को पशु समझना और उनसे पशुवत व्यवहार करना इसका मूल सिद्धांत है। जो यह नहीं कर सकता, वह सफल व्यवसायी नहीं हो सकता।"

जॉन सेवक के भाईबंद 'गोदान' के चंद्रप्रकाश खन्ना हैं। उन्होंने शक्कर की मिल खोली है। तमाखू न सही, शक्कर सही, व्यवसाय व्यवसाय है और उसमें मनुष्यता की हत्या होना अवश्यम्भावी है। "आप नहीं जानते मिस्टर मेहता," खन्ना कहते हैं—"मैंने अपने सिद्धांतों की कितनी हत्या की है। कितनी रिश्वतें दी हैं, कितनी रिश्वतें ली हैं। किसानों की ऊख तौलने के लिए कैसे आदमी रक्खे, कैसे नक़ली बाँट रक्खे।"

और तब समाज में लखपती बने। बजट में शक्कर पर ड्यूटी लग गई। मालिकों

ने देखा कि मजूरों की मजूरी घटाने का अच्छा मौका है। "ड्यूटी से अगर पाँच की हानि थी, तो मजूरी घटा देने से दस का लाभ था।"

बेकारी में आदमियों की कमी है नहीं; आधी मजूरी पर तमाम मजूर मिल जायँगे, तब मजूरी में कटती का ऐलान क्यों न कर दिया जाय। गोदाम में इतना माल है कि छः महीने तक न खपे। उधर मजूरी में कमी का ऐलान हुआ, इधर मजूरों ने हड़ताल कर दी। नतीजा यह हुआ कि नए मजूरों की भर्ती हुई और उनसे पुराने मजूरों से लड़ाई हुई, जिसमें पुरानों की ही हार हुई।

खन्ना अपने को मजूरों का नेता और प्रतिनिधि मानते थे। पिछले राष्ट्रीय आंदोलन में उन्होंने भाग लिया था, दो बार जेल तक हो आए थे। हमेशा वह मजूरों की शिकायतें सुनने के लिए तैयार रहते थे, "लेकिन यह तो नहीं हो सकता कि वह शक्कर मिल के हिस्सेदारों के हित का विचार न करें।"

हिस्सेदारों को लम्बे मुनाफे का लालच देकर हिस्से खरिदवाए गए थे; अगर उन्हें मुनाफा न हुआ तो वे खन्ना को धोखेबाज़ समझेंगे। खन्ना ख़ुद तनख्वाह कम लेते हैं, सिर्फ 1000/- महीना। फिर डायरेक्टर और मजूर का कोई मुक़ाबला है ! डायरेक्टर बुद्धि से काम लेता है, मजूर अपने हाथों से। मजूरों में भी बुद्धि होती तो समझते कि मंदी के समय बेकारी बढ़ गई है और अब एक की जगह पौन से भी संतुष्ट रहना चाहिए। लेकिन मेहता से उन्हें एक दूसरा ही तर्क सुनने को मिलता है—"क्या आपका विचार है कि मजूरों को इतनी मजूरी दी जाती है कि उसमें चौथाई कम कर देने से मजूरों को कष्ट न होगा? आपके मजूर बिलों में रहते हैं—गंदे, बदबूदार बिलों में—जहाँ आप एक मिनट भी रह जायँ तो आपको क़ै हो जाय। कपड़े जो वह पहनते हैं, उनसे आप अपने जूते भी न पोछेंगे। खाना जो वह खाते हैं, वह आपका कुत्ता भी न खायगा। मैंने उनके जीवन में भाग लिया है। आप उनकी रोटियाँ छीनकर अपने हिस्सेदारों का पेट भरना चाहते हैं।"

महाजनी सभ्यता ने इस नए वर्ग की सृष्टि की है। थोड़ी देर में खन्ना देखते हैं कि मिल में आग लग गई है। 'रंगभूमि' में किसानों के मकान धमाधम पानी में गिर रहे थे; यहाँ ईंटें जल रही थीं, लोहे के गर्डर जल रहे थे और पिघली हुई शक्कर के परनाले चारों तरफ बह रहे थे।

(मिल के जलने से एक फायदा हुआ कि खन्ना और उनकी बीबी में समझौता हो गया।)

नए व्यवसाय ने इस वर्ग-संघर्ष को जन्म दिया है। वर्ग-संघर्ष का मूल कारण धन है और धन के लिए वर्ग के भीतर ही व्यक्तियों के बीच संघर्ष मचा हुआ है। वास्तव में वर्ग की सीमा बना-बिगड़ा करती है और धन को देवता बनाकर पूजने की सभ्यता दोनो ही वर्गों की नसों में व्याप गई है। 'गोदान' में गोबर शहर में मजूरी करने जाता है। पहले महीने मजूरी कर, आधे पेट खाकर थोड़े-से रुपए बचा लेता है। फिर खोंचा

लगाता है। गर्मियों में शर्बत और बरफ की दूकान खोलता है; जाड़े में चाय बेचता है। घर को एक भी पैसा नहीं भेजता और एक्के वालों, गाड़ीवानों और धोबियों को सूद पर रुपए देता है, महाजनी संगठन में उसने अपने लिए एक छोटा-सा स्थान बना लिया है। समाज की व्यवस्था ही ऐसी है कि उसमें या तो महाजन बनो, या क़र्ज़दार। ईमानदार के लिए उसमें जगह नहीं; या तो यंत्र से सहयोग करो या उसकी अनिवार्य गति के नीचे पिसने के लिए तैयार हो जाओ।

आज की सभ्यता और सामाजिक व्यवस्था का यह एक रेखाचित्र है। आगे हम देखेंगे कि प्रेमचंद ने प्रत्येक वर्ग का कैसा चित्रण किया है तथा वर्गों के संघर्ष तथा सामाजिक विकास का कैसा विवरण दिया है। हमारे समाज में नए वर्ग बन रहे हैं, पुराने मिट रहे हैं। इस निर्माण और ध्वंस में जो शक्ति प्रधानतः काम कर रही है उसे हम महाजनी सभ्यता कह सकते हैं।

राजसत्ता के स्तम्भ

समाज के भिन्न-भिन्न वर्गों में धन और सम्मान की गुरुता के हिसाब से सबसे पहले राजा-महाराजाओं का नम्बर आता है जिनके लिए प्रेमचंद ने 'कायाकल्प' में लिखा है कि वे "अपनी वासनाओं के सिवा और किसी के गुलाम नहीं होते।" 'कायकल्प' में उन्होंने इस श्रेणी के लोगों का विस्तार के साथ चित्रण किया है। इस उपन्यास का कथानक प्रेमचंद की और रचनाओं की भाँति साफ-सुथरा नहीं है। कहानी का एक भाग, जिस पर उपन्यास का नाम रखा गया है, पूर्व-जन्म की बातों से भरा हुआ है। फिर भी अधिकांश भाग में राजाओं के जीवन का चित्रण है और उसे चित्रित करते हुए प्रेमचंद ने भरसक उनकी निराली दुनिया की सभी छोटी-बड़ी चीजों को पुस्तक में लाने की चेष्टा की है। यह भी सम्भव है कि वह उपन्यास के इस क्रांतिकारीपन को छिपाना चाहते हों और इसलिए साथ में पूर्वजन्म की एक मनगढ़ंत कथा जोड़कर उसका नाम 'कायाकल्प' रख दिया हो।

'कायाकल्प' के प्रधान नायक ठाकुर विशालसिंह को हम पहले-पहल धूप में पत्र पढ़ते हुए देखते हैं! मुख पर तेज झलकता है; बदन पर काला दुशाला पड़ा हुआ है जिससे गोरा रंग और भी चमक उठा है। यह जगदीशपुर की रानी साहबा के चचेरे देवर हैं। इनके दादा को गुज़ारे-भर के लिए दो-चार गाँव मिल गए थे, लेकिन उनसे मुश्किल से गुज़र-बसर होता था। तिस पर दादा ने पाँच हज़ार रुपए कर्ज़ लिये थे जिसके कि पचास हज़ार हो गए और गाँव नीलाम हो गए। इसी शोक में दादाजी ने, पुत्र को कर्ज़ न लेने का उपदेश देकर, शरीर छोड़ दिया। लेकिन कुल-मर्यादा निभानी ही पड़ती है। नौकर-चाकर, घोड़ागाड़ी सभी की ज़रूरत पड़ती है। दशहरे और जन्माष्टमी के उत्सव भी होते हैं। इसीलिए विशालसिंह बीमार रानी के मरने की घड़ी जोहा करते और भविष्य में रियासत का इंतज़ाम करने के मंसूबे बाँधा करते हैं।

रानी की दवा करने के लिए बैदजी आते हैं और बैदजी को लाने के लिए गाँव से बेगार में मजूर पकड़ आते हैं। यह देखकर विशालसिंह का प्रजावाद ज़ोर मारता है। कहते हैं, "अंधेर है और कुछ नहीं! पुराने ज़माने में तो खैर सस्ता समय था, जो दो-चार पैसे मज़दूरों को मिल जाते थे, वही खाने-भर को बहुत थे। आजकल तो एक आदमी का पेट भरने को एक रुपया चाहिए। यह महा अन्याय है। बेचारी प्रजा तबाह

हुई जाती है। आप देखेंगे कि मैं इस प्रथा को क्योंकर जड़ से उठा देता हूँ।" उनके शब्दों का गहरा व्यंग्य तिलकोत्सव के समय जाकर खुलता है। उत्सव की तैयारियों में उन्होंने राजकर्मचारियों को आज्ञा दी थी कि प्रजा पर ज़रा भी सख्ती न होने पाए और न किसी से बिना मज़दूरी के काम ही कराया जाय। "प्रजा सहनशील होती है, जब तक प्याला भर न जाय, वह ज़बान नहीं खोलती।" सब लोग जी तोड़कर काम करते रहे, इस आशा में कि उत्सव खत्म हो जाने पर चैन से दिन बीतेंगे। राजा साहब ने आज्ञा तो दे दी कि प्रजा से बेगार न ली जाय, लेकिन राजकर्मचारी उनकी आज्ञा मान रहे हैं या नहीं, इसकी देख-भाल करने का उनके पास कोई साधन न था।

बेगार तक ही बात रहती, तहाँ तक था लेकिन राजा साहब को आगत राजाओं का स्वागत करना था, अंग्रेज़ हाकिमों की दावत करनी थी; कलकत्ते से थिएटर कम्पनी और मथुरा से रासलीला-मंडली बुलाई गई थी। रुपए का प्रबंध करना था। दीवान साहब ने सलाह दी कि हल पीछे 10/- चंदा लगा दिया जाय। राजा साहब ने अपने प्रजावाद की रक्षा करते हुए कहा—"इतना ख़याल रखिए कि किसी को कष्ट न होने पाए। आप को ऐसी व्यवस्था करनी चाहिए कि आसामी लोग सहर्ष आकर शरीक हों।" प्रजावाद की रक्षा भी हो गई और तिलक के लिए रुपयों का प्रबंध भी हो गया। साँप मरा और लाठी भी न टूटी। परिस्थिति के तीव्र व्यंग्य को प्रकट करने में प्रेमचंद ने कसर नहीं छोड़ी। राजा साहब की दयालुता पर मुंशी वज्रधर ने जो टिप्पणी की, वह अपनी व्यंजना में अद्वितीय है। कहते हैं, "हुज़ूर का फरमाना बहुत वाजिब है। अगर हुज़ूर सख्ती करने लगेंगे, तो उन ग़रीबों के आँसू कौन पोंछेगा। सूरज जलता भी है, रोशनी भी देता है। जलाने वाले हम हैं, रोशनी देने वाले आप हैं।" राजा के प्रजावाद और कर्मचारियों की प्रभु सेवा को स्पष्ट समझाने के लिए इनसे अधिक उपयुक्त शब्द मिलना कठिन है।

नतीजा यह हुआ कि इलाके में लूट-खसोट शुरू हो गई। पहले गालियाँ, फिर ठोक-पीट, फिर गोरू खोल लेना, फिर खेत काटना और अंत में बेदखली;—रुपए वसूल करने के लिए सभी साधनों का प्रयोग किया जाने लगा। जिसने सीधे से दिया, उसका जल्दी पिंड छूट गया, जिसने नाहीं-नूहीं की, उससे दुगने-तिगुने वसूल किए गए। यहाँ तक कि प्रभुभक्त चक्रधर को एक दिन राजा साहब से शिकायत करनी पड़ी। राजा साहब ने चक्रधर को लताड़ बताई कि जब प्रजा खुद शिकायत नहीं करने आती तो चक्रधर उसकी वकालत करने वाले कौन होते हैं। चक्रधर ने दलील पेश की कि प्रजा में इतना साहस नहीं है कि राजा तक आए। राजा साहब ने प्रजावत्सलता का परिचय देते हुए कहा;—"आसामी ऐसे बेसींग की गाय नहीं होते। जिसको किसी बात की अखर होती है, वह चुप नहीं बैठा रहता। उसका चुप रहना ही इस बात का प्रमाण है कि उसे अखर नहीं, या है तो बहुत कम।" बात ठीक थी; केवल राजा साहब भूलते थे कि उष्णताप्रधान इस अहिंसावादी देश के आसामी इस साधारण नियम के अपवाद

हैं।

फिर मेहमान आए, हुक्काम आए; धूमधाम से स्वागत हुआ और मजूरों ने और भी जी तोड़कर परिश्रम किया। लेकिन बेगार तो बेगार : काम कराने को सब थे, मजूर खाते भी हैं यह देखने वाला कोई न था। "दिन-भर धूप में जलते, रात-भर क्षुधा की आग में।" एक दिन की बात, पोलो का खेल होने वाला था; लेकिन चमारों नें घोड़ों के लिए घास ही न पहुँचाई थी। किसी कैम्प में घास न थी और ठाकुर हरिसेवक हंटर लिये हुए चमारों को पीट रहे थे। मुंशी वज्रधर की आँखें मारे क्रोध के लाल हो रही थीं। "कितना अनर्थ है! सारा दिन गुज़र गया और अभी तक किसी कैम्प में घास नहीं पहुँची! चमारों का यह हौसला! ऐसे बदमाशों को गोली मार देनी चाहिए!" और गोली मारने में कोई कसर नहीं रखी गई। राजा साहब अपनी बंदूक लेकर आ पहुँचे और मुंशी वज्रधर अपनी। साथ में पुलिस के बहादुर भी अपनी बंदूकें लिये आ गए। चक्रधर फिर वकालत करने पहुँचे लेकिन अबकी उत्तर में मिला उन्हें राजा साहब की बंदूक का कुंदा। उनके गिरते ही मजूरों में जान-सी आ गई। पाँच हज़ार आदमियों के रेले को बंदूकों की गोलियाँ भी रोकने में असमर्थ हुईं। अंग्रेजी कैम्प से चलने वाली गोलियों से बहुत आदमी मारे गए। लेकिन अंग्रेजों की जान तभी बची जब चक्रधर ने आकर अपने अहिंसावाद से मजूरों को शांत किया। और बाद में इसके लिए उन्हें जेल जाना पड़ा। चक्रधर के चेताने पर भी विशालसिंह का राजतिलक प्रजा के रक्त से ही हुआ।

जिस शासन का श्रीगणेश इस तरह रुधिर के टीके से हुआ हो, उसका मध्य और अवसान कैसा होगा, यह भली भाँति सोचा जा सकता है। सारा वातावरण ही ऐसा है कि उसमें विशालसिंह की तो विसात क्या, भले से भला आदमी भी शासन-मद से उन्मत्त हो जाता है। प्रेमचंद की यह सहृदयता है कि उन्होंने सामाजिक विशृंखलताओं के लिए व्यक्ति विशेष को उत्तरदायी न रखकर किसी व्यवस्था की ही कड़ी आलोचना की है। जब इस वातावरण में हम चक्रधर सरीखे लोकोपकारक जीव का दम घुटते हुए देखते हैं तब हम विशालसिंह या उनके साथियों से घृणा न कर अपना ध्यान उस व्यवस्था की ओर ले जाते हैं जो उनके निकम्मेपने के लिए उत्तरदायी है। चक्रधर के पिता मुंशी वज्रधर राज्य के सच्चे सेवकों में हैं लेकिन लड़का अंग्रेज़ी पढ़-लिखकर नालायक निकल गया। देश-सुधार की धुन उसे सवार हो गई और वह राज्य में आंदोलन खड़ा करने लगा। चक्रधर ने मजूरों का पक्ष ले बंदूक का कुंदा खाया और फिर वह जेल गए। जेल में कैदियों ने विद्रोह किया और अहिंसावादी चक्रधर ने दारोगा की जान बचाते एक विद्रोही की संगीन का वार अपने कंधे पर लिया। इससे वह कैदियों के लिए भगवान का अवतार हो गए। लेकिन जेल से छूटने पर राजा विशालसिंह की रानी मनोरमा—चक्रधर की प्रेमी—उसे चक्रधर की प्रेमिका कहना उचित न होगा—और स्वयं राजा साहब आदि ने चक्रधर का स्वागत किया और अहल्या राजा विशालसिंह

की खोई हुई लड़की निकली। इसलिए चक्रधर का लड़का शंखधर राज्य का उत्तराधिकारी हुआ। चक्रधर के राज्य से बंधन और दृढ़ हुए और धीरे-धीरे वातावरण ने उनकी श्वास को विषाक्त करना आरम्भ कर दिया। प्रेमचंद ने उनके अंतर्द्वंद्व और पराज्य का सुंदर चित्रण किया है। "वास्तव में यहाँ का जीवन उनके लिए असह्य हो गया था। वह फिर भी अपनी शांति-कुटीर को लौट जाना चाहते थे। यहाँ आए दिन कोई न कोई बात हो जाती थी, जो दिन-भर उनके चित्त को व्यग्र रखने को काफी होती थी। कहीं कर्मचारियों में जूती पैजार होती थी, कहीं ग़रीब आसामियों पर डाँट-फटकार, कहीं रनिवास में रगड़-झगड़ होती थी, तो कहीं हल्के में दंगा-फिसाद। उन्हें स्वयं कभी-कभी कर्मचारियों की तम्बीह करनी पड़ती थी, कई बार उन्हें विवश होकर नौकरों को मारना भी पड़ा था। सबसे कठिन समस्या यही थी कि यहाँ उनके पुराने सिद्धांत भंग होते चले जाते थे। वह बहुत चेष्टा करते थे कि मुँह से एक भी अशिष्ट शब्द न निकले; पर प्रायः नित्य ही ऐसे अवसर आ पड़ते कि उन्हें विवश होकर दंडनीति का आश्रय लेना पड़ता था।"

एक दिन ऐसी घटना हुई कि चक्रधर को अपने पूरे पतन का भान हुआ। मोटर पर हवा खाने निकले थे; रास्ते में एक साँड खड़ा मिला। बहुत हटाने की कोशिश की लेकिन वह न हटा। तब मोटर से उतरकर उसे स्वयं हटाने चले। उसने इनका पीछा किया और एक पेड़ की डाल पर चढ़कर चक्रधर को अपनी जान बचानी पड़ी। इसके बाद साँड़ ने मोटर की दुर्गति करनी शुरू की। मोटर तोड़-फोड़कर वह एक ओर को चलता हुआ। तब चक्रधर पेड़ से उतरे और नज़दीक के एक गाँव की ओर चले। रात हो गई थी; चक्रधर ने लोगों से कहा कि वे उनकी मोटर उठावाकर ले चलें। एक किसान ने तर्क किया कि मोटर शाम को तो चलेगी नहीं; सवेरे वे लोग उसे उठवाकर रखवा आवेंगे। लेकिन चक्रधर युवराज के पिता—एक पुरवे में रात बितावें, यह विचार मात्र उन्हें अपना अपमान जान पड़ा। कहा—"कैसी बातें करते हो जी! मैं रात-भर यहाँ पड़ा रहूँगा! तुम लोगों को इसी वक्त चलना होगा।" किसान उन्हें पहचानता तो था नहीं; उसने भी ठकुरई के रोब में कहा—"साहब, इस बखत तो हमारा जाना न होगा। अगर बेगार चाहते हों, तो वह उत्तर की ओर दूसरा गाँव है, वहाँ चले जाइए। बहुत चमार मिल जायँगे।" बात आगे बढ़ी और चक्रधर उस किसान पर टूट पड़े। पहले ही धक्के में वह नीचे आ गिरा। इतने ही में सामने के मकान से एक आदमी निकला और इन्हें देखकर बोला—"अरे भगतजी! तुमने यह भेष कब से धारन किया। मुझे पहचानते हो? हम भी तुम्हारे साथ जेहल में थे।" इस नए आदमी के कामरेडपन ने चक्रधर पर घड़ों पानी डाल दिया। युवराज के पिता के हृदय में वह जेल की याद दबे काँटे की भाँति खटक उठी। धन्नासिंह ने बताया—"यह आदमी जिसे आप ठोकरें मार रहे हैं, मेरा सगा भाई है। खाना खा रहा था। खाना छोड़कर जब तक उठा तब तक तो तुम गरमा ही गए। तुम्हारा मिजाज इतना कड़ा कब से हो गया? जेहल में

तो तुम दया और धरम के देवता बने हुए थे। क्या वह दिखावा ही दिखावा था? निकला तो था कुछ और ही सोचकर; मगर तुम अपने पुराने साथी निकले। कहाँ तो दरोगा को बचाने के लिए अपनी छाती पर संगीन रोक ली थी, कहाँ आज ज़रा सी बात पर इतने तेज पड़ गए।"

धन्नासिंह की बात में एक भी शब्द जोड़ने की ज़रूरत नहीं। चक्रधर के परिवर्तन को वह भली भाँति प्रकट करता है। लेकिन प्रेमचंद इस व्यंग्य को निर्दयतापूर्वक अंत तक निबाहते हैं; तीर को हृदय में बिंधा न छोड़कर उसे पार कर देते हैं जिससे शंका समाधान वाली बात न रहे। धन्नासिंह भाई को पकड़कर बिठाने लगा तो वह हाथ उखड़ जाने की पीड़ा से कराह उठा। धन्नासिंह ने समझा हाथ टूट गया। क्रोध में बोला—"अपने द्वार पर आए हो और कुछ पुरानी बातों का ख़याल है, नहीं इस समय क्रोध तो ऐसा आ रहा है कि इस तरह तुम्हारे हाथ भी तोड़ दूँ। यह तुम इतने बदल कैसे गए! अगर आँखों से न देखता होता, तो मुझे कभी विश्वास न आता। ज़रूर तुम्हें कोई ओहदा या जायदाद मिल गई है; मगर यह न समझो कि हम अनाथ हैं। अभी जाकर महाराज के द्वार पर फरियाद करें, तो तुम खड़े-खड़े बँध जाओ। बाबू चक्रधरसिंह का नाम तो तुमने सुना ही होगा। अब किसी सरकारी भाइयों की मजाल नहीं कि बेगार ले सके, तुम बेचारे किस गिनती में हो। ओहदा पाकर अपने दिन भूल न जाना चाहिए। तुम्हें मैं अपना गुरु और देवता समझता था। तुम्हारे ही उपदेश से मेरी वह पुरानी आदतें छूट गईं। गाँजा और चरस तभी से छोड़ दिया, जुए के नगीच नहीं जाता, जिस लाठी से सैकड़ों सिर फोड़ डाले होंगे, वह अब टूटी पड़ी है। मुझे तो तुमने यह उपदेश दिया और आप लगे ग़रीबों को कुचलने। ..." धन्नासिंह चक्रधर के नाम से परिचित न था : जेल का भगत जी ही वह उन्हें समझता था। चक्रधर में इतने सद्‌गुण थे कि अनजाने में उनके नाम की दुहाई देकर वह उन्हीं को फटकार रहा था। उन सद्‌गुणों के प्रकाश में चक्रधर का पतन और भी वीभत्स हो उठा है और पतन का कारण, वह वातावरण, अपने विषैलेपन में उतना ही प्राणघातक प्रतीत होता है।

यह पतन एकांगी नहीं है। जब गाँव वालों को पता चलता है कि यही चक्रधर हैं, तब उनकी मानसिक प्रतिक्रिया देखने वाली होती है। साथ ही प्रेमचंद की सूक्ष्मदर्शिता भी। धन्नासिंह ने कहा—"मैंने तो पहचाना ही नहीं। क्रोध में न जाने क्या-क्या बक गया।" दूसरे ठाकुर ने कहा—"सरकार अपने को खोल देते, तो हम मोटर को कंधों पर लादकर ले चलते। हजूर के लिए जान हाजिर है। मन्नासिंह मरदे आदमी, हाथ झटक कर उठ खड़े हो, तुम्हारे तो भाग्य खुल गए।" मन्नासिंह ने मुसकराते हुए कहा—'सरकार देखने में तो दुबल-पतले हैं; पर आप के हाथ-पाँव लोहे के हैं। मैंने सरकार से भिड़ना चाहा : पर आपने एक ही अड़ंगे में मुझे दे पटका।" इस सीमा तक दासता, इन ठाकुरों की हड्डियों में रस गई है। युवराज के पिता की ठोकरें कबूल

हैं, ठोकरों की कठोरता की सराहना के साथ मनुष्य की साधारणता का उन्होंने विरोध किया था, उसकी असाधारणता का नहीं। गाँव के वही आदमी आकर चक्रधर को नज़रें देने लगे। वातावरण में पीड़ित और पीड़क दोनों ही की श्वास दूषित है। "अपमान को निगल जाना चरित्र-पतन की अंतिम सीमा है।"

राजा अपनी वासनाओं को छोड़ और किसी के गुलाम नहीं होते। इसलिए विशालसिंह और उनके आसपास के वातावरण का चित्रण बिना उनकी रानियों के वर्णन के अधूरा ही रहेगा। विशालसिंह के पिता उन पर कर्ज़ छोड़कर मरे थे, खर्च चलाना उनके लिए कठिन था। फिर भी शायद राज्य मिलने की आशा से उनके तीन ब्याह हो चुके थे। राज्य मिलने पर उन्होंने सचमुच ही एक ब्याह और किया। सबसे बड़ी रानी वसुमती अन्य दो रानियों पर बहुओं की भाँति शासन करना चाहती थीं; लेकिन वे बहुएँ नहीं सपत्नी थीं। दूसरी रामप्रिया, जितना कोमल अंग, उतने ही कोमल हृदय वाली थी, एकांत में पुस्तक पढ़कर समय बिताया करती थी। तीसरी रोहिणी "द्वेष को पालती थी, जैसे चिड़िया अपने अंडे को सेती है। वह जितना मुँह से कहती थी, उससे कहीं अधिक मन में रखती थी।" वसुमती विशालसिंह के पुरुषत्व को ललकार कर कहती है—"ऐसे ही न्यायशील होते, तो संतान का मुँह देखने को न तरसते।" विशालसिंह अधिकतर रोहिणी से प्रेम करते। जन्माष्टमी के दिन कुछ झगड़ा हो गया। वसुमती से सुलह हो गई। फिर भी वसुमती विशालसिंह पर लांछन लगाने से न चूकी, "आदमी में सब ऐब हो, मेहरबस न हो। ऐसी कोई बड़ी सुंदरी भी तो नहीं है।" रोहिणी को वश में करने की तरकीब भी वसुमती ने बताई। "जैसे घोड़ा पैदल और सवार पहचानता है, उसी तरह औरत भी भकुए और मर्द को पहचानती है। जिसने सच्चा आसन जमाया और लगाम कड़ी रक्खी, उसकी जय है। जिसने रास ढीली कर दी, उसकी कुशल नहीं।" लेकिन विशालसिंह में रास कड़ी करने का साहस नहीं था। रोहिणी घर से निकलकर चलने का तैयार हो गई। विशालसिंह और चक्रधर में कुछ बातचीत हुई और चक्रधर जाकर रानी को मना लाए। विशालसिंह ने इतना कहा—"मेरा क्रोध बहुत बुरा है। अगर आप न पहुँच जाते, तो बड़ी मुश्किल पड़ती। जान पर खेल जाने वाली स्त्री है। आपका एहसान कभी न भूलूँगा।"

लेकिन वसुमती ने फिर भी उन्हें स्पष्ट शब्दों में ललकारा! "तुम्हें तो ईश्वर ने नाहक मूँछें दे दीं। औरत होते तो किसी भले आदमी का घर बसता। जाँघ तले की स्त्री सामने से निकल गई और तुम टुकुर-टुकुर ताकते रहे।" विशालसिंह के पौरुष की सिद्धि के लिए रानी वसुमती के प्रमाणपत्र अकाट्य हैं। स्वाभाविक था कि जब राज्य मिलने का सम्वाद मिला तब मुसाहबों ने खुशी मनाना शुरू किया लेकिन "सारी बरात हँसती थी। दूल्हा रोता था।"

फिर भी तीन की चार रानियाँ हुईं। विशालसिंह के जीवन में उनके रंगमहल में मनोरमा भी आई, परंतु उनकी मनोवांछा फिर भी पूरी न हुई। उनका उत्तराधिकारी

चक्रधर का पुत्र शंखधर ही हुआ जिसकी अंत में उन्हीं के सामने मृत्यु हो गई।

विशालसिंह की कथा के साथ रानी देवप्रिया का चित्र है जो पुनर्जन्म के गोरखधंधे के होते हुए भी एक वर्ग विशेष के गर्हित जीवन पर काफ़ी प्रकाश डालता है।

जगदीशपुर की रानी देवप्रिया यद्यपि वृद्ध हो गई थीं फिर भी उनकी काम-चेष्टाएँ और भी तीव्र हो उठी थीं। दान-पुण्य करती थीं जिसका उद्देश्य भी विलास था; रस, औषधियाँ, पाउडर, उबटन आदि गई जवानी को लाने के लिए व्यवहार में लाए जाते थे। उनकी कामुकता का दंड प्रजा को भोगना पड़ता था क्योंकि जिस वातावरण में वह पली थीं, वह उसे भड़काने में विशेष सहायक था। "रियासत उनके भोगविलास का साधन मात्र थी, प्रजा को क्या कष्ट होता है, उस पर कैसे-कैसे अत्याचार होते हैं, सूर के घूरे की विपत्ति क्योंकर उनका सर्वनाश कर देती हैं, इन बातों की ओर कभी उनका ध्यान न जाता था। उन्हें जिस समय जितने धन की ज़रूरत हो, उतना तुरंत देना मैनेजर का काम था। वह ऋण लेकर दे, चोरी करे, या प्रजा का गला काटे, इससे उन्हें कोई प्रयोजन न था।" बात कितनी सच है, यह छोटी-मोटी रियासतों पर प्रकाशित कुछ रिपोर्टें ही पढ़ने से पता लग सकता है (जैसे पटियाला या उड़ीसा की रियासतों पर प्रकाशित रिपोर्टों से)।

रानी साहबा का अब सबसे प्रिय विनोद यह था कि वह युवक और युवतियों के साथ प्रेम क्रीड़ा करें। युवकों के साथ उनकी प्रेम क्रीड़ा कितनी वीभत्स होती होगी, यह दिखाने के लिए जैसे प्रेमचंद ने उन्हें युवती मनोरमा में ही पुरुष कल्पना करता हुआ दिखाया है। "अच्छा समझ ले, तू पुरुष है, देख मैं तेरी ओर कैसे ताकती हूँ। सिर उठाकर मेरी ओर देख, कहती हूँ सिर उठा, नहीं मैं चुटकी काट लूँगी।" और इसके बाद रानी ने भृकुटिविलास और लोचनकटाक्ष का ऐसा कौशल दिखाया कि मनोरमा का अज्ञात मन भी एक क्षण के लिए चंचल हो उठा। इस नारी की लालसा यदि जन्म-जन्मांतर भी अतृप्त रहे तो क्या आश्चर्य? मानो उस लालसा की अस्वस्थ तीव्रता को व्यक्त करने के लिए ही प्रेमचंद ने उसके प्रेमी को बार-बार जन्माया है और यह नारी उस युवा को बार-बार ग्रस लेती है, अंतिम बार जब वह शंखधर के रूप में पैदा होता है।

इसी तरह का तालुकदारी, जमींदारी और राजाओं का विषाक्त वातावरण प्रेमचंद ने 'रंगभूमि' में उपस्थित किया है। उसके पात्रों में कुँअर भरतसिंह का 'महाजनी सभ्यता' में ज़िक्र आ चुका है। एक देशसेवक संस्था चलाते हुए भी वह तमाखू के कारखाने के 500 हिस्से लेने से नहीं चूकते। बाद को उन्हीं की समिति जब देशसेवा के पथ पर राजभक्ति की सीमा के बाहर जाती हुई मालूम होती है तब वह रियासत को कोर्ट ऑव वाड्र्स कर देते हैं जिससे विनय की उच्छृंखलता से उस पर कोई आँच न आवे।

कुछ और गहरी स्याही से चित्रित उनके दामाद चतारी के राजा महेंद्रप्रतापसिंह हैं। रानी जाह्नवी सोफी को बताती हैं, तीन साल पहले इनका-सा विलासी शहर में न

था; लेकिन अब वह सादा जीवन बिताते हैं। वह म्यूनिसिपैलिटी के प्रधान हैं। उनकी प्रवृत्ति साम्यवाद की ओर है। इसके दो कारण हो सकते हैं, एक तो किन्हीं विशेष राजनीतिक सिद्धांतों में उनका विश्वास या दूसरा जैसा कि शहर के और रईस कहते, उनका जनतावाद उनकी अधिकार-रक्षा का साधन है। सम्मान की लालसा उनमें थी और उसकी तृप्ति के लिए वह यह बाना बनाए हुए थे। इन्हीं से जॉन सेवक ने सूरदास की ज़मीन दिलाने का वादा करा लिया यद्यपि राजा साहब जानते थे कि यह सरासर अन्याय है। उनके जनवाद को रंग लाने में देर न लगी। जॉन सेवक ने अपना मतलब साधने के लिए एक झूठी दंगे की खबर गढ़कर उन्हें सुना दी। महेंद्रप्रताप की सहानुभूति स्वभावतः अपने भाई पूँजीपति के लिए जाग उठी। सूरदास के लिए कहा—"मुझे तो वह बहुत ही ग़रीब, सीधा-सा आदमी मालूम होता है; मगर है छँटा हुआ। उसी की दीनता पर तरस खाकर मैंने निश्चय किया था कि आपके लिए कोई दूसरी ज़मीन तलाश करूँ। लेकिन जब उन लोगों ने शरारत पर कमर बाँधी है, और आपको ज़बरदस्ती वहाँ से हटाना चाहते हैं, तो इसका उन्हें अवश्य दंड मिलेगा।" राजा साहब जानते थे कि जॉन सेवक झूठ बोलते हैं लेकिन जिस आदमी की ज़मीन छिनने को थी, वह अंधा होकर भी दंगा करे, इस बात की जाँच करनी ही थी। कल्पित दंगे का हाल सुन देश की आशांति पर ही उन्होंने फतवा दे डाला। जाति-भाई के आगे उन्हें निरावरण होने में लाज न थी। "यों मैं स्वयं जनवादी हूँ, और उस नीति का हृदय से समर्थन करता हूँ, पर जनवाद के नाम पर देश में जो अशांति फैली है, उसका मैं घोर विरोधी हूँ। ऐसे जनवाद से तो धनवाद, एकवाद, सभी वाद अच्छे हैं।" मतलब यह कि जनता को अपनी माँगें पेश करनी हैं तो वह राजा महेंद्रप्रताप को अपना प्रतिनिधि चुने, उनके सामने फरियाद करे; उसे अशांत होने का अधिकार नहीं है। ऐसे जनवाद से जिसमें उनके प्रतिनिधित्व के लिए जगह न हो, धनवाद ही भला जिसमें वह राजा तो रहेंगे! मालूम होता है, उनसे ईर्ष्या रखने वाले जो रईस उन पर अधिकारप्रियता का दोष लगाते थे, वे उनकी नस खूब पहचानते थे। बाद में अपनी रानी इंदु को किसी भी जन-आंदोलन में भाग लेने से रोकने के लिए वह उस पर कठोर से कठोर शासन करने में नहीं चूकते। इंदु अपने मन में सोचती है—"ईश्वर ने इन्हें सब कुछ दिया है, यह हाकिमों से क्यों इतना दबते हैं, क्यों इतनी ठकुरसुहाती करते हैं, अपने सिद्धांतों पर स्थिर क्यों नहीं रहते, उन्हें क्यों स्वार्थ के नीचे रखते हैं, जाति-सेवा का स्वाँग क्यों भरते हैं? वह भी कोई आदमी है, जिसने मानापमान के पीछे धर्म और न्याय का बलिदान कर दिया हो?" एक बात इंदु रानी की समझ में न आई थी, यह कि ईश्वर ने जो 'सब कुछ' राजा महेंद्रप्रताप को दिया था, उसमें हाकिमों का भी साझा था; उसे बनाए रखने के लिए हाकिमों के आगे खीस निपोरना और जनता के आगे साम्यवादी बनना ज़रूरी था। यह उसी जागीरदारी सभ्यता के ध्वंसावशेष हैं। बात को स्पष्ट करने के लिए प्रेमचंद इंदु से कहलाते हैं—"एक वे योद्धा थे, जो बादशाहों के सामने सिर न झुकाते

थे, अपने वचन पर, अपनी मर्यादा पर मर मिटते थे। आखिर लोग इन्हें (महेंद्रप्रताप को) क्या कहते होंगे? संसार को धोका देना आसान नहीं। इन्हें चाहे भ्रम हो कि लोग मुझे जाति का सच्चा भक्त समझते हैं; पर यथार्थ में सभी पहचानते हैं। सब मन में कहते होंगे, कितना बना हुआ आदमी है।" लेकिन महेंद्रप्रताप का क्या दोष? वह बनें नहीं तो न जाने कितनी बातें बिगड़ जायँ, मान-मर्यादा, राज-पाट उनके पास कुछ न रह जाय। आदमी एक ही नाव पर चल सकता है। निःस्वार्थ देशसेवा की या स्वार्थपूर्ण शासन की। जहाँ दोनों के ऊपर चलने का वह अभिनय करता है वहाँ वह लोगों को धोका देकर अपना स्वार्थ ही साधता है।

एक दूसरे राजा की झाँकी हमें राजपूताने में मिलती है जब विनयसिंह विद्रोहियों को छुड़ाने के लिए राजा के पास प्रार्थी होकर जाते हैं। **विशालसिंह** से विपरीत यह राजा साधुचरित्र और पूजा-पाठ में विश्वास करने वाले हैं। एक ओर वह राजा में ईश्वरीय सत्ता का डंका पीटते हैं, "राजों से भी कहीं भूल होती है! शिव-शिव! राजा तो ईश्वर का अवतार है। हरि-हरि! वह एक बार जो कर देता है, उसे फिर नहीं मिटा सकता।"—दूसरी ओर उन्हें रेज़िडेंट का इतना भय है कि कहते हैं, "हमारी दशा साधारण अपराधियों से भी गई-बीती है। उन्हें तो सफाई देने का अवसर दिया जाता है, न्यायालय में उन पर कोई धारा लगाई जाती है, और उसी धारा के अनुसार उन्हें दंड दिया जाता है। हम से कौन सफाई लेता है। हमारे लिए कौन-सा न्यायालय है।" ईश्वर राजा का अवतार अवश्य है परंतु ईश्वर से भी बढ़कर एक सत्ता है, वह है ब्रिटिश शासन। बिना इस सत्ता के राजा साहब का अवतारवाद झूठा हो जायगा। उस सत्ता के प्रतीक रेज़िडेंट से वह भी भय खाते हैं। इसीलिए दीवान साहब ने विनय से एकांत विश्वास में कहा था—"रियासतों को आप सरकार की महलसरा समझिए, जहाँ सूर्य के प्रकाश का भी गुज़र नहीं हो सकता। हम सब इस हरमसरा के हब्शी ख्वाजासरा हैं। हम किसी की प्रेम-रस-पूर्ण दृष्टि को इधर उठने न देंगे, कोई मनचला जवान इधर क़दम रखने का साहस नहीं कर सकता।" इस हरमसरा में कहने को उसका स्वामी, राजा एक पुरुष है; वास्तव में हरमसरा में बादशाह नहीं बेगम का वास है और उसका प्रेमी रेज़ीडेंट के रूप में अंग्रेज़ सरकार है। महल के अंदर अपनी मर्जाद बनाए रखने के लिए बेगम उसे भाँति-भाँति से लुभाने को अभिनय किया करती है। इसीलिए तो विनय ने देखा कि शहर में सड़कें, पाठशालाएँ, चिकित्सालय,—"सबों के नाम अंग्रेज़ी थे। यहाँ तक कि एक पार्क मिला, वह भी किसी अंग्रेज़ एजेंट के नाम से संस्कृत था। ऐसा जान पड़ता था, कोई भारतीय नगर नहीं, अंग्रेज़ों का शिविर है।" जब इन बेगम साहबा के प्रेमी आते हैं तब इनकी परेशानी देखते ही बनती है। उनकी परेशानी देखकर विनय को भी घृणा हो गई; "इतना नैतिक पतन, इतनी कायरता, यों राज्य करने से डूब मरना अच्छा है।"

भिन्न-भिन्न व्यक्तियों पर वातावरण की प्रतिक्रियाएँ दर्शाने में प्रेमचंद यहाँ भी

नहीं चूके। एक ओर विनयसिंह है, अपने राजसंस्कारों को लिये हुए, जिन्होंने कुछ अपनी शिक्षा के कारण, कुछ अपनी माता के दबाव से, सेवा का व्रत लिया है; दूसरी ओर वीरपालसिंह हैं, साधारण जनसमुदाय में से एक व्यक्ति जो शासन की निरंकुशता से त्रस्त होकर आतंकवादी हो गया है। जैसे इस वातावरण में बीच के सीधे मार्ग के लिए कोई सुविधा ही नहीं। या तो प्रजा पर गोली चलाओ या प्रजा की ओर से रक्त का बदला रक्त से लो; तीसरा मार्ग केवल यह है, गोली खाकर मर जाओ। वीरपाल ने विनय को बताया, वह क्यों डाकू हो गया था। वह अपने गाँव का मुखिया था। गाँव में एक युवती विधवा हो गई थी। इलाक़ेदार ने उसे देखा तो उसे घर से निकाल ले जाने का प्रयत्न करने लगा। एक रात इलाक़ेदार के आदमी उसके घर में घुस गए परंतु वीरपालसिंह को पता लग गया और वह भी अपने आदमी लेकर पहुँच गया। फल यह हुआ कि उसने इलाक़ेदार के आदमियों को मार भगाया। इलाक़ेदार तब से उसका शत्रु हो गया। उस पर चोरी का मुकदमा चलाकर उसे कैद करा दिया। वीरपालसिंह का विद्रोह देख विनय के सभी परम्परा से आते संस्कार जाग उठते हैं। बीते हुए गौरव का स्वप्न उनके हृदय को गुदगुदा देता है। "इस राज्य को हम लोगों ने सदैव गौरव की दृष्टि से देखा है, और महाराजा साहब को आज भी हम उसी श्रद्धा की दृष्टि से देखते हैं। वह उन्हीं साँगा और प्रताप के वंशज हैं, जिन्होंने हिंदू जाति की रक्षा के लिए अपने प्राणों की आहुति दे दी थी। हम महाराजा को अपना रक्षक, अपना हितैषी, क्षत्रिय कुल-तिलक समझते हैं। उनके कर्मचारी सब हमारे भाई-बंद हैं।" इस गत-गौरव के स्वप्न ने वर्तमान अन्यायों के प्रति उनकी दृष्टि धुँधली कर दी है। वह भूल गए हैं कि महाराज हिंदुओं की रक्षा भी कर रहे हैं या नहीं; इन्हीं के राजकर्मचारियों में से एक ने, जिन्हें वह अपना भाई-बंद कहते हैं, एक अबला विधवा पर बलात्कार करना चाहा था। "वे हमारे साथ अन्याय भी करें, तो भी हम ज़बान न खोलेंगे। राज्य पर दोषारोपण करके हम अपने को उस महान वस्तु के अयोग्य सिद्ध करते हैं, जो हमारे जीवन का लक्ष्य और इष्ट है।" वह अपने ही शब्दों को भूल गए, "यों राज्य करने से तो डूब मरना अच्छा है।"

अवसर आते ही विनय को बदलते देर न लगी। पीढ़ियों का नसों में जमा विष अनुकूल वातावरण पाते ही पिघल उठा। धीरे-धीरे जसवंत नगर को कथित विद्रोहियों से पाक करने में विनय ने सहायता दी : विद्रोहियों से पाक होने का अर्थ यह कि "वहाँ कोई जवान आदमी न रहा।" जैसे 'कायाकल्प' में चक्रधर का पतन, वैसे ही 'रंगभूमि' में विनय का पतन, रियासत के सर्वनाशी वातावरण का द्योतक है। रेज़िडेंट "दौरे पर निकलते, तो एक अंग्रेज़ी रिसाला साथ ले लेते, और इलाके-के-इलाके उजड़वा देते, गाँव-के-गाँव तबाह करवा देते। यहाँ तक कि स्त्रियों पर भी अत्याचार होता था। और सबसे अधिक खेद की बात यह थी कि रियासत और क्लार्क के इन सारे दुष्कृत्यों में विनय भी मनसा, वाचा, कर्मणा सहयोग करते थे। विद्रोहियों के दमन में कोई

पुलिस का कर्मचारी, रियासत का कोई नौकर इतना हृदयहीन, विचारहीन, न्यायहीन न बन सकता था!" विगत गौरव का स्वप्न, राजा साँगा का वंशजत्व, अंत में उन्हें इस सीमा तक खींच लाया। 'कायाकल्प' की ही भाँति व्यंग्य द्वारा प्रेमचंद ने विनय को अपने पतन का बोध भी करा दिया है। एक बुढ़िया का लड़का विद्रोही कहकर जेल भेज दिया गया था। सोफी के पास से लौटते विनय से इस बुढ़िया की भेंट होती है। विनय को न पहचान वह अपने भीख माँगने की कथा कहती है। "बेटा धूप में मुझसे चला नहीं जाता, सिर में चक्कर आ जाता है। नई-नई विपत है भैया, भगवान उस अधम पापी विनयसिंह का बुरा करे; उसी के कारण बुढ़ापे में यह दिन देखना पड़ा · · · न जाने उस कलमुँहे ने कब का बैर निकाला।" एक पंडित पूजा-पाठ में लगे मिले। यह भी दमन के शिकार हुए थे। विनय का नाम लेना भी पाप समझते हैं। "उसका नाम भी न लूँगा। किसी बड़े रईस का लड़का है। काशी से दीनों की सहायता करने आया था। सैकड़ों घर उजाड़ कर न जाने कहाँ चल दिया। · · · पुरश्चरण का पाठ कर रहा हूँ। जिस दिन सुनूँगा कि उस हत्यारे पर देवी ने कोप किया, उसी दिन मेरी तपस्या पूरी हो जायगी।" विनय पर यह कलंक जैसे उनकी मृत्यु से भी नहीं धुलता।

स्वतंत्र कही जाने वाली रियासतों का यह गुलामी का वातावरण है। विनयसिंह का पतन वहाँ के दम घोटने वाले वायुमंडल का पुष्ट प्रमाण है। चाहे विलासी विशालसिंह हों, चाहे साधु जसवंतनगर के राजा, सभी अपनी सत्ता के लिए एक विदेशी शासन पर निर्भर हैं। इनमें ईश्वर का अंश तब तक है जब तक कि ब्रिटिश सरकार चाहती है कि वह उनमें रहे। इनमें महेंद्रप्रतापसिंह सरीखे जनवादी राजाओं के भी नमूने हैं लेकिन अवसर आते ही वह जनवाद का लबादा उतार फेंकते हैं और भीतर के झलमलाते धनवाद के कवच में प्रकट हो जाते हैं। इन राजाओं से दो काम होते हैं।

विशालसिंह, भरतसिंह, महेंद्रप्रतापसिंह आदि में प्रेमचंद ने दिखाया है कि इस वर्ग के व्यक्तियों का देशप्रेम किसी भी क्षण विश्वासघात में परिणत हो सकता है। विशेष परिस्थितियों में पड़कर, बहुधा नाम और प्रसिद्धि की लालसा के कारण वे देशसेवा का ढोंग रचते हैं। इस ढोंग से प्रजा का शोषण करने में उन्हें एक प्रकार से सहायता मिलती है। ताल्लुकदारी देशसेवा की प्रेमचंद ने बखिया उधेड़कर रख दी है। और अत्याचार का वातावरण है। एक मानसिक वासना इन महापुरुषों में रह गई है। उनके पुरुषार्थ का सर्टिफिकेट उनकी रानियाँ उन्हें दे देती हैं। फिर भी इस मानसिक वासना की तृप्ति के लिए प्रजा पर नित्य नए अत्याचार होते हैं। अधिकारमद की कोई सीमा नहीं रहती। जैसे ही पुरुष को अपने निकम्मेपन का ज्ञान होता है, वैसे ही वह अपना क्रोध प्रजा पर उतारना चाहता है। इस वातावरण में मनुष्य परिश्रम नहीं करना चाहता; यह सामाजिक व्यवस्था परिश्रम पर नहीं, ठगविद्या पर निर्भर है। इसलिए जो जितना बड़ा ठग है, वह उतना ही सफल है। इसलिए इस वातावरण में कोई भला आदमी

बिना उसकी वायु से स्वास्थ्य दूषित किए नहीं रह सकता।

जसवंतनगर के दीवान साहब ने कहा था—"सरकार की रक्षा में हम मनमाने कर वसूल करते हैं, मनमाने क़ानून बनाते हैं, मनमाने दंड लेते हैं, कोई चूँ नहीं कर सकता। यही हमारी कारगुज़ारी समझी जाती है, इसी के उपलक्ष्य में हमको बड़ी-बड़ी उपाधियाँ मिलती हैं, पद की उन्नति होती है।" और विनयसिंह को कहना पड़ा था—"इससे तो यह कहीं अच्छा था कि रियासतों का निशान ही न रहता।" यह हमारी समाज का उच्चतम वर्ग है, प्रासाद का गौरवपूर्ण मुकुट, जिसके विध्वंस की कामना की गई है। वास्तव में वह समाज के अन्य स्तरों से इतनी दूर है कि उसे समाज का अंग कहने में झिझक लगती है। केवल, निम्न स्तरों को निम्न बनाए रखने में ऊपर से जो बोझ पड़ता है, वह लोगों को जता देता है कि ऊपर भी कोई है, जिसकी सत्ता भुलाई नहीं जा सकती।

जागीरदारी सभ्यता के ध्वंसावशेष

समाज के जाल में मोटी-मोटी गाँठों से बँधे छोटे और बड़े जमींदार हैं, जिनका निर्धन वर्गों से निकट का सम्बन्ध है और जो नई महाजनी सभ्यता के सम्पर्क में आकर एक नया रूप धारण कर चुके हैं। 'गोदान' के रायसाहब इस वर्ग के सुंदर प्रतिनिधि हैं। जागीरदारी सभ्यता की देन के साथ नई अंग्रेजी सभ्यता से भी उन्होंने अपने मतलब की बहुत-सी बातें ग्रहण की हैं जिससे वह एक नई और विचित्र सभ्यता के निदर्शन हो गए हैं। प्रेमचंद ने रायसाहब का जो चित्र बनाया है, उससे मिलते-जुलते मॉडेल आज की सामाजिक व्यवस्था में पचासों देखने को मिलते हैं।

पहली बात देखने योग्य यह है कि रायसाहब धार्मिक व्यक्ति हैं। "अपने पिता से सम्पत्ति के साथ-साथ उन्होंने राम की भक्ति भी पाई थी" और इसलिए प्रति वर्ष वह धनुषयज्ञ का अनुष्ठान किया करते हैं। काम सब बेगार में होता है। चपरासी आकर कहता है, बेगारों ने काम करने से इनकार कर दिया है क्योंकि उन्हें खाने को नहीं मिलता। रायसाहब के माथे में बल पड़ जाते हैं। कहते हैं—"जब कभी खाने को दिया नहीं गया, तो आज यह नई बात क्यों? एक आने रोज़ के हिसाब से मजूरी मिलेगी, जो हमेशा मिलती रही है और इस मजूरी पर उन्हें काम करना होगा, सीधे करें या टेढ़े।" रुपए की जो कमी होती है वह गाँवों से चंदे के नाम पर वसूल होती है। इस तरह धनुषयज्ञ होता है जिसमें हाकिम-हुक्काम, यार-दोस्त सब सम्मिलित होते हैं और धार्मिक होने का पुण्य लूटते हैं।

इसके अतिरिक्त रायसाहब ने राजनीतिक आंदोलन में भाग लिया है। जनता को आंदोलन से फायदा हुआ हो चाहे न हुआ हो, इस जमींदार वर्ग को अवश्य हुआ है। "आमदनी और अधिकार में जौ भर भी कमी न होने पर भी उनका यश मानो बढ़ गया था।" जेल जाने से आसामियों की उन पर बहुत श्रद्धा हो गई थी। ज़ाबते का काम वैसे ही चलता था, बेगार वैसे ही ली जाती थी। इस सबका कलंक मुखतारों के सिर जाता, रायसाहब दूर पर वैसे ही अकलंक चमका करते। राष्ट्रवादी होना हुक्कामों को डालियाँ भेजने या कर्मचारियों को दस्तूरियाँ देने में बाधक न था। जो कुछ कमी थी उसे साहित्य और संगीत ने पूरा कर दिया था। अच्छे लेखक, अच्छे वक्ता, संगीत-प्रेमी! आदर्श सभ्य और शिक्षित मनुष्य! शिक्षा और सभ्यता द्वारा यदि आसामियों

का गला दबाया जा सके तो कोई असभ्य और अशिक्षित क्यों बने! "सिंह का काम तो शिकार करना है; अगर वह गरजने और गुर्राने के बदले मीठी बोली बोल सकता, तो उसे घर बैठे मनमाना शिकार मिल जाता। शिकार की खोज से उसे जंगल में न भटकना पड़ता।"

जागीरदारी सभ्यता के पुराने और नए प्रतिनिधियों के बीच का अंतर रायसाहब स्वयं बताते हैं। "मेरे स्वर्गवासी पिता आसामियों पर इतनी दया करते थे कि पाले या सूखे में कभी आधा और कभी पूरा लगान माफ कर देते थे। अपनी बखार से अनाज निकालकर आसामियों को खिला देते थे। घर के गहने बेचकर कन्याओं के विवाह में मदद देते थे; मगर उसी वक्त तक, जब तक प्रजा उनको सरकार और धर्मावतार कहती रहे।" धर्मावतार कहने पर इतनी सहायता मिल तो जाती थी; आत्म-गौरव की भावना संतुष्ट होने पर सहृदयता में परिणत हो जाती थी। लेकिन आज का ज़मींदार धर्मावतार कहलाने से नहीं पिघलता। उसके निकट आत्म-गौरव नहीं पैसे का महत्त्व है। वह साम्यवाद पर व्याख्यान दे सकता है लेकिन अपना स्वार्थ छोड़ने में अपनी विवशता दिखाता है। आत्म-गौरव का स्थान निर्लज्जता ने ले लिया है। सब जानते-बूझते हुए भी नए युग का ज़मींदार अपनी स्वार्थपरता छोड़ने के लिए तैयार नहीं है।

मेहता से पूँजीवाद की निंदा करते हुए रायसाहब कहते हैं—"किसी को भी दूसरों के श्रम पर मोटे होने का अधिकार नहीं है। उपजीवी होना घोर लज्जा की बात है। समाज की ऐसी व्यवस्था, जिसमें कुछ लोग मौज करें और अधिक लोग पिसें और खपें, कभी सुखद नहीं हो सकती। ···हमें अपने ऊपर विश्वास नहीं रहा, न पुरुषार्थ ही रह गया। बस, हमारी दशा उन बच्चों की-सी है, जिन्हें चम्मच से दूध पिलाकर पाला जाता है, बाहर से मोटे, अंदर से दुर्बल सत्वहीन और मुहताज।" मेहता ने रायसाहब की प्रभावपूर्ण वक्तृता पर उचित ही टिप्पणी की—"आपकी ज़बान में जितनी बुद्धि है. काश उसकी आधी भी मस्तिष्क में होती।"

जागीरदारी सभ्यता का यह नया प्रतिनिधि बातें बनाना खूब जानता है। उसके तर्क की भित्ति स्वार्थ है और तर्क का जगड्वाल खड़ा कर वह अपनी हृदयहीनता की रक्षा करता है। धर्म और राजनीति को वह अपने स्वार्थ-साधन का यंत्र बनाता है। उसने पुरानी शोषणक्रिया के लिए नए अस्त्रों का प्रयोग करना सीखा है। वह कह सकता है—"जब तक किसानों को ये रिआयतें अधिकार के रूप में न मिलेंगी, केवल सद्भावना के आधार पर उनकी दशा नहीं सुधर सकती", क्योंकि वह जानता है कि जब तक वह अपने असद्भावना के आसन पर मज़बूती से बैठा है तब तक किसानों को न रिआयतें मिल सकती हैं, न अधिकार!

ज़मींदारी वर्ग के विचित्र-विचित्र नमूने सबसे अधिक 'प्रेमाश्रम' में देखने को मिलते हैं। प्रभाशंकर और ज्ञानशंकर नए और पुराने ज़मींदारों का अंतर स्पष्ट करते हैं। दोनों ही ऐसे घराने के हैं जिस पर पुरानी रूढ़ियों का प्रभाव पड़ा है परंतु एक अभी पुरानी

सभ्यता के स्वप्न में डूबा हुआ है, दूसरा नई महाजनी सभ्यता के सम्पर्क में आ चुका है। प्रभाशंकर स्व. जटाशंकर के भाई हैं, ज्ञानशंकर उनके लड़के। जटाशंकर को अपनी मान-मर्यादा का बड़ा ध्यान था। उन्होंने बहुत-सी सम्पत्ति अपनी मर्यादा की रक्षा में गँवा दी, लड़कियों के विवाह में, साधुसत्कार और अतिथि-सेवा में, उत्सव मनाने में और पालकी पर चढ़कर घर से निकलने में। पुरानी जागीरदारी सभ्यता नए परिवर्तनों के अनुसार अपने को सुधार न सकी इसलिए दिन पर दिन वह जर्जर होती गई और ज्ञानशंकर यदि उसमें नए स्वार्थ की प्राणप्रतिष्ठा न करते तो वह निश्चय ढह जाती। उसकी दशा का जटाशंकर का पुराना मकान एक सुंदर प्रतीक है। "मकान के दो खंड आमने-सामने बने हुए थे। एक जनाना मकान था, दूसरा मरदाना बैठका, दोनों खंडों के बीच की ज़मीन बेल-बूटे से सजी हुई थी, दोनों ओर ऊँची दीवारें खिंची हुई थीं; लेकिन दोनों ही खंड जगह-जगह टूट-फूट गए थे। कहीं कोई कड़ी टूट गई थी और उसे थूनियों के सहारे रोका गया था, कहीं दीवार फट गई थी और कहीं छत धँस पड़ी थी—एक वृद्ध रोगी की तरह जो लाठी के सहारे चलता हो।" प्रभाशंकर इस गिरती इमारत से सहानुभूति रखते हैं; ज्ञानशंकर उसकी नए सिरे से मरम्मत कराना चाहते हैं। दोनों में संघर्ष अनिवार्य हो जाता है।

प्रभाशंकर भाई के समय इलाके का प्रबंध करते थे; ज्ञानशंकर के मालिक होने पर उन्हें मालूम होता है कि समय बदल ग़या है। ज्ञानशंकर ने देखा कि जिस ज़मीन के 100/- मिल सकते हैं उसे पुराने आसामी 50/- में जोतते हैं। चाचा की उदासीनता से आसामी दखलकार हो गए हैं। इसी बात को लेकर वह मनोहर को डाटते हैं कि उस पर इजाफा लगान का दावा कर दिया जायगा। प्रभाशंकर के लिए यह एक अनहोनी बात है। पुरानी बातों को याद कर वह मनोहर से कहते हैं—"तुम लोग हमारे पुराने आसामी हो, क्या नहीं जानते हो कि आसामियों पर सख्ती करना हमारे यहाँ का दस्तूर नहीं है? ऐसा ही कोई काम आ पड़ता है तो तुमसे बेगार ली जाती है और तुम हमेशा उसे हँसी-खुशी देते रहे हो। अब भी उसी तरह निभाते चलो। नहीं तो भाई ज़माना नाज़ुक है, हमने तो भली-बुरी तरह अपना निभा दिया, मगर इस तरह लड़कों से न निभेगी।" ज़माना नाज़ुक हो गया है, इस बात पर ज्ञानशंकर दूसरी तरह ज़ोर देते हैं। "पुराने ज़माने की बात और थी। तब जीवन-संग्राम इतना भंयकर न था, हमारी आवश्यकताएँ परिमित थीं, सामाजिक अवस्था इतनी उन्नत न थी। और सबसे बड़ी बात तो यह कि भूमि का मूल्य इतना चढ़ा हुआ न था। मेरे कई गाँव जो दो-दो हजार पर बिक गए हैं, उनके दाम आज 20-20 हजार लगे हुए हैं। उन दिनों आसामी मुश्किल से मिलते थे। अब एक टुकड़े के लिए सौ-सौ आदमी मुँह फैलाए हुए हैं। यह कैसे हो सकता है कि इस आर्थिक दशा का असर ज़मींदार पर न पड़े?" अवश्य पड़ेगा और यदि वह शोषण की गति और तीव्र न करे तो स्वयं मिट जायगा। प्रभाशंकर मिट रहे हैं; ज्ञानशंकर जीना चाहते हैं। और उनके जीने के लिए यह जरूरी है कि वह

किसानों को मिटाएँ। प्रभाशंकर ने मनोहर से रोटी खा लेने को कहा था, ज्ञानशंकर मनोहर पर ही नहीं, जितने भी आसामियों पर हो सके, अपने कारिंदे से इजाफा लगान का दांवा करने को कहते हैं। परिस्थिति ही ऐसी हो गई है कि जमींदार और आसामी दोनों के साथ रहने की सम्भावना नहीं है। उनमें से एक को मिटना ही होगा।

लाला प्रभाशंकर का अंत अत्यंत करुण है। पुरानी सभ्यता नए वातावरण के लिए कितनी अयोग्य है, इसका प्रेमचंद ने सांगोपांग चित्रण कर दिया है। प्रेमशंकर के लिए अपील को इकट्ठे किए रुपयों में से बहुत-से बच रहे थे। प्रभाशंकर की स्त्री चतुर थीं; लगे हाथ दो लड़कियों का ब्याह कर दिया। प्रभाशंकर ने इन दिनों खूब रसीले पकवान बनाकर खाए-खिलाए। लेकिन जब रूखी रोटियों की बारी आई तब उनका जी कुढ़ने लगा। प्रभाशंकर की असहाय अवस्था से पाठक को सहज सहानुभूति हो जाती है। "रूखा भोजन कंठ से नीचे उतरता ही न था। बहुधा चौके पर से मुँह जूठा करके उठ आते, पर सारे दिन जी ललचाया करता, अपनी किताब खोलकर उसके पन्ने उलटते कि कौन-सी चीज आसानी से बन सकती है, पर वहाँ ऐसी कोई चीज़ न मिलती। बेचारे निराश होकर किताब बंद कर देते और मन को बहलाने के लिए बरामदे में टहलने लगते, बार-बार घर में जाते, आल्मारियों और ताखों की ओर उत्कंठित नेत्रों से देखते कि शायद कोई चीज़ निकल आए। अभी तक थोड़ी-सी नवरत्न चटनी बची हुई थी। और न मिलता तो सबकी नज़र बचा उसमें से एक चम्मच निकालकर चाट जाते।" लेकिन यह पतन का आरम्भ था। जब चटनी न रही तो उधार लेकर चाट खाना शुरू किया। चाट वालों ने तकाज़ों से परेशान किया तो एक दिन प्रेमशंकर की स्त्री ने साड़ी के लिए रुपए दिए, वह उन्होंने चाट वालों को दे दिए, साड़ियाँ उधार ले आए। इसके बाद जब चाट उधार न मिलती तो नानबाइयों के मुहल्ले का चक्कर लगाकर लौट आने लगे। पुरानी सभ्यता से सहानुभूति होते हुए भी उसके दारुण अंत को छिपाने की प्रेमचंद ने चेष्टा नहीं की। वरन उसकी पूरी वीभत्सता में उसे चित्रित कर दिखाया है जिससे समाज के परिवर्तन को समझने में कोई भूल न करे। "सत्तर साल का बूढ़ा, उच्चकुल-मर्यादा पर जान देने वाला पुरुष, गंध से रस का आनंद उठाने के लिए घंटों नानबाइयों की गली में चक्कर लगाया करता, लज्जा से मुँह छिपाए हुए कि कहीं कोई देख न ले।" जब पुरानी कुल-मर्यादा का विचार प्रभाशंकर को इस दशा तक खींच लाया तब ज्ञानशंकर को ही गायत्री की जायदाद हथियाने के लिए कैसे दोषी ठहराया जा सकता है? वातावरण ही ऐसा है कि या तो उसमें ज्ञानशंकर यानी पशु बनकर राज्य किया जाय या प्रभाशंकर या आदमी बनकर मिट जाया जाय। एक तीसरा मार्ग और है, प्रेमशंकर का, इस वातावरण का नाश कर एक नई व्यवस्था को जन्म दिया जाय।

ज्ञानशंकर का चरित्र आज की सामाजिक व्यवस्था पर गहरा व्यंग्य है। उनका जीवन छल-कपट ईर्ष्या-लोभ में बीतता है, फिर भी अंत कितना सुखद! लोक-परलोक

दोनों न बिगड़े! राजा और प्रजा दोनों ही वाहवाही करें! पिता के मरने पर उन्होंने श्राद्ध से ही कंजूसी करना शुरू किया। फिर इलाके के प्रबंध में चाचा प्रभाशंकर से संघर्ष हुआ। आसामियों पर इजाफा-लगान के उन्होंने दावे किए। अपने भतीजे दयाशंकर को जेल भिजवाना चाहा पर जब डिप्टी ज्वालासिंह ने उन्हें छोड़ दिया तो प्रभाशंकर के आगे उन्हें छुड़ाने के लिए वाहवाही स्वयं लूटना चाही। राय कमलानंद की सम्पत्ति पर दाँत लगाए उन्होंने उनके विलास आमोद की निंदा की जबकि वह स्वयं गायत्री के प्रेमपाश में बँधे हुए थे। प्रेमशंकर के अमरीका से लौटने पर इस भय से कि कहीं इलाके में हिस्सा न माँगें, उन्होंने उन्हें जाति से भी अलग करा दिया। गायत्री के इलाके में जाकर वह मैनेजर हुए और वहाँ किसानों पर अत्याचार कर मनमाना रुपया पैदा किया, कहने को गायत्री के लिए, पर वास्तव में अपने लिए क्योंकि गायत्री की जायदाद हथियाने का प्रपंच उन्होंने रच लिया था! डिप्टी ज्वालासिंह से मन न मिलने पर वह उन्हें पत्रों में बदनाम करने से नहीं चूके, यद्यपि ज्वालासिंह उनके सहपाठी थे और अपनी गरज को वह ज्वालासिंह की बीवी तक के आगे गिड़गिड़ाने से नहीं सकुचाए। घर में नित ही कलह रही, अपने घर वालों का स्नेह या श्रद्धा उन्हें कभी न मिली। दुनिया को ठगना आसान था, घरवाले अधिक निकट थे। रायसाहब कमलानंद को ज़हर दिया, फिर उन्हीं की लड़की गायत्री को राधा बना स्वयं कृष्ण रूप धर उससे प्रेम-निवेदन किया।

इस सबके अतिरिक्त निरीह किसानों पर अत्याचार की एक लम्बी कथा है जो उनके उत्थान की जड़ में है। एक ओर ज्ञानशंकर का मान-सम्मान है—"अखबारों में उनकी उदारता और सज्जनता की प्रशंसा होने लगी। यहाँ तक कि साल भी न बीतने पाया था कि वह लखनऊ की ताल्लुकेदार-सभा के मंत्री चुन लिये गए। राज्याधिकारियों में भी उनका सम्मान होने लगा। वह वाणी में कुशल थे ही, प्रायः जातीय सम्मेलनों में ओजस्विनी वक्तृता देते। पत्रों में वाह-वाही होने लगती। अतएव वह इधर तो जाति के नेताओं में गिने जाने लगे, उधर अधिकारियों में भी मान-प्रतिष्ठा होने लगी।" दूसरी ओर उनका प्रजा के साथ निर्दय व्यवहार है—"अपनी मूक, दीन प्रजा के साथ उनका बर्ताव इतना सदय न था। उन वृक्षों में काँटे न थे, इसलिए उनके फल तोड़ने में कोई बाधा न थी। आसामियों पर अखराज बक़ाया और इजाफे की नालिशें धूम से हो रही थीं, उनके पट्टे बदले जा रहे थे और नजराने बड़ी कठोरता से वसूल किए जा रहे थे।" तारीफ यह कि प्रजा इतने पर भी असंतुष्ट न थी। यह महाजनी सभ्यता में पला जमींदार कच्चा खिलाड़ी नहीं है; वह शोषण की मशीन में हमेशा रोशनाई डाला करता है कि उसकी गति सहज चिकनी बनी रहे। जब गाय को चारा ही न दिया जायगा तो उसे दुहा कैसे जायगा? वह कड़वी दवाएँ मीठी करके पिलाते थे। गायत्री की बरसी में उन्होंने आसामियों को एक हज़ार कम्बल बाँटे और ब्राह्मणों को भोज दिया। इसी तरह रायसाहब के इलाके में भी होली के दिन जलसे कराए, और भोले-भाले आसामियों

को भरपेट भंग पिलाकर मुग्ध कर दिया। कई जगह मंडियाँ लगवा दीं, जिससे कृषकों को अपनी जिन्सें बेचने में बड़ी सुविधा हो गई और रियासत को भी अच्छा लाभ होने लगा। और इस कार्यप्रणाली से ज्ञानशंकर का सूर्य बीच आकाश में चमकने लगा। इस सूर्य को देखकर ज्ञानशंकर के हृदय में ईश्वर के प्रति श्रद्धा उदय हो आई। "निस्संदेह इस सफलता के लिए मुझे स्वाँग भरने पड़े, हाथ रँगने पड़े, पाप, छल, कपट, सभी कुछ करने पड़े। किंतु अँधेरे खोह में उतरे बिना अनमोल रत्न कहाँ मिलते हैं? लेकिन इसे अपने ही कृत्यों का फल समझना मेरी नितांत भूल है। ईश्वरी व्यवस्था न होती तो मेरी चाल कभी न सीधी पड़ती।"

ज्ञानशंकर प्रेमचंद की तमाम रचनाओं में सबसे दुष्ट नायक है। साधारण झूठ बोलने से लेकर मनुष्य-हत्या तक ज्ञानशंकर ने सभी कुछ किया, परंतु सारे कृत्यों की परिणति हुई जाकर ईश्वर के प्रति श्रद्धा में! उसकी इस विजय में प्रेमचंद ने आज की विदेशी सभ्यता से सम्पर्क में आई धूर्त और स्वार्थी जमींदारी प्रथा को विजयी होता दिखाया है। वह स्वार्थ के लिए अपनी मर्यादा का झंडा गाड़ती है, स्वार्थ के लिए राधाकृष्ण की मूर्ति बनाकर पूजती है और स्वार्थ के लिए धीरे-धीरे किसान का रक्त पीती है। उसके सिर पर रक्षा के लिए विदेशी शासक है, वह उसे खुश रखती है, नीचे किसान है, उसे दबाकर वह अपनी खुशी के साधन जुटाती है और उसी को दबाकर वह सर के ऊपर शासक को भी खुश रखती है। किसान की गर्दन पर सवार होकर भी वह उसके कान में गीता का पाठ करती है और उसकी जीभ को गुड़ चटाया करती है। मनुष्य की जितनी भी पतित प्रवृत्तियाँ हो सकती हैं, उन पर वह इतना भव्य महल बनाती है कि उसके विरोध में किसी को कुछ कहने का साहस नहीं होता। लोक और परलोक दोनों ही सधते हैं। ज्ञानशंकर की समृद्धि और अंत में उसकी आत्म-तुष्टि देखकर हठात् कहने को जी चाहता है, जैसे तुम्हारे दिन बहुरे, वैसे सब के दिन बहुरें।

ज्ञानशंकर के उत्थान के साथ किसानों के पतन की लम्बी कहानी है और जब हम उसे देखते हैं (अगले अध्याय में) तब हमें स्वार्थ के भव्य महल के नीचे छिपे एक ज्वालामुखी का पता चलता है। हम कभी बलराज की लाठी की तरफ देखते हैं, कभी ज्ञानशंकर की खोपड़ी की तरफ! बलराज अपने बाप से कहता है—"क्यों न बोलूँ, तुम तो चार दिन के मेहमान हो, जो कुछ पड़ेगी वह तो हमारे सिर ही पड़ेगी। जमींदार कोई बादशाह नहीं है कि चाहे जितनी जबरदस्ती करे और हम मुँह न खोलें। इस ज़माने में तो बादशाहों का भी इतना अख्तियार नहीं है, जमींदार किस गिनती में है! कचहरी दरबार में कहीं सुनाई नहीं है तो (लाठी दिखाकर) यह कहीं नहीं गई है।" ज्ञानशंकर की विजय व्यक्तिगत नहीं है; उसकी सहायता के लिए एक वर्ग की पूरी शक्ति और उसकी विशिष्ट परिस्थितियाँ हैं। बलराज की लाठी उस नए वातावरण की ओर संकेत भर करती है जो इस वर्ग और उसकी शक्तियों को नष्ट करने के लिए धीरे-धीरे संगठित हो रहा है।

ज्ञानशंकर से भिन्न उनके ससुर कमलानंद हैं जो नई सभ्यता के सम्पर्क में आए तो हैं परंतु अधिकतर उससे उसके दोष ही ले सके हैं, आत्मरक्षा के गुण नहीं। पुरानी सभ्यता से अधिक प्रभावित होने के कारण वह ज्ञानशंकर की भाँति एक नए साँचे में नहीं ढल सके। नई सभ्यता से उन्होंने घुड़दौड़ का शौक सीखा लेकिन शिकार और सितार का शौक खानदानी था। पोलो खेलते थे, साथ-साथ संस्कृत और फारसी के भी विद्वान थे। विद्वत्ता और संगीत-प्रेम के साथ पाशविक बर्बरता है जो आसामियों पर उतरती है। विद्या—रायसाहब की लड़की ही—अपनी बहन गायत्री से कहती है—"उस साल जब अकाल पड़ा और प्लेग भी फैला तब हम लोग इलाके पर गए। तुम गोरखपुर थीं। उन दिनों बाबूजी की निर्दयता देखकर मेरे रोएँ खड़े हो जाते थे। आसामियों से रुपए वसूल न होते और हमारे यहाँ नित्य नाच-रंग होता रहता था। बाबूजी को उड़ाने के लिए रुपए न मिलते तो वह चिढ़कर आसामियों पर गुस्सा उतारते। सौ-सौ मनुष्यों को एक पाँति में खड़ा करके हंटर से मारने लगते। बेचारे तड़प-तड़पकर रह जाते; पर उन्हें तनिक भी दया न आती थी। इसी मार-पीट ने उन्हें निर्दय बना दिया है।" गायत्री स्वयं एक बड़े इलाके की मालकिन है; इसलिए अपने पिता—और पिता से अधिक अपने वर्ग पर यह आक्रमण नहीं सह सकती। अपने मृत पति का ज़िक्र कर कहती है—"तुम्हारे जीजा कैसे सज्जन थे, द्वार पर से किसी भिक्षुक को निराश न लौटने देते। सत्कार्यों में हजारों रुपए खर्च कर डालते थे। कोई ऐसा दिन न जाता कि सौ-पचास साधुओं को भोजन न कराते हों। हज़ारों रुपए तो चंदों में दे डालते थे। लेकिन उन्हें भी आसामियों पर सख्ती करनी पड़ती थी। मैंने स्वयं उन्हें आसामियों को मुश्कें कसके पिटवाते देखा है। जब कोई और उपाय न सूझता तो उनके घरों में आग लगवा देते थे और अब मुझे भी वही करना पड़ता है।" राय कमलानंद—गायत्री—उसके मृत पति, सभी का दमन किसानों पर समान रूप से निर्दय और बर्बर है; अंतर केवल उस बर्बरता पर खड़ी की हुई सभ्यता की इमारत में है। राय कमलानंद संगीत और साहित्य की चर्चा करते हैं और राजनीति में भाग लेते हैं। उनके दामाद साधु-सेवा करते थे और चंदा देते थे। गायत्री स्वयं राधा बन कृष्ण की उपासना करती है, धर्म और राजनीति के विभिन्न आच्छादन पहने अंदर एक ही पीड़क की काया छिपी हुई है।

'गोदान' के रायसाहब की तरह कमलानंद भी बातें बनाने में बड़े पटु हैं। जानते-समझते सब हैं परंतु स्वार्थ को छोड़कर त्याग की राह कौन चले? त्याग तब तक जब तक स्वार्थ पर आँच नहीं आती। 'गोदान' में रायसाहब जेल जाते हैं, उनका सम्मान बढ़ता है, उगाही में कोई दिक्कत नहीं होती। कमलानंद असहयोग के विरोधी हैं क्योंकि तब (सन् 20 के आसपास) जेल जाने से स्वार्थ-सिद्धि की ऐसी गारंटी न थी। प्रजा के प्रतिनिधि बनकर वह कौंसिल जाते हैं। यद्यपि जानते हैं कि कठपुतलियों की तरह उन्हें केवल एक स्वाँग भरना है। "हम काठ के पुतले हैं, तमाशे दिखाने के लिए खड़े किए गए हैं, इसलिए हमें डोरी के इशारे पर नाचना चाहिए। यह हमारी खामखयाली

है कि हम अपने को राष्ट्र का प्रतिनिधि समझते हैं। जाति हम जैसों को, जिनका अस्तित्व ही उसके रक्त पर अवलम्बित है, कभी अपना प्रतिनिधि न बनाएगी। जिस दिन जाति में अपनी हानि-लाभ समझने की शक्ति होगी, हम और आप खेतों में फावड़े चलाते नज़र आवेंगे। हमारा प्रतिनिधित्व सम्पूर्णतः हमारी स्वार्थपरता और सम्मान-लिप्सा पर निर्भर है, हम जाति के हितैषी नहीं हैं, हम उसे केवल स्वार्थसिद्धि का क्षेत्र बनाए हुए हैं।" अपनी स्वार्थपरता का ज्ञान इस प्रपंच को और भी वीभत्स बना देता है। मनुष्य को अपने ह्रास का ज्ञान हो, फिर भी वह उठने की चेष्टा न करे, प्रत्युत जान-बूझकर पाप को हृदय से लगाए रहे, अपनी अमानुषिकता को जानते हुए भी वह उसे प्यार करे, यह ऐसा पतन है जैसे कोई जान-बूझकर जूठी पत्तल चाटे कि उसमें सूखी रोटी से अधिक स्वाद है! इसमें संदेह है कि जाति को अपनी शक्ति का ज्ञान होने पर ऐसे अमानुषिक प्राणी-विशेष खेतों में फावड़ा भी चला सकेंगे या नहीं या उनका अंत भी उनके जीवन के अनुकूल ही वीभत्स और अमानुषिक होगा। ऐसे व्यक्ति कमर कसकर जन-साधारण के हित के लिए जीवन-संग्राम में नहीं उतरना चाहते; इससे वह आत्महत्या अधिक श्रेयस्कर समझते हैं। राय कमलानंद को ज्ञानशंकर ने विष दिया था; वह एक पहाड़ी पर जाकर योग क्रियाएँ करते हुए जान देते हैं। जिस प्रजा पर जीवन-भर अत्याचार किया, उसका क्षण-भर को भी विचार किए बिना वह अपनी रियासत ज्ञानशंकर के लिए छोड़कर चले जाते हैं।

कमलानंद ज्ञानशंकर की श्रेणी से अलग एक दूसरी तरह के ज़मींदार हैं, जो भूमि की रक्षा के साथ-साथ धर्म की रक्षा भी करते हैं। इनका अत्याचार और भी प्राणघातक होता है, क्योंकि इनकी सहायता के लिए भगवान और ब्रिटिश सरकार दोनों रहते हैं। वास्तव में धर्म का गुर महंतों और धर्माधिकारियों से इतर पहली श्रेणी के व्यक्तियों को भी मालूम था। गायत्री के पति साधु-सेवा करते थे और इलाके में जाकर आसामियों की मुश्कें बँधवाते थे। 'गोदान' के रायसाहब इंद्रधनुष के लिए हल पीछे चंदा बाँधते थे। वास्तव में जमींदार की शक्ति बढ़ाने के लिए धर्म उसका एक मुख्य अस्त्र रहा है और प्रेमचंद ने जमींदारी और उसके सहायक ईश्वर और धर्म पर कटु से कटु व्यंग्य-वाण बरसाने में कोई कसर नहीं रखी। देश-काल की परिस्थितियों से उत्पन्न ईश्वर और धर्म के ढाँचे को उन्होंने बिखेरकर पाठक के सामने रख दिया है जिससे भय और श्रद्धा के स्थान में उसे अपने ही कुसंस्कारों का नग्न चित्र दिखाई देने लगता है। गायत्री के इलाके का प्रबंध करते ज्ञानशंकर ने उसे राधा बना स्वयं कृष्ण का भेष बनाया और जैसे-जैसे उनकी धार्मिकता रंग लाई, वैसे ही वैसे आसामियों से रुपया खींचने की नई-नई प्रणालियाँ भी आविष्कृत हुईं। ज्ञानशंकर का धर्मानुराग बढ़ा, संसार से जी उचटा, परंतु रियासत का प्रबंध पहले की ही भाँति होता रहा। अब केवल "निर्दिष्ट लगान के अतिरिक्त प्रत्येक आसामी से ठाकुरद्वारे और धर्मशाले का चंदा भी लिया जाता था।" लगान के साथ और पैसा खींचा जाने लगा, धर्मशाला और ठाकुरद्वारा

बनवाने के लिए। "दूर-दूर से कुशल कारीगार बुलाए गए थे, जो पच्चीकारी, गुलकारी, चित्रांकण, कशव, जटाव की कलाओं में निपुण थे। जयपुर से संगमरमर की गाड़ियाँ भरी चली आती थीं। चुनार, ग्वालियर आदि स्थानों से तरह-तरह के पत्थर मँगवाए जाते थे।" इससे कल्पना की जा सकती है कि इमारतें कितनी भव्य बनेंगी। ज्ञानशंकर ने रुपए पैदा करने की नई-नई तरकीबें निकालीं लेकिन लौट-पौट कर उन सबका अंत आसामियों में होता था। जहाँ तक किसानों का सम्बन्ध था, उनके लिए नई और पुरानी प्रणालियों में कोई अंतर न था क्योंकि सार वस्तु पैसा उन्हें देना ही पड़ता था।

धर्म के नेताओं ने गायत्री का यह उत्साह देखा तो उन्हें सनातनधर्मसभा का सभापति बनाया। और फलतः आसामियों पर धर्मशाला और ठाकुरद्वारा के साथ इस सनातनधर्म सभा का चंदा और लगा। ज्ञानशंकर की मधु में डूबी जीभ भी आसामियों से सहज ही सभा के लिए चंदा वसूल न कर सकी। आसामियों के विद्रोह का समाचार लेकर वह गायत्री के पास आए। "यह दो पत्र बरहल और आमगाँव के कारिंदों के हैं। दोनों लिखते हैं कि आसामी सभा का चंदा देने से इंकार करते हैं।" फिर क्या था, धर्म को यह अत्याचार कब सहन हो सकता था। "गायत्री की त्योरियाँ बदल गईं। प्रेम की देवी क्रोध की मूर्ति बन गई। बोली, क्या देहातों में भी यह हवा फैलने लगी? कारिंदों को लिख दीजिए कि इन पाजियों के घर में आग लगवा दें और उन्हें कोड़ों से पिटपाएँ। उनका यह दिन कि मेरी आज्ञा का अनादर करें।" इस सनातन प्रणाली से रुपया उगाह कर सनातनधर्म सभा में सरकस और नाटक की कम्पनियाँ बुलाई गईं। ज्ञानशंकर ने एक दूसरा पत्र दिखाया, ठाकुरद्वारे का काम तीन दिन से बंद था। लोग बेगार करने पर राज़ी न थे। गायत्री ने इस पर भी फैसला दिया—"लिख दीजिए कि बेगारों को जबरदस्ती पकड़वा लें। अगर न आएँ तो उन्हें गाँव से निकाल दीजिए। हम स्वयं दयाभाव से उनके साथ चाहे जो सलूक करें, मगर यह कदापि नहीं हो सकता कि कोई आसामी मेरे सामने हेकड़ी जताए। अपना रोब और भय बनाए रखना चाहिए।"

जब जमींदारों की दयालुता का यह हाल है, तब महंतों और मठाधीशों का क्या पूछना जो बने-बनाए आसामियों की देह और आत्मा के स्वामी हैं। कितने दिन पहले, प्रेमचंद ने इस धर्म और धर्म की आड़ में भूमि-अधिकार के विरुद्ध आवाज़ उठाई थी। 'सेवासदन' में महंत रामदास के चित्रण में प्रेमचंद की कला अपने पूरे विकास पर है। धर्म और अधिकार के ढकोसले को पहचानने और उसकी छानबीन करने में जितनी उनकी दृष्टि पैनी है, उतनी ही उनकी लेखनी व्यंग्य में बुझी हुई तीव्र और कटु है। रामदास साधुओं की गद्दी के एक महंत हैं। उनका सारा कारोबार श्री बाँकेबिहारीजी के नाम पर होता है। "श्री बाँकेबिहारीजी लेन-देन करते और 32/- सैकड़े से कम सूद न लेते थे। वही मालगुजारी वसूल करते थे, वही रेहननामे-बैनामे लिखाते थे। श्री बाँकेबिहारीजी की रकम दबाने का किसी को साहस न होता था, और न अपनी रकम के लिए कोई दूसरा आदमी उनसे लड़ाई कर सकता था।" बाँकेबिहारीजी की सहायता

के लिए और पार्थिव साधन भी थे। महंतजी के यहाँ पलने वाले साधुओं के रूप में बाँकेबिहारी निरीह किसानों को जता देते थे कि तुम्हारे ऊपर एक ईश्वर है। "महंत रामदास के यहाँ दस-बीस मोटे-ताजे साधु स्थायी रूप से रहते थे। वह अखाड़े में डंड पेलते, भैंस का ताजा दूध पीते, संध्या को दूधिया भंग छानते और गाँजे, चरस की चिलम तो कभी ठंडी न होने पाती थी। ऐसे बलवान जत्थे के विरुद्ध कौन सिर उठाता?" निश्चय, बाँकेबिहारी से बाँकेबिहारी के सामंत अधिक शक्तिशाली थे।

बाँकेबिहारी अधिकारियों को मोतीचूर के लड्डू और मोहनभोग खिलाते थे, इसलिए इलाके में ठाट-बाट से अपना जुलूस भी निकालते थे। "ऊँटों पर छोलदारियाँ, डेरे और शामियाने लदे होते थे" और "यह दल जिस गाँव में पहुँचता था उसकी शामत आ जाती थी।" एक बार महंतजी ने यज्ञ किया, दस हज़ार महात्माओं को निमंत्रण दिया गया और आसामियों को पुण्य-फल यह मिला कि हल पीछे पाँच रुपया चंदा उगाहा गया। खुशी से दिया तो, उधार लेकर तो, नहीं तो रुक्का ही लिख दिया। बाँकेबिहारी का विद्रोह करने वाला केवल एक उन्हीं का जातिभाई अहीर निकला, एक बूढ़ा दरिद्र आदमी, नाम जिसका चेतू था। "कई साल से उसकी फसल खराब हो रही थी। थोड़े ही दिन हुए श्री बाँकेबिहारीजी ने उस पर इजाफा लगान की नालिश करके उसे ऋण के बोझ से और भी दबा दिया था। उसने यह चंदा देने से इंकार किया। यहाँ तक कि रुक्का भी न लिखा। ठाकुरजी ऐसे द्रोही को भला कैसे क्षमा करते? एक दिन कई महात्मा चेतू को पकड़ लाए। ठाकुरद्वारे के सामने उस पर मार पड़ने लगी। चेतू भी बिगड़ा। हाथ तो बँधे हुए थे, मुँह से लात-घूँसों का जवाब देता रहा और जब तक जबान बंद न हो गई, चुप न हुआ। इतना कष्ट देकर भी ठाकुरजी को संतोष न हुआ। उसी रात को उसके प्राण भी हर लिये।" महात्माओं के महात्मापन और बाँकेबिहारी के बाँकपन को सिद्ध करने के लिए इससे अधिक और सुंदर कौन-सा प्रमाण होता कि धर्म के पीछे उन्होंने एक गरीब आसामी को वीरगति प्रदान कर दी।

इसी कोटि के जमींदार 'कर्मभूमि' के महंत आशाराम गिरि हैं। ठाकुरद्वारे में कभी कुछ कभी कुछ, कोई न कोई उत्सव हुआ ही करता है—कभी ठाकुरजी का जन्म, कभी ब्याह, कभी यज्ञोपवीत! और एक बार नहीं, बार-बार वह जन्मते थे, मरने का कभी नाम न लेते थे। "आसामियों को इन अवसरों पर बेगार देनी पड़ती थी, भेंट-न्योछावर, पूजा-चढ़ावा आदि नामों से दस्तूरी चुकानी पड़ती थी; धर्म के मुआमले में कौन मुँह खोलता?" एक साल ऐसी मंदी हुई की लोगों को मुँह खोलना ही पड़ा। भोला चौधरी ने किसानों की सभा में कहा—"मैं गंगामाता की कसम खाके कहता हूँ, कि मेरे घर में छटाँक भर भी अन्न नहीं है, और जब मेरा यह हाल है, तो और सबों का भी यही हाल होगा।" और गूदड़ ने धँसी हुई आँखें फाड़कर कहा—"हम और कुछ नहीं चाहते। बस हमें और हमारे बाल-बच्चों को आध-आध सेर रोजीना के हिसाब से दिया जाय। उपज जो कुछ हो वह सब महंतजी ले जायँ।" परंतु गोशाला, हाथीशाला, घुड़शाला,

धर्मशाला, आदि से घिरी बीच में महंतजी की मूर्ति है जहाँ गूदड़ की पहुँच नहीं है। "मेरी तो सूरत ही चमार-चमार पुकार रही है।"—जिसके विपरीत महंतजी की सूरत पुकारती है, भगवान होंगे तो ऐसे ही। सोने की कुर्सी पर जिस पर मखमली गद्दा पड़ा है, छः फीट के महंतजी, विशालकाय सौम्य पुरुष, रेशमी काषाय वस्त्र धारण किए हुए, संगमरमर के फर्श पर महिलाओं से घिरे हुए बैठे हैं। धर्म के व्यावहारिक रूप की साकार प्रतिमा, लोक और परलोक दोनों एक साथ साधने के जाज्वल्यमान उदाहरण!

चित्र का दूसरा पहलू हम अगले अध्याय में देखेंगे,—किस नारकीय शोषण पर यह भव्यता का प्रासाद खड़ा है और किस आत्मशक्ति ने उसकी नींवों को हिला दिया है। ज्ञानशंकर, गायत्री, महंत रामदास, आशाराम गिरि, गोदान के 'रायसाहब' आदि अपनी भव्यता के बीच, मानो एक अक्षय कवच में सुरक्षित हैं। जमींदारों के विशाल वर्ग में सभी तरह के नमूने हैं, लेकिन जो पुरानापन लिये हैं वे मुरझा रहे हैं, जिन्होंने महाजनी सभ्यता से समझौता कर लिया है वे हरे हो रहे हैं। धर्म उनका प्रधान मंत्र है जो प्रजा से रक्त खींचकर उनकी जड़ो को सींचता है और उन्हें हरा रखता है। और इस हरियाली के पीछे छिपी हुई एक साम्राज्यवाद की शक्ति है जो उनके शोषण-यंत्र को चालू रखने के लिए ईंधन जुटाया करती है। धर्म के अतिरिक्त देशसेवक का बाना उनकी अनेक प्रकार से सहायता करता है। खद्दर पहनकर किसानों के प्राण बनना कितना सरल है! जो कहीं एक बार जेल भी हो आए तो पूछना ही क्या। राय कमलानंद जेल जाने से झिझके; इसलिए उन्हें अपने जीवन में उतनी सफलता नहीं मिली जितनी 'गोदान' के रायसाहब को। देश की नई राजनीतिक परिस्थितियों में समाज के ये लुटेरे कैसे रंग, बदलते हैं, इसका प्रेमचंद ने विशद चित्रण किया है। नई सभ्यता के सम्पर्क में आकर यह वर्ग और सबल हो गया है। उसके मस्तिष्क में जैसे एक नई प्रतिभा जाग्रत हो गई है और वह पहले से अधिक भयानक हो गया है; राजाओं की भाँति यह वर्ग भीतर से खोखला नहीं हो गया वरन पहले से अधिक सबल होकर वह एक ऐसी दृढ़ सामाजिक शक्ति हो गया है कि उसके महत्त्व से उदासीन रहना सामाजिक परिवर्तन को असफल बनाना होगा। समाज का सबसे निकृष्ट और पीड़ित वर्ग किसानों का है और किसानों के ऊपर सबसे पहले जमींदारों का शासन है। सामाजिक यंत्र में जमींदार वर्ग लोहे का वह भारी बोझ है जिसे सरकाए बिना किसानों के वर्ग में गति नहीं आ सकती। किसानों की बढ़ती निर्धनता के साथ इस वर्ग ने अपने शोषण के साधनों में कितनी उन्नति की है, यह हम अगले अध्याय में देखेंगे। वास्तव में जिस शोषणचक्र में किसान पिस रहे हैं, उसका चित्रण ही जमींदार वर्ग का ठीक-ठीक चित्रण हो सकेगा।

हाकिम-जमींदार और किसान

अब हम उस वर्ग के चित्रण की ओर आते हैं जो भारतीय दासता और दरिद्रता का सबसे पुष्ट प्रमाण है, जिसमें राष्ट्र और समाज की सभी क्रियाएँ भिन्न-भिन्न दिशाओं से आ-आकर केंद्रित होती हैं और जिसका चित्रण कर भारतीय साहित्य में प्रेमचंद ने अपना श्रेष्ठ स्थान पाया है।

किसान के जीवन के अनेक पहलू हैं। सामाजिक आचार-विचारों के निर्जीव बंधनों से वह बुरी तरह जकड़ा हुआ है। उसकी धार्मिकता और उसका अंध-विश्वास भी उसके शोषण के कारण हैं। उसके शोषकों में जमींदारों के सिवा महाजन हैं जिनकी शोषक-क्रिया विश्वइतिहास में अद्वितीय है। धर्म, परिवार और समाज को लेकर किसानों की समस्याओं पर दूसरी जगह लिखा जायगा। यहाँ अभी उनकी युग-युगानुगत निर्धनता और उस निर्धनता से भी धन खींचने वाले कुशल जमींदारी शोषण का ही चित्रण देखना है। साथ के महाजनी शोषण के लिए एक अलग ही अध्याय की आवश्यकता होगी।

कुछ दिन हुए गाँव-सुधार पर एक पुस्तक निकली थी जिसमें दीन कृषकों के लिए तरह-तरह के उपदेश थे। अंधविश्वास, धन का अपव्यय, रीति-रिवाजों में सुधार आदि के सम्बन्ध में उन्हें सचेत किया गया था। परंतु उनमें ये दोष किन परिस्थितियों के कारण हैं, इस पर कुछ भी प्रकाश नहीं पड़ा था। ऐसे सुधारकों को लक्ष्य कर प्रेमचंद ने बहुत पहले 'प्रेमाश्रम' में लिखा था—"प्रेमशंकर अक्सर कृषकों की आर्थिक दुरवस्था पर विचार किया करते थे। अन्य अर्थशास्त्रवेत्ताओं की भाँति वह कृषकों पर फजूलखर्ची, आलस्य, अशिक्षा या कृषि-विधान से अनभिज्ञता का दोष लगाकर इस प्रश्न को हल न करते थे।" किसानों के इन दुर्गुणों के विपरीत प्रेमशंकर का अनुभव उन्हें बतलाता था—"परिश्रमी तो इनसे अधिक कोई संसार में न होगा। मितव्ययिता में, आत्मसंयम में, गृह-प्रबंध में वे निपुण हैं। उनकी दरिद्रता का उत्तरदायित्व उन पर नहीं, बल्कि उन परिस्थितियों पर है, जिनके अधीन उनका जीवन व्यतीत होता है।" इन तमाम परिस्थितियों के मूल में "वही संस्था है, जिसका अस्तित्व कृषकों के रक्त पर अवलम्बित हैं। आपस में विरोध क्यों है? दुरवस्था के कारण, जिनकी इस वर्तमान शासन ने सृष्टि की है। परस्पर प्रेम और विश्वास क्यों नहीं है? इसलिए कि यह शासन इन सद्‌भावों को

अपने लिए घातक समझता है और उन्हें पनपने नहीं देता। इस परस्पर विरोध का सबसे दुःखजनक फल क्या है? भूमि का क्रमशः अत्यंत अल्प भागों में विभाजित हो जाना और उसके लगान की अपरिमित वृद्धि।" किसानों के शोषण के पूरे गोरख-धंधे को प्रेमचंद ने बहुत थोड़े में स्पष्ट कर दिया है। भूमि का छोटे-छोटे भागों में बँटना और उसके साथ लगान का बढ़ना—यही किसानों की दरिद्रता के सबसे बड़े कारण हैं।

'प्रेमाश्रम' जमींदारी शोषण का श्रेष्ठ उपन्यास है, जैसे 'गोदान' महाजनी शोषण का। 'प्रेमाश्रम' का आरम्भ हाकिम के दौरे से होता है। हाकिमों के अत्याचार जमींदारों के शासन का एक अंग हैं क्योंकि वे उसे स्थायी बनाए रखते हैं। अमलों में सबसे पहले चपरासी किसानों के सम्पर्क में आते हैं। और अंग्रेज़ी हुकूमत में वह चपरासी ही क्या जो अफसर से बढ़कर हुकूमत न करे। 'प्रेमाश्रम' के आरम्भ में प्रेमचंद ने इन चपरासियों के सुंदर रेखाचित्र खींचे हैं। एक हैं गिरधर महाराज,—यह किसानों को घी के लिए रुपया बाँटने आए हैं। भाव है दस छटाँक का लेकिन दाम कटेंगे सेर भर के। लखनपुर के और किसानों ने रुपए लिये लेकिन मनोहर के यहाँ न भैंसें थीं, न घी था; पास में रुपए भी न थे जो खरीद कर ही दिया जाता। गिरधर महाराज ने कहा—"जब जमींदार की ज़मीन जोतते हो तो उसके हुक्म के बाहर नहीं जा सकते।" परंतु मनोहर में नई किसान-चेतना फूट रही थी; वह अपने अधिकार को पहचान रहा था। उसने विद्रोह किया,—"जमीन कोई खैरात जोतते हैं? उसका लगान देते हैं। एक किस्त भी बाकी पड़ जाय तो नालिस होती है।" बाद में यह विद्रोह मनोहर के लिए ही नहीं सारे गाँव के लिए घातक सिद्ध होता है। मनोहर की इस आवाज़ को दबाने के लिए जमींदार अपनी सारी शक्ति लगा देता है, लखनपुर के कच्चे मकानों को मिट्टी में मिला देता है परंतु विद्रोह का यह स्वर फिर भी नहीं दबता,—केवल अभी वह अकेला है, आगे चलकर उसमें और भी स्वर सम्मिलित हो जाते हैं।

मनोहर आदर्शवादी न था, न वह समाजवाद पर घर में बैठे पुस्तकें ही पढ़ रहा था। 'ऐ किसान उठ' कहना कितना सरल है, उठना कितना कठिन, इसको वह जानता था। चपरासी से लड़कर उसका जी दुविधा में पड़ गया। न जाने अब क्या हो? गाँव भर के लोग अमलों के कृपापात्र होने के लिए स्वभावतः ऐसे विद्रोहियों के शत्रु हो जाते हैं। रात को वह चौके में बैठा भोजन कर रहा था; कोठरी में मिट्टी के तेल का धुआँ इतना भर गया था कि उससे दिए की जोत मद्धिम पड़ गई थी। बथुए की भाजी और जौ की रोटी वह ऐसे खा रहा था, जैसे दवा पी रहा हो। "इतनी ही रुचि से वह घास भी खाता।" लेकिन उसका लड़का बलराज अभी जीवन-चक्र में न पड़ा था। वह उस आदर्शवाद से प्रभावित था जो सहज ही किसी स्वस्थ नवयुवक में पाया जाता है। मनोहर और बलराज गाँव के आदर्श और यथार्थवाद हैं और आगे चलकर

यथार्थवादी मनोहर ही अधिक क्रांतिकारी सिद्ध होता है। उसकी छाती चौड़ी और भरी हुई नहीं है परंतु उसकी हड्डियों में क्रांति की ज्वाला बसी हुई है।

जमींदार के नीचे इलाके के अफसर कारिंदा थे। लगान-वसूली की मशीन में इनका महत्त्व का स्थान है। लखनपुर के कारिंदा गौस खाँ थे। प्रभाशंकर के समय में वह दबे रहते थे; ज्ञानशंकर में उन्हें अपना मनमाना मालिक मिल गया और इसलिए किसानों पर मनमाना अत्याचार भी होने लगा। लगान वसूल करने में अबकी उन्होंने कौड़ी भी न छोड़ी। नालिश और कुर्की से आसामियों को चौपट कर दिया, जिनके पास शिकमी ज़मीन थी, वह उनसे लेकर दूसरों को लगान पर उठा दी। और खेतों पर लगान बढ़ाने के वह नए-नए उपाय सोचने लगे। "सारे इलाके में हाहाकार मच गया। कर वृद्धि के पिशाच को शांत करने के लिए लोग नाना प्रकार के अनुष्ठान करने लगे। प्रभात से संध्या तक खाँ साहेब का दरबार लगा रहता। वह स्वयं मध्य में मसनद लगाकर विराजमान होते। मुंशी मौजीलाल पटवारी उनके दाहिनी ओर बैठते और सुक्खू चौधरी बाईं ओर।" जैसे-जैसे गौस खाँ का अत्याचार बढ़ा वैसे ही वैसे पाप के शमन के लिए उनकी धार्मिकता भी बढ़ी। "खाँ साहेब पहले अपने अवकाश का समय भोग-विलास में व्यतीत किया करते थे। अब यह समय कुरान का पाठ करने में व्यतीत होता था।" और उन्हें शीघ्र मालूम हुआ कि किसानों को विद्रोही समझने में उन्होंने भारी भूल की थी। उनकी चौखट पर सभी ने सर नवाया था। गाँव में दस-बारह घर ठाकुरों के थे; इजाफा लगान की खबर पाते ही वे भी ढीले पड़ गए। दुखरन भगत शिवजी को जल चढ़ाने के पहले खाँ साहब को सलाम कर जाते थे। एक मनोहर अब भी अपने विद्रोह को जगाए हुए था।

मनोहर पर ज्ञानशंकर की डपट का उल्टा ही असर पड़ा। ज्ञानशंकर के शब्दों ने उसे दबाया नहीं, वरन उसके आत्मसम्मान को चोट पहुँचाकर उसके विद्रोह को उच्छृंखलता में परिणत कर दिया। "विकृत भावनाएँ उसके हृदय और मस्तिष्क में गूँजा करती थीं। एक मर्माहत पक्षी था, जो घावों से तड़प रहा हो। वह अपशब्द उसे एक क्षण भी न भूलते थे। वह ईंट का जवाब पत्थर से देना चाहता था। यह वह जानता था कि सबलों से बैर बढ़ने में मेरा ही सर्वनाश होगा, किंतु इस समय उसकी अवस्था उस मनुष्य की सी हो रही थी, जिसके झोंपड़े में आग लगी हो और वह उसके बुझाने में असमर्थ होकर शेष भागों में भी आग लगा दे कि किसी प्रकार इस विपत्ति का अंत तो हो।" इसलिए कारिंदा या चपरासी के निकलने पर वह खाट पर बैठा होता तो पैर फैलाकर लेट जाता। सावन में आम पके तो जमींदार को एक भी न भेजा। सुक्खू चौधरी और गौस खाँ को जलाने के लिए रात को गाना-बजाना किया करता। परंतु बलराज अखबार पढ़ता था; उसने रूस के बारे में भी पढ़ा था कि वहाँ किसानों और मजूरों का राज है। यह अभी आदमी को आदमी समझता था, इसलिए उसने सोचा, एक बार हाकिम से फरयाद करने पर गाँव वालों के सभी दुख दूर हो जायँगे।

जिनसे बलराज फरयाद करना चाहता था, उन मनुष्येतर प्राणियों का प्रेमचंद ने इस प्रकार वर्णन किया है—"जिस भाँति सूर्यास्त के पीछे एक विशेष प्रकार के जीवनधारी, जो न पशु हैं न पक्षी, जीविका की खोज में निकल पड़ते हैं, अपनी लम्बी श्रेणियों से आकाश-मंडल को आच्छादित कर देते हैं, उसी भाँति कार्तिक का आरम्भ होते ही एक अन्य प्रकार के जंतु देहातों में निकल पड़ते हैं और अपने खेमों तथा छोलदारियों से समस्त ग्राम-मंडल को उज्ज्वल कर देते हैं। वर्षा के आदि में राजसिक कीट और पतंग का उद्‌भव होता है, उसके अंत में तामसिक कीट और पतंग का। उनका उत्थान होते ही देहातों में भूकम्प-सा आ जाता है और लोग भय से प्राण छिपाने लगते हैं।" अधिकारी लोग दौरे सदिच्छाओं से ही करते हैं परंतु पानी में जैसे किरणें टेढ़ी हो जाती हैं वैसे ही देहात में आते ही उनकी सदिच्छाएँ विषमय हो जाती हैं। जिन चीज़ों के लिए शहर में तरस-तरसकर रह जाते थे, उन्हें यहाँ बिना जीभ डुलाए ही सामने पाते हैं। जितना खा सकते हैं, खाते हैं, बार-बार खाते हैं और जो नहीं खा सकते वह घर भेजते हैं। घर वाले हर्ष से फूले नहीं समाते, अपने भाग्य को सराहते हैं क्योंकि अब दुःख के दिन गए और सुख के दिन आए। उनकी तरी वर्षा के पीछे आती है, वह खुश्की में तरी का आनंद उठाते हैं।

लखनपुर में डिप्टी ज्वालासिंह का दौरा हुआ तो उनके चपरासी आकर डपटसिंह के पेड़ की लकड़ियाँ उठा ले गए। जाड़े के दिन, बिना आग के बिचारा डपटसिंह ठिठुरने लगा। कादिर मियाँ ने बकरीद के लिए बकरा पाल रखा था; वह भी हाकिम की बलिवेदी पर पहुँचा दिया गया! बिसेसर साह की पंसारी की दूकान थी, उनके तो सैकड़ों के वारे-न्यारे होते थे। उस कमी को वह गाँव वालों को ठगकर, ब्याज पर रुपए आदि देकर पूरा करते थे। एक बटोही गाड़ी में बुढ़िया माँ को अस्पताल लिये जा रहा था, चपरासियों ने जबरन उसकी गाड़ी खाली कर उस पर लकड़ी लादीं। इस सब महतामथ के बाद ज्वालासिंह के चपरासी चपरास के बल पर गाँव की भैंसों से दूध निकालने चले। इसी बात पर आदर्शवादी बलराज से उनकी कुछ कहासुनी हो गई। एक चपरासी ने कहा—"मालूम होता है सिर पर गरमी चढ़ गई है, तभी इतना ऐंठ रहा है। इसे लश्कर ले चलो, तो गरमी उतर जाय।" मर्माहत युवक ने उत्तर दिया—"मियाँ हमारी गरमी पाँच-पाँच रुपल्ली के चपरासियों के मान की नहीं है, जाओ, अपने साहेब बहादुर के जूते सीधे करो, जो तुम्हारा काम है, हमारी गरमी के फेर में न पड़ो, नहीं तो हाथ जल जायँगे।" चपरासी ने गौस खाँ की शरण ली; गौस खाँ ने गाँव वालों को डाँट बताई। फलस्वरूप मनोहर ने बलराज को डाँटा। चपरासियों का यह सब पर छाया आतंक बलराज को असह्य हो उठा, साथ ही गाँव वालों के हृदय नें समाए भय का भी उसे कुछ-कुछ बोध हुआ।

सबेरे बलराज ज्वालासिंह के खेमें में गया, जहाँ लकड़ी के अलाव जल रहे थे, चाय का पानी गरम हो रहा था, बूचड़ मांस काट रहा था और बिसेसर साह सामान

तौल रहे थे। हाकिमी के इस प्रपंच को देखकर बलराज का आदर्शवाद पहले ढीला पड़ा। चपरासियों की शिकायत करना दूर रहा, उसने बात शुरू की, यह कहकर, हुज़ूर को कितनी गाड़ियों की ज़रूरत है। ज्वालासिंह ने सरिश्तेदार के पास जाने को कहा। जब बलराज ने चपरासियों के अंधेर की बात कही तो डिप्टी साहब ने कहा कि उन्हें इस दर्दसिर की फुर्सत नहीं । निदान बलराज परमात्मा को याद करता चला आया। जमींदार-हाकिम एक तरफ और बलराज एक तरफ;—दोनों के संघर्ष का बलराज को यह पहला अनुभव हुआ और आत्मनिर्भरता की आवश्यकता का भी उसे कुछ भान हुआ।

ज्वालासिंह में थोड़ी-सी मनुष्यता बाकी थी जिसके कारण बाद में उन्होंने नौकरी से इस्तीफा भी दे दिया। बलराज की बातों का उनके ऊपर कुछ प्रभाव पड़ा और उन्होंने चपरासियों से पूछताछ की। परंतु वह मनुष्यता का प्रकाश क्षणिक था। एक चपरासी ने सुझाया कि बिना आसामियों पर सख्ती किए हाकिम की बेरोबी होती है। दूसरे ने जड़ा कि डिप्टी साहब को हिंदुस्तानी समझकर ही लोग टिलेरी करते हैं। पादरी साहब के सामने हाथ बाँधे सारा गाँव खड़ा रहा था। और इस वातावरण में आवश्यक हो गया कि ज्वालासिंह अपनी मर्यादा बढ़ाने के लिए अपने अत्याचार को बहाल रखें। यही नहीं गाँव वालों को सताने के लिए, उन्होंने एक दूसरे नाटक का सूत्रपात किया, चपरासियों पर गाँव वालों के फर्ज़ी आक्रमण की जाँच करने के लिए उन्होंने ज्ञानशंकर के भतीजे सब-इंस्पेक्टर दयाशंकर को नियुक्त कर दिया।

दयाशंकर सिपाहियों के साथ लखनपुर पधारे। गाँव के आदमी हाज़िर हुए। बलराज नीलगायें भगाने गया था। जब थोड़ी देर में आया तो दो सिपाहियों ने उसे पकड़ लिया और दोनों ने बढ़कर उसकी मुश्कें कसनी चाहीं। बलराज ने एक बार मनोहर की ओर देखा—"यह अपमान मुझसे नहीं सहा जा सकता। मैं अब जान पर खेलता हूँ। आप क्या कहते हैं?" दीन यथार्थवादी मनोहर बेटे की यह दशा देखकर पागल-सा हो गया। "कुछ न सूझा कि मैं क्या कर रहा हूँ। बाज की तरह टूटकर बलराज के पास पहुँचा और दोनों कांसटेबलों को धक्का देकर बोला, छोड़ दो, नहीं तो अच्छा न होगा। इतना कहते-कहते उसकी जबान बंद हो गई और आँखों से आँसू निकल पड़े।" दीनता को तोड़कर जो विद्रोह उठा था वह अपनी ही ढिठाई पर चकित रह गया; फिर अपनी निर्बलता का ज्ञान हुआ और सारी परिस्थिति उसकी समझ में पूरी-पूरी तरह आ गई।

गांधीवादी कादिर ने जाकर दयाशंकर के कान में कुछ कहा-सुना। दयाशंकर ने सिपाहियों को मना कर दिया और आदमियों के बयान लिखने लगे। मनोहर को हिरासत में लेने के लिए कोई प्रमाण न मिल सका लेकिन बलराज का छूटना कारिंदा गौस खाँ की हार थी। मनोहर को रात में खबर मिली कि दारोग़ा साहब ने गाँव के मुखिया लोगों को बुलाया है, उनसे बयान बदलने को कह रहे हैं और न बदलने पर मुचलका

लेने की धमकी दे रहे हैं। कादिर खाँ ने घूम-घूमकर किसी तरह लोगों को बयान न बदलने के लिए साधा। इधर गौस खाँ ने दयाशंकर को साधा। मस्जिद बनवाने के लिए ज़मीन में जो रुपए गाड़ रखे थे, उन्हें गाँव में अपनी मर्जाद बनाए रखने के लिए दयाशंकर को अर्पित किया। फल यह हुआ कि आसामी फिर तलब हुए, सबके बयान फिर हुए और सबसे सौ-सौ के मुचलके लिये गए। गौस खाँ ने सोचा, गाँव में हमारा रोब है तो न जाने ऐसे कितने रुपए और पैदा हो जायँगे।

इसके बाद ज्ञानशंकर ने लखनपुर के आसामियों पर इजाफालगान का दावा किया, इससे गाँव वालों को बड़ा क्रोध आया और क़ादिर आदि जो नरम दल के लोग थे, वे भी उग्र हो उठे। सबने तै किया कि डटकर जमींदार का विरोध करना चाहिए। इसी समय ईश्वर ने भी जमींदार का साथ दिया और गाँव में प्लेग फैल गया। नदी को लाशें ले जाना, और कचहरी भी पहुंचना,—गाँव वालों की बुरी दशा थी। डपटसिंह का एक लड़का मर चुका था; जब ज्वालासिंह के साथ प्रेमशंकर वहाँ पहुँचे, तो दूसरे लड़के के मरने की तैयारी थी। डपटसिंह ने प्रेमशंकर को देखा तो पागल-सा हो गया। बोला—"क्या जाफा वसूल करने आए हो? उसी से लीजिए जो वहाँ धरती पर पड़ा हुआ है। वह आपकी कौड़ी-कौड़ी चुका देगा। गौस खाँ से कह दीजिए, उसे पकड़ ले जाएँ, बाँधें, मारें, मैं न बोलूँगा। मेरा खेती-बारी से, घर-द्वार से इस्तीफा है।" घर-द्वार में कुछ रह न गया था; जब इस दूसरे लड़के की लाश उठने को हुई तो कफन के लिए पैसे न थे। हाँड़ी-तवा सब मुक़दमे में पहले ही गिरों रखा जा चुका था।

कुछ ज्ञानशंकर से वैमनस्य के कारण, कुछ लखनपुर की दशा देखकर ज्वालासिंह ने मुकदमा खारिज कर दिया यद्यपि ज्ञानशंकर ने अपनी जीत के लिए ज्वालासिंह पर हर तरह का दबाव डालने में कोई कसर नहीं रखी। ज्वालासिंह की अदालत से मुकदमा खारिज होने पर ज्ञानशंकर ने हाई कोर्ट में अपील की। वह अपील भी खारिज हो गई। गाँव वालों की विजय हुई परंतु इस लम्बी लड़ाई में वे चूर हो गए। प्लेग से तमाम घर उजड़ चुके थे। आग, चोरी, आँधी, पाला आदि अन्य व्याधियाँ थीं जिनसे आसामी पीड़ित थे। कर्ज़ का अब कोई सहारा न था; स्त्रियों के गहने सब निकल चुके थे। गाँव में सुक्खू चौधरी रुपए दे सकते थे परंतु वह जमींदार के विरुद्ध देना न चाहते थे। और जब ज्ञानशंकर की अपील खारिज हो गई तो उन्होंने गाँव वालों को उनकी विजय का मज़ा चखाने का निश्चय किया।

पहले कारिंदा गौस खाँ ने अपना क्रोध उन झोपड़ियों पर ही उतारा जिन्हें प्लेग के कारण गाँव छोड़कर लोगों ने जमींदार की बाग में बनाया था। इनमें आग लगा दी गई और लोगों को विवश होकर गाँव में लौट आना पड़ा। इसके बाद जमींदार के ताल का पानी रोक दिया गया। गर्मी के दिनों में कुओं में पानी पाताल चला गया था और गढ़े और तालाब सूख गए थे। पशु और मनुष्यों को जमींदार के इस ताल का ही सहारा था। पानी रोकने पर गाँव वाले फिर इकट्ठे हुए और अबकी सुक्खू

चौधरी को भी ताव आ गया। उन्होंने गौस खाँ पर दावा कर दिया और जीत भी गए। ताल पर पक्के घाट की नींव पड़ गई।

इसका बदला गौस खाँ ने दूसरी तरह लिया। नए दारोगा नूरआलम से प्रेम-परिचय पैदा कर उन्होंने सुक्खू के यहाँ कोकीन बरामद कराई और सुक्खू को दो साल की सज़ा हो गई। इसी वक्त लखनपुर में पुलिस के एक बड़े अफसर का आगमन हुआ। वह इतने बड़े थे कि स्वयं तहसीलदार उनके लिए रसद का प्रबंध करने आए। चमार घोड़ों के लिए घास छीलने लगे; कहार कर्मचारियों की सेवा में लग गए। और गाँव के जो ऊँची जाति के लोग थे, वे घास छीलकर टेनिस क्लब बनाने के लिए बुलाए गए। घास तो किसी तरह छिली, अब टेनिसकोर्ट लीपने को कहा गया। डोल और रस्सी मँगाई गई। कादिर डोल लेकर कुएँ की तरफ चले परंतु दुखरन भगत घर की तरफ बढ़े। तहसीलदार से कहासुनी हुई, नतीजा यह हुआ की चपरासी ने धक्का देकर उन्हें जूते लगाना शुरू किया। कादिर खाँ कुएँ से दौड़कर आए और चपरासी के आगे अपना सिर कर दिया। चपरासी ने उन्हें भी धक्का दिया और मारने के लिए जूता उठाया। अहिंसावाद का नाटक एक भयानक पल्टा खाने ही वाला था कि इक्के पर से आते प्रेमशंकर ने चपरासी को ललकारा। इसके बाद तहसीलदार से दो-चार तेज़ बातें हुईं। इतने में चमार भी इकट्ठे हो गए जिन्हें मजूरी न मिली थी। प्रेमशंकर की बातचीत का फल यह हुआ कि सिपाहियों ने बंदूकों के कुंदों से चमारों को मारा। प्रेमशंकर को जब कुछ न सूझा तब विवश हो लोगों की जान बचाने के लिए उन्होंने सलाह दी कि काम करो। लोगों ने इतना अपमान सहा, मार खाई, फिर हाकिम का काम भी किया। लहसीलदार ने दया करके दुखरन भगत को, प्रेमशंकर के कहने से, घर जाने की आज्ञा दे दी। दुखरन ने घर आकर अपना क्रोध शालिगराम की बटिया पर उतारा। उठाकर उसे एक ओर फेंक दिया। सबेरे जब खेमा उठा तो तहसीलदार ने मुसकराकर प्रेमशंकर से कहा—"हम लोग एक तौर पर आपके मददगार हैं, रिआया को सताकर, पीसकर मजबूत बनाते हैं और आप जैसे कौमी हमदरदों के लिए मैदान साफ करते हैं!"

गौस खाँ के लिए यह सब दैवी सहायता थी। इसके बाद जमींदार की ज़मीन में लोगों को गोरू चराने से रोका। यहाँ से लखनपुर के आसामियों ने अपने नाटक का दूसरा अंक आरम्भ किया। मनोहर की स्त्री गोरू लिये चरावर आ रही थी कि चपरासियों ने रोका। बिलासी ने विरोध किया। इतने में वहाँ गौस खाँ भी आ गया। बिलासी से कहा-सुनी हुई और गौस खाँ ने जानवरों को घेरकर कांजीहौज भेजने का हुक्म दिया। बिलासी ने रास्ता रोक लिया। अपने परिवार में वह सबसे कम उग्र थी परंतु इस समय बोली—"कहे देती हूँ, इन जानवरों के पीछे लोहू की नदी बह जायगी। माथे गिर जायँगे!" फैजू चपरासी न कहा—"हटती है या नहीं चुड़ैल!" बिलासी ने उसी मात्रा में उत्तर दिया—"तू हट जा, दाढ़ीजार!" इसके बाद फैजू ने अपनी सम्मान-रक्षा

के लिए बिलासी को पकड़कर ज़ोर से धक्का दिया और वह ज़मीन पर गिर पड़ी। "एक क्षण वह वहीं अचेत पड़ी रही, तब उठी और लँगड़ाती हुई उन पुरुषों से अपनी अपमान-कथा कहने चली, जो उसके मान और मर्यादा के रक्षक थे।"

पुत्र और पति के पास बिलासी रोती हुई आई। बलराज लट्ठ लेकर उसी समय चलने को खड़ा हुआ परंतु मनोहर ने उसे रोका। उसने अपमान का बदला लेने के लिए और भी दृढ़ संकल्प किया। दो पहर रात बीत जाने पर उसने मनोहर से कहा—"अच्छा, तो अब राम का नाम लेकर तैयार हो जाओ, डरने या घबराने की कोई बात नहीं। अपनी मरजाद की रक्षा करना मरदों का काम है। ऐसे अत्याचारों का हम और क्या जवाब दे सकते हैं? बेइज्जत होकर जीने से मर जाना अच्छा है।" मनोहर उजड्ड देहाती आदमी था; मरजाद को जीवन से बढ़कर समझता था। कोई नेता होता तो उसे समझाता, तुम्हारा दुख देखकर एक बार शत्रु का हृदय परिवर्तित हो जायगा। परंतु मनोहर को कैसे विश्वास आता कि गौस खाँ का हृदय भी बदल जायगा। और जब स्त्री की मरजाद की रक्षा न हो सकी तब हृदय परिवर्तन से लाभ क्या?

आदर्शवादी बलराज ने मनोहर को बहुतेरा मना किया : वह स्वयं जान पर खेलकर बाप को बचाना चाहता था, मनोहर उसके विपरीत मरजाद की वेदी पर अपने को होम कर पुत्र को बचाना चाहता था। बलराज के पैर काँप रहे थे। मनोहर ने समझाया,—"कोई परवाह नहीं, कुल्हाड़ा हाथ में लोगे तो सब ठीक हो जायगा। तुम मेरे बेटे हो, तुम्हारा कलेजा मजबूत है। तुम्हें अभी जो डर लग रहा है, वह ताप के पहले का जाड़ा है। तुमने कुल्हाड़ा कंधे पर रक्खा, महावीर का नाम लेकर उधर चले तो तुम्हारी आँखों से चिनगारियाँ निकलने लगेंगी।"

किसान-जमींदार संघर्ष का यह क्लाइमैक्स था; यहीं से नाटक की घटनाएँ तेजी से एक ओर बढ़ चलती हैं। चारों ओर से घेरे जाने पर मनोहर के लिए और कोई चारा नहीं। बिलासी ने भी हारे पर ही गोरू खेदने का विरोध किया था। किसान को अपने गाय-बैल अपने परिवार से ही प्यारे होते हैं। बिलासी के लिए गोरुओं का रोकना वैसा ही था, जैसे उसके मुँह का कौर छीनना। मनोहर की प्रतिहिंसा का फल वही हुआ जिसकी कोई भी नेता उसे पहले से चेतावनी दे सकता था। प्रतिहिंसा से अत्याचार कम न होकर बढ़ता ही है। शत्रु अपनी पूरी शक्ति से दमन करना आरम्भ करता है और उस समय निरीह प्राणियों के नाश के अतिरिक्त उनका कुछ भला नहीं हो सकता। मनोहर ने यह सब अपनी आँखों देखा और गाँव वालों की विपत्ति देखकर उसकी सरल आत्मा ने उसे धिक्कारा भी।

ज्ञानशंकर तो गाँव वालों से बदला लेना ही चाहते थे; उनके हाथ में शक्ति थी, उन्हें कौन समझाता, प्रतिहिंसा पाप है। पुलिस को मिलाकर उन्होंने एक विशाल षड्यंत्र खड़ा कर दिया। इस षड्यंत्र को पूरा करने में उन्होंने अपने भाई प्रेमशंकर को भी न छोड़ा। प्रभाशंकर ने उधार काढ़कर प्रेमशंकर की जमानत की और किसी तरह उन्हें

छुड़ाया। गाँव के महाजन बिसेसर साह ने झूठी मुखबिरी की। डाक्टर ने ज्ञानशंकर के प्रलोभन देने पर रिपोर्ट दी कि हत्या कई आदमियों ने की है। गाँव वालों का क्रोध उतरा मनोहर पर। औरों की तो बात क्या; बलराज ने भी कहा—"न जाने उनके सिर कौन-सा भूत सवार हो गया? गुस्सा हमें भी आया था; लेकिन उनको तो जैसे नशा चढ़ जाय।" तब गाँव के सबसे कम उग्र व्यक्ति कादिर खाँ ने न्याय का पक्ष लेकर लोगों की स्वार्थ-वृत्ति की भर्त्सना की। "यारो! ऐसी बातें न करो, बेचारे ने तुम लोगों के लिए, तुम्हारे हक की रक्षा करने के लिए यह सब कुछ किया। उसके जीवट और हियाव की तारीफ तो नहीं करते और उसकी बुराई करते हो! हम सब के सब कायर हैं, वही एक मर्द है।" प्रेमचंद ने कादिर खाँ में एक गांधीवादी सहिष्णु मनोवृत्ति के व्यक्ति का चित्रण किया है, फिर भी कादिर खाँ से उन्होंने वे शब्द कहलाए हैं, जो एक गांधीवादी की लिए अनुपयुक्त है। मनोहर के प्रति देश के गांधीवादियों का तो वह दृष्टिकोण होगा जो बलराज, डपटसिंह, दुखरन इत्यादि का है। इन सब पर कादिर से कायरता का आरोप लगवाकर मनोहर और उसके आलोचक,—दोनों के ही प्रति प्रेमचंद ने अपनी धारणा स्पष्ट कर दी है।

लोगों के ताने मनोहर के हृदय में छिद गए। वह गाँव वालों से दूसरे व्यवहार की आशा रखता था। निराश होकर अपनी स्त्री की यंत्रणा का विचार कर उसने आत्महत्या कर ली। उसकी हत्या का केवल एक कारण था,—उसके साथियों की असहानुभूति।

गाँव में सचमुच मनोहर की स्त्री, बिलासी को सब के ताने सुनने पड़ते थे। पर एक दिन एक आदमी उसे भी सांत्वना देने आया। सुक्खू चौधरी जिनके घर में कोकीन खोजकर पुलिस ने जाली मुकदमा खड़ा किया था, जेल से छूट आए थे। मनोहर के बारे में किसी को भ्रम न रहे, इसलिए घर-बार छोड़े हुए वीतराग संन्यासी सुक्खू चौधरी के मुँह से प्रेमचंद ने फिर मनोहर के कार्य की प्रशंसा कराई है। "इस मंदिर में अब उसकी समाधि बनेगी और उसी की पूजा होगी। ··· उसको बुरा वही कह सकता है जिसकी आत्मा मर गई है। जो बेहया हो गया है। गाँव के दस-पाँच पुरुष फाँसी चढ़ जायँ तो कोई चिंता नहीं। यहाँ एक-एक स्त्री के पीछे लाखों सिर कट गए हैं!"

मुकदमे का फैसला हुआ। बलराज और कादिर खाँ को कालापानी हुआ। बाकी अभियुक्तों को सात-सात वर्ष की कड़ी कैद।

गाँव के आदमी जेल में थे; घर के लोगों का स्वभावतः बुरा हाल था। फैजुल्लाह खाँ नए कारिंदा बने थे। उनका विरोध करने वाला कोई था नहीं; गाँव उनका, उनके बाप का। बिलासी पर उन्होंने बकाया लगान का दावा किया और वही गोरू जिनके पीछे बिलासी ने सारा आंदोलन खड़ा किया था, कुड़क कर लिये गए। यही नहीं, स्वयं बिलासी, जिसके जमीन पर गिरने से मनोहर ने एक आदमी का खून कर दिया था, वह बिलासी भी चपरासियों द्वारा बुरी तरह पीटी गई। जिस मरजाद के लिए मनोहर ने आत्महत्या की, उसी की बहू की मरजाद उतारने के लिए चपरासी उसके घर में

घुसे! परिस्थिति क्या इससे अधिक व्यंग्यपूर्ण हो सकती थी? जमींदारी शासन ने अपनी प्रतिहिंसा पूरी तरह तृप्त की। उसने मनोहर और उसके साथ के अन्य निरीह पापियों को ही नहीं कुचल दिया, वरन जिस बात को लेकर एक किसान ने विद्रोह किया था, वही पाप सौगुने वेग से प्रचंड होकर उसके परिवार के माथे पर गाज की तरह आ गिरा। एक मनुष्य जो अपनी स्त्री की मर्जाद बचाना चाहता है, उसको कुचलने के लिए जमींदारी वर्ग की शक्ति, और डाक्टर और वकील और अदालत और पुलिस;—महाजनी सभ्यता की कितनी बड़ी सेना एक साथ सक्रिय हो उठती है!

गाँव की फसल सूख गई थी। लगान के लिए फैजुल्लाह लोगों को धूप में खड़ा करते, किसी को मुश्कें कसकर पिटवाते, स्त्रियों में किसी की चूड़ियाँ तोड़ी जाती, किसी के जूड़े नोचे जाते। फैजुल्लाह जानता था, इनके पास पैसे नहीं हैं, परंतु अत्याचार से उसकी पशु-वृत्ति संतुष्ट होती थी। इन अत्याचारों के सामने किसानों को असहाय देख विवश हो प्रेमचंद ने लिखा है—"इन अत्याचारों को रोकने वाला अब कौन था? सत्याग्रह में अन्याय को दमन करने की शक्ति है, यह सिद्धांत भ्रांतिपूर्ण सिद्ध हो गया।" और इस परिणाम के साथ यह नाटक एक तरह से समाप्त हो जाता है। यदि 'प्रेमाश्रम' सम्वत् 1978 में न लिखा जाकर बारह बरस बाद लिखा गया होता तो शायद वह इसी वाक्य से समाप्त हो जाता परंतु प्रेमचंद को उसे सुखांत बनाना था; उनका आदर्शवाद संघर्ष के इस कटु परिणाम के लिए तैयार न था। दूसरे शब्दों में उस समय की जनता बिना इस आदर्शवाद के मुलम्मे के इस नग्न यथार्थता को देखने के लिए तैयार न थी। प्रेमचंद ने अपने युग की माँगों के अनुसार उसे सुखांत बना दिया है। अभियुक्त अपील में जेल से छूट जाते हैं, उनका जुलूस निकलता है और बाद में मायाशंकर अपनी रियासत छोड़ देते हैं; सहकारिता में खेती होने से किसानों के लिए रामराज हो जाता है। परंतु यह सुख का अंत किसी को भुलावे में नहीं डाल सकता। संतोष के लिए केवल इतना कह सकते हैं कि इसकी भी सम्भावना है। हम जानते हैं सभी मायाशंकर होकर अपनी रियासत नहीं छोड़ सकते, इसलिए मनोहर की आत्महत्या और विलासी की यंत्रणा;—ये यथार्थ के अंतिम चित्र हृदय पर अमिट खिंचे रह जाते हैं। प्रेमचंद की महत्ता इसमें है कि जमींदार-वर्ग के शासन की नृशंसता का उन्होंने इतना वृहत और सर्वांग चित्र खींचा है। चपरासी से लेकर मालिक ज्ञानशंकर तक, एक भारी यंत्र जैसे किसानों की छाती पर शासन कर रहा है; और प्रेमचंद ने उसके सभी कल-पुर्जों की क्रिया की ओर हमारा ध्यान आकर्षित किया है। उसकी अमानुषिकता, नीरस बर्बरता को उन्होंने छिपाया नहीं है। और यह मानना पड़ेगा कि आदर्शवादी अंत के होते हुए भी उन्होंने जमींदारी से समझौता नहीं किया। लोग सुख की साँस तभी लेते हैं जब उसका समूल नाश हो जाता है।

'कर्मभूमि' में प्रेमचंद ने लगान-बंदी आंदोलन का वर्णन किया है। इसके किसान नेता आज की किसान-सभा के नेताओं से बहुत कुछ मिलते-जुलते हैं। सन् '29 की

मंदी से देश के सभी वर्ग आर्थिक संकट में थे; किसानों की तो और भी दुर्दशा थी। चीज़ें सस्ती हो गई थीं; रुपए का माल तिहाई-चौथाई में बिक रहा था। लगान चुकाना असम्भव हो रहा था; जमींदार महंत के अमलों ने प्रजा पर अत्याचार करना शुरू किया। प्रजा ने विद्रोह किया और उसे कुचलने के लिए जमींदार ने राजशक्ति का सहारा लिया; राजशक्ति ने उच्चवर्ग से सहानुभूति दिखाते हुए शांति-रक्षा के लिए अपनी बर्बरता का और भी क्रूर प्रदर्शन किया।

किसान-नेता आत्मानंद का तर्क बहुत सीधा था। "तुम्हारी थाली की रोटी तुमसे कहे मुझे न खाओ, तो तुम मानोगे?" जब रोटी की बात न मानोगे तो जमींदार ही तुम्हारी बात क्यों मानने लगे? जमींदार जमींदार इसलिए हैं, कि तुम लगान देने वाले किसान हो। आत्मानंद ने कहा किसानों को महंत जी का ठाकुरद्वारा घेर लेना चाहिए और जब तक वह लगान बंद न करें, उनका कोई उत्सव न होने दिया जाय। दूसरे नेता अमरकांत ने इस बात का विरोध किया और पहले महंत जी से प्रार्थना करना उचित समझा। महंत जी ने कहा, सरकार जितनी मालगुज़ारी छोड़ देगी, उतना ही वह लगान छोड़ देंगे। लोगों ने इस आश्वासन पर थोड़ा-बहुत लगान देना शुरू किया परंतु छूट का कहीं नाम नहीं। लोग ऊबने लगे और फिर सभाएँ होने लगीं। एक अफसर ने अमरकांत को समझाया—"भला छः महीने तो गुज़रने दीजिए। अभी हम काश्तकारों की हालत की जाँच करेंगे, उसकी रिपार्ट भेजी जायगी, रिपोर्ट पर ग़ौर किया जायगा, तब कहीं हुक्म निकलेगा।" अंत में अमरकांत को भी लगान-बंदी के लिए आवाज़ लगानी पड़ी।

सलीम ने अमर को पकड़ने के पहले उसे लगानबंदी से रोकने की चेष्टा की। लगानबंदी के परिणाम का चित्र उसके सामने खींचा। "गाँव के गाँव बरबाद हो जायँगे, फौजी कानून जारी हो जायगा, ज़ायद पुलीस बैठा दी जायगी, फस्लें नीलाम कर दी जायँगी, ज़मीनें ज़ब्त हो जायँगी। क़यामत का सामना होगा।" लेकिन अमरकांत नहीं माना और लोगों को क़यामत का सामना करना ही पड़ा।

अमरकांत के पिता लाला समरकांत जब उस इलाके में गए तब वहाँ का बुरा हाल था। सिपाही और सवारों का राज्य था। पाँच आदमी से ज्यादा एक जगह जमा न हो सकते थे, न आठ बजे के बाद रात में कोई घर से निकल सकता था। न जाने कितने घर जला दिए गए थे और किसान बेचारे पेड़ों के नीचे बाल-बच्चों के साथ पड़े हुए थे। स्वामी आत्मानंद अधजली पाठशाला में डेरा डाले थे। आदमी इकट्ठे होते, सवारों को आता देख, फिर इधर-उधर भाग जाते। लाला समरकांत का आदमियों ने स्वागत किया। कोई खटका न रहने से पुलिस आज विश्राम कर रही थी। इसलिए आदमी घरों से निकल आए। "किसी के सिर में पट्टी बँधी थी, किसी के हाथ में। कई लँगड़ा रहे थे।" गूदड़ ने बताया, सरकार बारह आने वसूल करने पर लगी है : किसान कहते हैं, है ही नहीं, दे कहाँ से? बहुत लोग गाँव छोड़कर भाग गए हैं। एक

बुढ़िया थी, सलोनी। जब लोगों पर हंटर पड़ रहे थे तब इस बुढ़िया से न रहा गया। कुछ न बना तो अफसर के मुँह पर थूक दिया। अफसर ने इतने हंटर जमाए कि वह अचेत होकर गिर पड़ी और जब तक वह गिर न पड़ी, तब तक हर हंटर पर गाली देती रही। समरकांत ने देखा, "सलोनी की सारी देह सूज उठी है और साड़ी पर लहू के दाग़ सूखकर कत्थई हो गए हैं।" दमन का यह चित्र देख सूदखोर समरकांत का भी दिल दहल उठा। उन्होंने अपना क्रोध ईश्वर पर उतारा। अगर उसकी यही लीला है, तो वह पशु से भी गया बीता है!

घटना चक्र में पड़कर सलीम को नौकरी से इस्तीफा देना पड़ा। समरकांत के समझाने-बुझाने से उसने गाँवों की ऐसी रिपोर्ट दी जिससे सरकार उससे असंतुष्ट हो गई और उसे अपनी नौकरी से हाथ धोने पड़े। नौकरी छोड़ने से स्वभावतः वह जनता का नेता बन बैठा और क्रमशः जनता की ओर से उसे वह सब कुछ करना पड़ा जिसके लिए पहले वह जनता पर हंटर चलाता था। 'कर्मभूमि' के अंतिम भाग में दमन का जो चित्र खींचा गया है वह अपनी पूर्णता और यथार्थता में अद्वितीय है।

सलीम के बाद एक बंगाली सिविलियन मि. घोष ने चार्ज लिया। गाँव में आकर इन्होंने गाँव भर के जानवरों को कुड़क करने की घोषणा की। सस्ता सौदा खरीदने के लिए कसाई भी बुला लिये गए। लोगों ने समझा, यह धमकी भर है परंतु उन्हें शीघ्र ही अपने भ्रम का पता चल गया। गोरू सब गाँव के मदरसे के सामने इकट्ठे किए गए और किसानों की आँखों के सामने कसाइयों ने उनकी जाँच-पड़ताल भी आरम्भ कर दी। किसानों को उसका जानवर कितना प्यारा होता है, इसका एक निदर्शन हमें 'प्रेमाश्रम' में मिल चुका है। लेखक के अनुसार यहाँ भी "अब समस्या उस सीमा तक पहुँच गई थी, जब रक्त का आदान-प्रदान आरम्भ हो जाता है।" सलीम और घोष में अभी कानूनी शास्त्रार्थ हो रहा था कि अहीरों के महाल में लाठी चल गई। संगीन चढ़ाए सिपाही उधर लपके। इधर सलीम ने कसाइयों को समझाना शुरू किया। समझाते-समझाते हाथापाई होने को हो गई। सलीम ने एक को गिरा दिया। तब कसाई के दो साथी जो अभी तमाशा ही देख रहे थे, सलीम पर टूट पड़े। इतने में उधर से बुढ़िया सलोनी निकली। सलीम से उसने मार खाई थी परंतु अब सलीम गाँव का नेता था। उसे मार खाता देख सलोनी ने कसाइयों पर पीछे से लाठी चलाना शुरू कर दिया। एक ने सलोनी को धक्का दिया; तब तक सलीम ने दूसरे को घूँसों से नीचे गिरा दिया। जिसने सलोनी को धक्का दिया था, वह जान बचाकर भागा। सलीम ने जानवरों की रस्सियाँ खोल दीं और वे पूँछ उठाकर भाग खड़े हुए।

इतने में आत्मानंद उधर से आए और सलीम को अहिराने ले गए। उत्तेजित वह इतने थे कि सलीम से रिवॉल्वर माँग रहे थे। गाँव में दमन-चक्र इस रूप में और यहाँ तक चलता है कि आदमी अधिक सहन करने में असमर्थ हो जाता है। और आत्मानंद अहिराने में पहुँचे तो "एक युवती सिर खोले, अस्तव्यस्त, कपड़े खून से तर, भयातुर

हिरनी-सी आकर" सलीम के पैरों से चिपट गई। उसके घर में सिपाही घुस गए थे; एक ने उसकी बाँह पकड़ी थी; आत्मरक्षा में उसने गड़ाँसे से दो को घायल कर दिया था। अब भी उसके बाल पकड़कर एक सिपाही उसे घर के भीतर ले जाना चाहता था परंतु सलीम के धमकी देने पर "मैं तुम दोनों को भूनकर रख दूँगा", उसनें उसे छोड़ा। दमन के नाटक की यह क्लाइमैक्स है। इसके बाद अफसर आया; सलीम से कहा-सुनी हुई और उसका नतीजा यह हुआ कि सलीम ने घोष बाबू की टांग पकड़कर उन्हें घोड़े पर से खींच लिया और घूँसों से उनका मुँह चूर कर दिया।

इसके बाद वही होता है जो अहिंसावादी नाटकों में होता है। समरकांत सप्रू बने; समझौते की कमेटी बनी। किसानों से कहा गया कि उनके प्रतिनिधि भी कमेटी में रहेंगे। परंतु मुन्नी के इस प्रश्न का कि उस कमेटी का मत क्या सरकार को मान्य होगा, समर या अमर किसी के पास जवाब न था। एक भयानक दुःखांत नाटक पर जैसे किसी ने पनछुट रंगों से लीपापोती करने के कोशिश की हो, इस तरह 'कर्मभूमि' का अंत होता है। लेकिन प्रेमचंद देश की राजनीति से बाध्य थे। इसके अतिरिक्त दूसरा अंत वह दिखा न सकते थे। क्योंकि किसानों को इसी तरह फुसलाया गया है। प्रेमचंद की क्रांतिकारी यथार्थता व्यक्त हुई है, दमन के चित्रण में। जैसी अहिंसावाद की पुस्तकों में दमन सहकर शत्रु के हृदय परिर्वतन की भव्य कथा हम पढ़ते हैं, उससे यह यथार्थ कितना भिन्न है? इन किसानों से कहना, तुम चुपचाप अपने जानवरों को कसाइयों के हाथ बेच दो, क्या अहिंसा होता? कम से कम प्रेमचंद में इतनी दार्शनिकता न थी। सलीम ने कसाइयों से लड़कर उनकी रस्सियाँ खोल दीं, यह चोरी थी; दमन का उत्तर दमन से दिया गया था, परंतु क्या हमें सलीम से असहानुभूति होती है? और जब वह युवती पर बलात्कार के लिए तत्पर सिपाहियों से कहता है, "छोड़ दो नहीं तो भूनकर रख दूँगा"—वहाँ दूसरा व्यक्ति उनसे और क्या कहता? उस युवती ने दो आदमियों को घायल किया था, क्या वह दोषी थी?

लगानबंदी आंदोलन में परिस्थिति कितनी भंयकर हो सकती है, इसका प्रेमचंद ने नंगा खाका खींच दिया है। क्या लगानबंदी के अतिरक्त किसानों के लिए और भी कोई मार्ग खुला हुआ था? प्रेमचंद ने उत्तर दिया है, नहीं। न खाने को था, न देने को। आंदोलन छोड़कर उनके पास कोई चारा न था। आंदोलन के बाद जो दमन हुआ उससे किसानों का भला होगा या नहीं? प्रेमचंद का उत्तर है, हो भी सकता है, नहीं भी। एक अहिंसावादी दार्शनिक की भाँति हम किसानों की हार-जीत का कारण भी बता सकते हैं। जीत गए तो इसलिए कि उन्होंने दमन को सहा और शत्रु का हृदय परिवर्तित हो गया। न जीते तो इसलिए कि सलीम ने घोष की टांग पकड़कर खींच ली या एक युवती ने आतताइयों में दो को घायल कर दिया।

इसीलिए 'प्रेमाश्रम' में जैसे गाँव के विध्वंस का अंतिम चित्र हमारे हृदय पर अंकित रह जाता है, वैसे ही यहाँ भी एक गाँव का नाश बार-बार हमारी आँखों के सामने

सचित्र हो उठता है; कोई भी चित्रकारी उसकी भयंकरता को नहीं छिपा पाती। "अंधेरा हो गया था। आतंक ने सारे गाँव को पिशाच की भाँति छाप लिया था। लोग शोक से मौन, और आतंक के भार से दबे, मरने वालों की लाशें उठा रहे थे। किसी के मुँह से रोने की आवाज़ न निकलती थी। ज़ख्म ताज़ा था। इसलिए टीस न थी।" (प्रेमचंद की चित्रण-शक्ति यहाँ अपनी चरम सीमा को पहुँची हुई है। थोड़े-से शब्द, जैसे विष में बुझे हुए हृदय में घाव कर देते हैं। शब्दों में चित्रांकण की अद्‌भुत क्षमता है और जो चित्र आँका जाता है वह अपने भाव-गाम्भीर्य में अपूर्व है।) सबेरे घोष बाबू डाक बँगले गए और उस अहीरिन युवती को कांस्टेबलों के साथ सदर भेज दिया गया। यदि सिपाहियों को घायल कर वह ऐसे सस्ते छूट जाती तो दमन ही क्या! यह प्रेमचंद की सूक्ष्म दृष्टि थी जो उन्होंने यथार्थ को इस कटु आघात से सजीव और भयंकर कर दिया है। पहर रात जाते चार अर्थियाँ गंगा की ओर चलीं। आगे वही बुढ़िया सलोनी गाती हुई चली—'सैंया मोरा रूठा जाय सखी री।' किसानों की इसे विजय समझिए चाहे पराजय; सलोनी के गाने पर चाहे हँसिए, चाहे रोइए,—'कर्मभूमि' का वास्तव में यहीं पर अंत हो जाता है।

किसानों के चित्रण में प्रेमचंद हमें भारतीय जन-आंदोलन के बीचो-बीच ला खड़ा करते हैं। यही वह स्थल है जहाँ दमन अपने क्रूरतम रूप में निःसहाय निर्बल किसानों को चूर करता हुआ चलता है। यही वह प्रेरणा-केंद्र भी है जो समग्र जन-आंदोलन को बल देता है। किसानों का ही वह वर्ग है जिसके लिए आंदोलन की समस्त शक्तियाँ एकत्र हो गतिशील होनी चाहिए। प्रेमचंद ने गाँव का सारा वातावरण पाठक के आगे सजीव कर दिया है। निर्धनता और अंधविश्वास, परंतु इनके साथ सहनशीलता और सहृदयता,—किसानों के इस सरल और दुखी संसार में नवीन सभ्यता आकर पुराने चक्र में जैसे बिजली डाल देती है और ये किसान छिन्न-भिन्न होकर इधर-उधर बिखर जाते हैं। प्रेमचंद हमें निराश नहीं करते। आत्मबल पर विश्वास कर संगठित होकर सामाजिक यंत्र पर आघात करने का हमें संदेश देते हैं। परंतु उनकी आशा उथली नहीं है। उसके नीचे परिस्थिति की भयंकरता का पूरा ज्ञान है। उन्होंने यथार्थ की निष्ठुरता को तिल भर भी घटाकर चित्रित नहीं किया। बीसवीं शताब्दी की अमानुषिकता की कठोर कहानी उन्होंने पूरी-पूरी कह दी है।

महाजन

'मुक्तिधन' नाम की अपनी कहानी में प्रेमचंद ने लिखा है—"भारतवर्ष में जितने व्यवसाय हैं, उन सबमें लेनदेन का व्यवसाय लाभदायक है। आमतौर पर सूद की दर 25/- सैकड़ा सालाना है। प्रचुर स्थावर या जंगम सम्पत्ति पर 12/- सैकड़ा सालाना सूद लिया जाता है; इससे कम ब्याज पर रुपया मिलना प्रायः असम्भव है। बहुत कम ऐसे व्यवसाय हैं, जिनमें 15/- सैकड़े से अधिक लाभ हो और वह भी बिना किसी झंझट के। उस पर नज़राने की रकम अलग, लिखाई अलग, दलाली अलग, अदालत का खर्चा अलग। ये सब रकमें भी किसी न किसी तरह महाजन ही की जेब में जाती हैं। यही कारण है कि यहाँ लेनदेन इतनी तरक्की पर है। वकील, डॉक्टर, सरकारी कर्मचारी, ज़मींदार, कोई भी जिसके पास कुछ फालतू धन हो, यह व्यवसाय कर सकता है। अपनी पूँजी के सदुपयोग का यह सर्वोत्तम साधन है।" इस गरीब देश में कर्ज की ज़रूरत जिन्हें न पड़े, ऐसे बहुत थोड़े आदमी होंगे। थोड़ी पूँजी में यह सबसे सस्ता व्यापार है। कुछ लोग तो ब्याज पर स्वयं उधार लेकर अधिक ब्याज पर उसी धन को दूसरों को उठाते हैं और इसी आदान-प्रदान में ही काफी रकम मार लेते हैं। कमाने-खाने वाले जितने भी वर्ग हैं, सभी में ये छोटे पूँजीपति मिलते हैं। 'गोदान' का गोबर बेकारी में शहर जाता है परंतु जहाँ उसके पास चार पैसे होते हैं, वह लेन-देन शुरू कर देता है। 'मुक्तिधन' कहानी के लाला दाऊदयाल कचहरी में मुख्तारगीरी करते हैं और जो कुछ बचत होती है, उसे इस व्यापार में लगाते हैं। 'कर्मभूमि' के लाला समरकांत चोरी का माल तक खरीदते हैं; निम्न वर्ग के व्यक्तियों को ऋण देकर रुपयों की थैली पर बैठे ईश्वर की उपासना किया करते हैं।

ईश्वर की उपासना महाजनी का प्रधान अंग है। मानो ईश्वर की उपासना के बिना इतना हराम का रुपया हजम न होगा। प्रेमचंद के महाजन मनुष्यताहीन, पैसे को दाँत से पकड़ने वाले, पैसे के लिए आसामी का चिता तक पीछा करने वाले परंतु शिवजी की मूर्ति पर नियमिल जल चढ़ाने वाले होते हैं। इस वर्ग के प्रपंचपूर्ण जीवन को खुलासा करने में प्रेमचंद ने कसर नहीं छोड़ी। वरन इतनी बार महाजनी और ईश्वरोपासना के पारस्परिक सम्बन्ध की ओर उन्होंने इंगित किया है, कि महाजनी के साथ प्रचलित उपासना से भी हम घृणा करने लगते हैं। 'खुदाई फौजदार' कहानी के

सेठ नानकचंद सूदखोरों का अच्छा उदाहरण हैं। "दया या उपकार-जैसी मानवीय दुर्बलताएँ उन्हें छू भी न गई थीं, नहीं महाजन कैसे बनते! उस पर धर्मनिष्ठ भी थे। हर पूर्णमासी को सत्यनारायण की कथा सुनते थे। हर मंगल को महावीर जी को लड्डू चढ़ाते थे, नित्यप्रति जमुना में स्नान करते थे और हर एकादशी को व्रत रखते और ब्राह्मणों को भोजन कराते थे। और इधर जब से घी में करारा नफा होने लगा था, एक धर्मशाला बनवाने की फिक्र में थे।" प्रेमचंद का व्यंग्य कहीं इतना कटु नहीं होता जितना महाजनों के चित्रण में। इनका शोषण जितना निर्मम और प्राणघातक है, उतना जमींदार और विदेशी शासन का भी नहीं। प्रत्येक वर्ग में, समाज की प्रत्येक शृंखला में, ये जोंक की तरह समाज का रक्त पीने को लगे हैं। उनका शोषण अवश्य है; ऊपर से कहीं मालूम भी नहीं पड़ता। प्रेमचंद ने उसी की भयंकरता का स्पष्ट चित्रण किया है।

यों तो महाजन सब कहीं, सभी वर्गों में हैं, किंतु उनके शोषण का घातक सम्बन्ध जितना किसानों से है, उतना औरों से नहीं। उनके चित्र हमें प्रेमचंद की कृतियों में सर्वत्र मिलते हैं, किंतु जैसे 'प्रेमाश्रम' सर्वाधिक जमींदारी शोषण का उपन्यास है, उसी प्रकार 'गोदान' महाजनी शोषण की विशद गाथा है। इस नृशंस अत्याचार से पीड़ित तिल-तिलकर घुलते किसान-वर्ग का यहाँ चित्रण किया गया है। 'गोदान' का नायक होरी है। जमींदार और महाजन में भेद करते हुए वह बताता है—"जमींदार तो एक ही है; मगर महाजन तीन-तीन हैं, सहुआइन अलग, मँगरू अलग और दातादीन पंडित अलग।" पाँच साल हुए होरी ने मँगरू साह से साठ रुपए उधार लिये थे, बैल लाने के लिए। उसमें से वह साठ दे चुका था; परंतु वह साठ रुपए अब भी बने हुए थे। दातादीन पंडित से उसने तीस रुपए लिये थे आलू बोने के लिए। दुर्भाग्य से आलू चोर खोद ले गए परंतु उन तीस रुपयों के तीन सौ हो गए। दुलारी विधवा सहुआइन नोन-तेल-तमाखू की दूकान करती थीं; इकन्नी रुपया का ब्याज लेती थीं। इनके भी सौ रुपए हो गए थे। फसल होते ही माल सब महाजनों को तौल देना पड़ता और ब्याज फिर बढ़ने लगता। तमाशा यह कि एक समय होरी ने भी महाजनी की थी जिससे लोग समझते थे कि उसके पास अब भी दबा हुआ रुपया है।

होरी के लड़के गोबर ने विधवा झुनिया को अपने घर डाल लिया था। बिरादरी में डाँड़ पड़ा। गल्ला बेचकर होरी ने 30/- खड़े किए; बाकी के लिए 80/- पर अपना घर गिरों लिखा। "नोखेराम तो चाहते थे कि बैल बिकवा लिये जायँ; परंतु पटेश्वरी और दातादीन ने इसका विरोध किया। बैल बिक गए तो होरी खेती कैसे करेगा?" गाँव के धूर्ततापूर्ण पूँजीवाद का यह अच्छा निदर्शन है। महाजन आसामी को जान से ही नहीं मारना चाहते। वह मर गया तो उनकी कमाई का द्वार ही बंद हो जायगा। इतना उसके लिए वह करना चाहते हैं कि वह जीता रहे और कमा-कमाकर उनका घर भरता रहे। कसाई एक बार जानवर को मारतां है, महाजन उसे घुला-घुलाकर मारता

है।

महाजनों में अनेक प्रकार भेद हैं! गाँव में एक महाजन झींगुरीसिंह भी थे जो शहर के एक बड़े महाजन के एजेंट थे। उनके नीचे और कई आदमी थे जो आसपास घूम-घूमकर लेनदेन करते थे। झींगुरीसिंह बड़े हँसोड़ आदमी थे। गाँव को अपनी ससुराल बनाए थे, औरतों से साली-सलहज का नाता जोड़े थे। नाटे, मोटे, खल्वाट, काले, लम्बी नाक, बड़ी मूँछों वाले झींगुरीसिंह रुपए देते वक्त पक्का कागज़ लिखाते, नज़राना, दस्तूरी, स्टाम्प की लिखाई लेते और एक साल का ब्याज पेशगी क़ाट लेते थे। किसानों की ऊख तैयार थी और वे उसे एक मिल में बेचने जा रहे थे। परंतु जब बेचेंगे, तब वहाँ झींगुरीसिंह भी होंगे और रुपए ले लेंगे। आसामियों को फिर ज़रूरत पड़ेगी और जब माँगने जायँगे तो फिर नया कागज़ और नया नज़राना होगा; इस भय से आपस में सलाह कर रहे थे कि ऊख पहले बेच दी जाय, रुपया बाद में किसी दिन घात देखकर ले आवेंगे। किसान खेत में ऊख काटने गए, वैसे ही महाजनों का झुंड भी पहुँचा। रुपया वसूल करना था, इसलिए दुलारी सहुआइन बन-ठनकर आईं। "पाँव में मोटे-मोटे चाँदी के कड़े पहने, कानों में सोने का झूमक, आँखों में काजल लगाए, बूढ़े यौवन को रँगे रँगाए।" यमदूत की तरह मँगरू साह पहुँचे। "काला रंग, तोंद कमर के नीचे लटकती हुई, दो बड़े-बड़े दाँत सामने जैसे काट खाने को निकले हुए। गठिया का मरज़ हो गया था। खाँसी भी आती थी।" कुकर्म का जैसा साक्षात् अवतार खड़ा हो।

मिल के फाटक पर झींगुरीसिंह ने आसन लगा रखा था। ऊख तौलकर खजांची से रुपए वसूल करते और अपना पावना काटकर आसामी को रुपए देते। होरी को 120/- मिले। उसमें से झींगुरीसिंह ने अपने रुपए काटकर उसे पचीस रुपए दिए। वहाँ से चला तो बाहर नोखेराम मिले। होरी बाकी के रुपए उन्हें देकर वहाँ से भागा। शोभा और पटेश्वरी का झगड़ा हो गया। शोभा अभी रुपए देना न चाहता था; पटेश्वरी के धमकाने पर वह मुलायम पड़ा। होरी और शोभा को आगे गिरधर मिला। यहाँ की एक छोटी सी घटना महाजनी शोषण का ऐसा कटु चित्र खींचती है, जैसा कि दूसरा लेखक पोथे के पोथे रँगने पर भी नहीं खींच सकता। प्रेमचंद के शब्द-चित्रण को देखिए :—"सामने से गिरधर ताड़ी पिए, झूमता चला आ रहा था। दोनों को देखकर बोला—झिंगुरिया ने सारे-का-सारा ले लिया होरी काका। चबैना को भी एक पैसा न छोड़ा। हत्यारा कहीं का। रोया-गिड़गिड़ाया; पर इस पापी को दया न आई।

शोभा ने कहा—ताड़ी तो पिए हुए हो, उस पर कहते हो, एक पैसा भी न छोड़ा!

गिरधर ने पेट दिखाकर कहा—साँझ हो गई, जो पानी की बूँद भी कंठ तले गई हो, तो गो-मांस बराबर। एक इकन्नी मुँह में दबा ली थी। उसकी ताड़ी पी ली। सोचा, सालभर पसीना गारा है, तो एक दिन ताड़ी भी पी लूँ; मगर सच कहता हूँ, नसा नहीं है। एक आने में क्या नसा होगा। हाँ, झूम रहा हूँ, जिसमें लोग समझें खूब पिए हुए

है। बड़ा अच्छा हुआ काका, बेबाकी हो गई। बीस लिये थे, उसके एक सौ साठ भरे हैं, कुछ हद है!" परिस्थिति इस सीमा तक उसे घसीट ले गई है जब केवल उन्माद छोड़ उसके लिए और कोई चारा नहीं रह गया। शायद शोभा के लिए कोई ताड़ी का निषेध न करेगा क्योंकि उसे इकन्नी में नशा न हुआ था, केवल दिखाने को झूम रहा था। साल भर की मेहनत का यही फल था।

और होरी की परिस्थिति देखिए। घर पहुँचे तो सब आदर-स्वागत को दौड़े कि ऊख के रुपए लाया होगा। रूपा पानी लेकर दौड़ी, सोना चिलम भर लाई, धनिया ने चबेना और नमक लाकर रख दिया। होरी से न मुँह-हाथ धोते बनता था, न चबेना चबाते। "ऐसा लज्जित और ग्लानित था, मानो हत्या करके आया हो।" उसकी स्त्री धनिया को जब यह मालूम पड़ा कि रुपया सब महाजनों को वह दे आया तो बोली—"तुम-जैसा घामड़ आदमी भगवान ने क्यों रचा, कहीं मिलते, तो उनसे पूछती। उठाकर सारे रुपए बहनोइयों को दे दिए। अब और कौन आमदनी है, जिससे गोई आवेगी। हल में क्या मुझे जोतोगे, या आप जुतोगे? पूस की यह ठंड और किसी की देह पर लत्ता नहीं। ले जाओ सबको नदी में डुबो दो। कब तक पुआल में घुसकर रात काटेंगे और पुआल में घुस भी लें, तो पुआल खाकर रहा न जायगा! तुम्हारी इच्छा हो घास ही खाओ, हमसे तो न खाई जायगी।" यहाँ भी आँसुओं में हँसी मिली हुई है। किसान का भाग्य ऐसा है कि ईश्वर उसे हँसाकर रुलाता है। अपनी बात कहते-कहते धनिया ही मुसकरा पड़ी। इतनी देर में परिस्थिति उसकी समझ में आ गई थी; रुपए पास होने पर महाजन से जान न छुड़ाई जा सकती थी।

'गोदान' में एक जगह कुछ किसान स्वाँग करते हैं। स्वाँग में वह महाजन का चरित्र भी करते हैं। स्वाँग से महाजन के प्रति उनके हृदयस्थ भावों का पता चलता है। एक किसान दस रुपए उधार लेने गया। कागज़ लिख जाने पर ठाकुर महाजन ने उसके हाथ में पाँच रुपए रख दिए। उसने कहा, यह तो पाँच ही हैं तो उत्तर मिला, "पाँच नहीं हैं दस हैं। घर जाकर गिनना।" पाँच दस के बराबर इस प्रकार थे। एक रुपया नजराने का, एक तहरीर का, एक कागद का, एक दस्तूरी का, एक सूद का, पाँच नगद। किसान ने कहा, "अब यह पाँचों भी मेरी ओर से रख लीजिये।" पूछा क्यों तो उसने कहा—"एक रुपया छोटी ठकुराइन का नजराना है। एक रुपया बड़ी ठकुराइन का; एक रुपया छोटी ठकुराइन के पान खाने को, एक बड़ी ठकुराइन के पान खाने को। बाकी बचा एक, वह आपकी क्रिया-करम के लिए।" इस अतिरंजित चित्र के व्यंग्य से किसान की जलन का अनुमान किया जा सकता है। जैसा कि प्रेमचद ने लिखा है, इस स्वाँग से "सताए हुए दिल, कल्पना में प्रतिशोध पाकर प्रसन्न होते रहे।"

क्या कानून बनाकर महाजनी शोषण का अंत किया जा सकता है? महाजन कहता है नहीं। जब तक देश में ग़रीबी है तब तक गरीबों को उसकी ज़रूरत रहेगी। वह अपने आसन पर उतने ही विश्वास से बैठा है जितने से जमींदार। जो लोग कानून

से इस महाजनी का अंत कर देना चाहते हैं. उनके लिए प्रेमचंद ने 'गोदान' में चेतावनी दी है। दातादीन झिंगुरी से कहते हैं, सरकार महाजनों से कहती है, सूद की दर घटा दो, नहीं तो डिग्री न मिलेगी। झिंगुरी ने कहा, हम निश्चिंत हैं। दर हम कम लिखावेंगे लेकिन एक सौ में पचीस पहले ही काट लेंगे, इसमें सरकार क्या कर सकती है? दातादीन को भय हुआ, कहीं जालसाजी में पकड़े गए तो? झिंगुरी ने कहा—"क्या तब संसार बदल जायगा। कानून और न्याय उसका है जिसके पास पैसा है। कानून तो है कि महाजन किसी आसामी के साथ कड़ाई न करे, कोई जमींदार किसी कासकार के साथ सख्ती न करे; मगर होता क्या है। रोज ही देखते हो। जमींदार मुसक बँधवा के पिटवाता है और महाजन लात और जूते से बात करता है।" महाजन जानता है कि वह भी जमींदार वर्ग का ही व्यक्ति है। किसान के शोषण में उसका आधा हिस्सा है, यह वह जानता है। जमींदार की सख्ती पर कोई कुछ नहीं करता, वैसे ही उसकी सख्ती पर भी सब चुप हैं। प्रचलित व्यवस्था में महाजन और जमींदार बड़े मजे में आधा-साझा कर लेते हैं। महाजन सूद पर रुपए देता है; जमींदार लगान लेता है। जमींदार भी खुश; महाजन भी खुश। जमींदार चाहे लगान न भी बढ़ाए, सूद बढ़ ही जाता है और जीवन भर के लिए, अपनी संतान के जीवन तक के लिए किसान महाजन का गुलाम बन जाता है। महाजन से उधार लेकर किसान जमींदार को लगान देता है और अपनी कमाई वह महाजन को दे देता है। अंत में इसी कोल्हू में पिसते हुए उसका अंत हो जाता है।

जमींदार के लगान के अतिरिक्त कन्या का विवाह किसान के लिए दैवी व्याधि से कम नहीं होता। होरी को भी लड़की का ब्याह करना था। उसने रुपए उधार लिये। रुपए कमाने के लिए एक सड़क पर कंकड़ों की खुदाई की मजूरी करने लगा। बहुत दिन के बाद उसका भाई हीरा आया और होरी को देखकर बोला—"तुम तो बहुत दुबले हो गए हो दादा?" होरी ने उत्तर दिया—"मोटे वह होते हैं, जिन्हें न रिन की सोच होती है, न इज्जत की। इस जमाने में मोटा होना बेहयाई है।" मोटे होने की बात दूर, होरी के लिए जीना भी दूभर था। गर्मी की जलती लू में काम करते-करते एक दिन उसका जी खराब हो गया। मरने के समय लोगों ने कहा—गोदान कर दो। धनिया भीतर गई और सुतली के बेचने से जो पैसे बचे थे उन्हें "पति के ठंडे हाथ में रखकर सामने खड़े दातादीन से बोली—महाराज, घर में न गाय है, न बछिया, न पैसा। यही पैसे हैं, यही इनका गोदान है! और पछाड़ खाकर गिर पड़ी!"

यही 'गोदान' का अंत है। किसान मुर्दा है, और उसकी स्त्री मूर्च्छित, और सूदखोर दातादीन पुरोहित के रूप में अब भी हाथ पसारे सामने खड़े हैं। जमींदार का लगान, कन्या का ब्याह, धर्म का तक़ाज़ा, न जाने कितने फंदों में किसान फँसा है। वह सुलझकर भागना चाहता है लेकिन फंदा और तंग हो जाता है। और अंत में एक दिन उसके प्राणों का अंत होकर ही रहता है। महाजनी शोषण का सीधा सम्बन्ध जमींदारी प्रथा

से है। जमीन का लगान देने के लिए किसान कर्ज़ लेने पर बाध्य होता है, सामाजिक आवश्यकताएँ उसे उकसाती हैं और शोषण का यंत्र चालू रहता है। उसके पसीने की कमाई सूद बनकर महाजन के पेट में भरती जाती है और इस यंत्रणा से बचने के लिए कानून कचहरी कुछ भी उपयोगी सिद्ध नहीं होते। प्रेमचंद ने कोई आदर्शवादी समझौता 'गोदान' के अंत में नहीं रखा; शोषण का क्रम अबाध गति से चलता ही रहता है। उसका कारण सारा सामाजिक संगठन है और जब तक वह है तब तक महाजन भी हैं।

राजनीतिक आंदोलन

राजनीतिक आंदोलन का सबसे निर्बल रूप प्रेमचंद के सामने वह था जिसका सम्बन्ध कौंसिलों में जाकर सुधार करने से था। प्रेमचंद की क्रांतिकारी मनोवृत्ति का इस बात से पता चलता है कि उन्होंने कभी भी कौंसिलों में जाकर किसी रचनात्मक कार्यक्रम की सफलता में विश्वास नहीं किया। 'सेवासदन' तक में उन्होंने इन सुधारवादियों पर व्यंग्य किए हैं। सुमन की सहायता के लिए बिट्ठलदास ऐसे ही एक सज्जन के पास जाते हैं। डाक्टर श्यामाचरण "शहर के प्रधान राजनीतिक नेता थे, उनकी वकालत खूब चमकी हुई थी। शांति-भक्त थे, इसलिए उनके विरोध से न किसी को हानि थी, न उनके योग से किसी को लाभ।" ये कौंसिलर ऐसे ही निरीह प्राणी होते थे; उनके सामर्थ्य का इसी से पता चलता है कि लोगों की न उनसे बुराई हो सकती थी, न भलाई। मध्यवर्ग के खाते-पीते संतोषी व्यक्ति का प्रेमचंद ने सुंदर चित्र दिया है। उसके संतोष में देश की गरीबी का विचार यदि कुछ खलल डालता है, तो कौंसिलों में प्रश्न कर वह उसे शांत कर लेता है। इसलिए बिट्ठलदास के लिए वकील साहब का कार्यक्रम प्रश्नों का ही है और विट्ठलदास वहाँ से निराश होकर चले आते हैं।

'प्रेमाश्रम' के राय कमलानंद ऐसे दूसरे कौंसिलर हैं। ज्ञानशंकर से बजट पर एक भाषण तैयार करने को कहते हैं। ज्ञानशंकर ने आपत्ति की कि इस सम्बन्ध में उनका ज्ञान पर्याप्त न था, वह भाषण कैसे लिखते? रायसाहब ने कहा, अर्थ-सचिव की योग्यता और कार्यपटुता की प्रशंसा आवश्यक है। शिक्षा और स्वास्थ्य के लिए अधिक धन की आवश्यकता और पुलिस के व्यय में कमी आदि दो-चार मोटी बातों पर ज़ोर दे देना चाहिए। बजट स्पीच तैयार हो जायगी। रायसाहब ने कहा—"हमारा कोई प्रस्ताव माना तो जायगा नहीं। फिर बजट के लेखों को पढ़ना और उन पर विचार करना व्यर्थ है।" कौंसिलर भी जानता है कि कौंसिल में उसका अस्तित्व कोई महत्त्व नहीं रखता। फिर भी नेता बनने में सम्मान है, इसलिए यह ढोंग वह रचता है।

'रंगभूमि' के गांगुली बाबू एक दूसरा उदाहरण हैं। जानते हैं, कौंसिल में भाषण करने, प्रश्न करने, बहस करने, आदि का महत्त्व पानी चीरने के महत्त्व से ज्यादा नहीं है, कौंसिल में जीवन बिताकर गांगुली कहते हैं—"भगवान जिलाता है, तो भगवान ही मारता है। काउंसिल को सरकार बनाता है, और वह सरकार की मुट्ठी में है। जब जाति

द्वारा काउंसिल बनेगा, तब उससे देश का कल्याण होगा।" निर्जीव जीवन के आदी हो जाने से गांगुली बाबू को अब दूसरा रास्ता नहीं दिखाई देता। इंदु कहती है—"मैं तो ऐसी जिंदगी से मर जाना बेहतर समझूँ।" गांगुली मर कर भी कौंसिलर बनने की इच्छा करते हैं। गांगुली प्रभृति व्यक्तियों के चित्र प्रेमचंद की अन्य कृतियों में भी हैं। सभी भीतर से अपना खोखलापन जानते हैं; बाहर से दुनिया को ठगने के लिए एक आडम्बर रचे हुए हैं।

स्वभावतः प्रेमचंद को यदि आशा थी तो राष्ट्रीय आंदोलन से कि वह देश में परिवर्तन कर सकेगा। सन् 30 के आंदोलन को लेकर उन्होंने जो कहानियाँ लिखी हैं, उनसे मालूम होता है कि कांग्रेस के कार्यक्रम से उन्हें सहानुभूति थी। चर्खा, मद्य बहिष्कार आदि का उन्होंने समर्थन ही किया है। फिर भी उनका लक्ष्य वही नहीं था जो कि आंदोलन के नेताओं का था; वह या तो आंदोलन से बड़ी-बड़ी आशाएँ किए थे या समझते थे कि बड़े लक्ष्य की पूर्ति के लिए ये बहुत-सी प्रारम्भिक बातें करनी ही पड़ेंगी। प्रेमचंद अच्छी तरह जानते थे कि देश के जिस वर्ग को सहायता की सबसे ज्यादा ज़रूरत है, वह किसानों का है। "स्वराज्य किसानों की माँग है, उन्हें ज़िंदा रखने के लिए आवश्यक है, अनिवार्य है!" किसानों के सामाजिक संगठन का क्या रूप होगा, इसके बारे में वह दुविधा में न थे। ज़मीन किसानों को उनकी व्यक्तिगत सम्पत्ति के रूप में दे दी जाय, यह प्रेमचंद का लक्ष्य न था। 'प्रेमाश्रम' के अंत में तथा अन्य कहानियों में वह दिखा चुके थे कि किसानों को सहकारिता के आधार पर खेती करनी चाहिए। उनकी उन्नति के लिए यह सबसे उचित साधन है। 'प्रेमाश्रम' के अंत में मायाशंकर अपनी जमीन किसानों को दे देता है। प्रेमचंद की दृष्टि में सहकारिता-सिद्धांत पर खेती करने के लिए ज़मींदारों की ज़रूरत नहीं है। फिर भी राष्ट्रीय आंदोलन से ज़मींदारों को एकदम निकाल देना भी उनका लक्ष्य नहीं था। अप्रैल सन् 30 के 'हंस' में 'स्वराज्य से किसका अहित होगा?' लेख में उन्होंने इस बात पर ज़ोर दिया था कि स्वराज्य की ज़रूरत सबसे ज्यादा किसान को है लेकिन किसान का उपकार किसी का अपकार न होगा। ज़मींदारों को अवश्य नुकसान होगा परंतु आय घटने से तब वे समाज के सच्चे नेता बन सकेंगे। किसान लगान में जितनी कमी कराने से माने, उतनी कमी उन्हें करनी होगी; शायद 50 फीसदी तक।

प्रेमचंद का लक्ष्य था कि धीरे-धीरे उत्पादन के साधनों पर समाज का अधिकार हो जाय। स्वराज्य का संकुचित राष्ट्रीयता वाला अर्थ उन्होंने ग्रहण न किया था। आवश्यकता इसी बात की न थी कि अंग्रेज़ों को निकाल बाहर किया जाय वरन इस बात की भी कि उनके साथ समाज की व्यवस्था में भी परिवर्तन हो जाय। अपनी 'आहुति' कहानी में उन्होंने इस बात को बहुत स्पष्टता से कह दिया है। आनंद समाज में आगे भी सम्पत्ति का प्रभुत्व अनिवार्य समझता है। इसके विपरीत रूपमणि का लक्ष्य उस व्यवस्था को ही बदलना है। "अगर स्वराज्य आने पर भी सम्पत्ति का यही प्रभुत्व

बना रहे और पढ़ा-लिखा समाज यों ही स्वार्थांध बना रहे, तो मैं कहूँगी, ऐसे स्वराज्य का न आना ही अच्छा। अंग्रेजी महाजनों की धन लोलुपता और शिक्षितों का स्वहित ही हमें पीसे डाल रहा है। जिन बुराइयों को दूर करने के लिए आज हम प्राणों को हथेली पर लिये हुए हैं, इन्हीं बुराइयों को क्या प्रजा इसलिए सिर चढ़ाएगी कि वे स्वदेशी हैं? कम से कम मेरे लिए तो स्वराज्य का यह अर्थ नहीं है कि जान की जगह गोबिंद बैठा दिए जायँ। मैं समाज में ऐसी व्यवस्था देखना चाहती हूँ, जहाँ कम से कम विषमता को आश्रय मिल सके।" जो स्वराज्य-आंदोलन की आड़ में केवल पूँजीवादियों का परिवर्तन चाहते थे, उनसे प्रेमचंद कोसों दूर थे, यह स्पष्ट हो जाता है। बाद को जैसा कांग्रेसी मंत्रिमंडल बनने पर हमने देखा है, जान के स्थान पर गोबिंद ने किसान-मजूर आंदोलन को कुचलने की कोशिश की है। प्रेमचंद ने इनके राष्ट्रद्रोह को स्पष्ट कर दिया था। जो राष्ट्रीयता पूँजीवाद की समर्थक है, उसका उन्होंने विरोध किया था। नवंबर सन् '32 में उन्होंने हंस में लिखा था—"वर्तमान राष्ट्र यूरोप की ईजाद है और राष्ट्रवाद वर्तमान युग का शाप।"

इस राष्ट्रवाद के अभिशाप से बचने के लिए एक ही चारा था, समाजवाद। प्रेमचंद एक कट्टर समाजवादी न थे। उनकी कृतियों से यह नहीं जान पड़ता कि उन्होंने समाजवाद का शास्त्रवत् अध्ययन किया था या समाजवादी सिद्धांतों के अनुसार रचे गए साहित्य के अनुसार अपना साहित्य भी गढ़ने की चेष्टा की थी। परंतु इसीलिए उनका अनुभव हमारे लिए और भी मूल्यवान हो जाता है क्योंकि उन्होंने उसे पुस्तकों से न पाया था। वे किसानों में रहे थे; उनकी दशा में शीघ्र परिवर्तन की आवश्यकता का उन्हें बोध हुआ था और जिस परिवर्तित दशा में वह उन्हें देखना चाहते थे वह सहकारिता थी। अनेक पुस्तकों में उन्होंने अपने पात्रों को समाजवाद पर बहस करते सोचते-विचारते दिखाया है। परंतु 'गोदान' में मेहता भी, जो युनिवर्सिटी में प्रोफेसर हैं, समाजवाद के प्रकांड पंडित नहीं जान पड़ते। प्रेमचंद का चिंतन बहुत मौलिक था; समाजवादी क्रांति के सभी अंगों का सूक्ष्म विश्लेषण किए बिना भी उन्होंने अनुभव किया था कि हमारा आदर्श व्यक्तिगत सम्पत्ति से अलग समष्टिवादी होना चाहिए। 'महाजनी सभ्यता' में जैसा हम देख चुके हैं, वह आज की सामाजिक व्यवस्था में परिवर्तन चाहते थे। समाजवादी आदर्श की ओर चलने के लिए वह राष्ट्रवाद और किसी हद तक कथित भारतीयता को छोड़ने के लिए भी तैयार थे। सन् '33 में उन्होंने 'हंस' में लिखा था—"कम्यूनिज्म का प्रचार हो या न हो, पर समाज का आदर्श बदल गया है। भारत जैसे रूढ़ियों के गुलाम देश दस-बीस साल और परलोक-चिंतन में पड़े रहें, लेकिन संसार समष्टि की ओर जा रहा है और सच पूछो, तो समष्टिवाद की अनीश्वरता, जो हर आदमी के लिए समान अवसर की व्यवस्था करती है, जो किसी का जन्मसिद्ध या परम्परागत अधिकार नहीं मानती, ईश्वरता के कहीं निकट है।"

'समरयात्रा' तथा अन्य कहानियों में राष्ट्रीय आंदोलन के विभिन्न अंगों पर उन्होंने कहानियाँ लिखी हैं। शराब-बंदी, कपड़ों की दूकानों पर पिकेटिंग आदि का उन्होंने वर्णन किया है। उन दिनों के निकलने वाले बड़े-बड़ें जुलूसों के चित्र उन्होंने दिए हैं और उस समय का वह जन-कोलाहल उनके पृष्ठों में एक बार फिर सुनाई-सा देने लगता है। ऐसे चित्रण में समूह के मनोविज्ञान में प्रेमचंद ने अपनी गहरी पैठ का परिचय दिया है।

'प्रेमाश्रम' में एक जगह एक भीड़ डा. इर्फानअली को घेर लेती है। इर्फानअली ने गाँव के निर्दोष आदमियों के विरुद्ध बहस कर उन्हें सजाएँ दिलाई थीं। समूह में व्यक्ति अपना अकेला उत्तरदायित्व न समझकर प्रतिहिंसावादी और उद्धत हो जाता है। इर्फानअली को अपने बीच पाकर जनता उत्तेजित हो गई। उत्तेजना के साथ उसे परिहास करने की भी सूझती है। लोगों ने कहा—"मोटर से खींच लो, ज़रा इनकी खिदमत कर दी जाय। इसने जितने रुपए लिये हैं सब इसके पेट से निकाल लो।" प्रेमशंकर के बीच-बचाव करने पर एक ने कहा—"बिना कुछ जलपान किए इनकी अकल ठिकाने न आएगी।" केवल प्रेमशंकर के यह कहने पर कि इर्फाअली पर एक भी हाथ उठा तो उनकी लाश वहाँ दिखाई देगी, लोगों ने उन्हें जाने दिया।

'रियासत का दीवान' कहानी में जन-समूह का अंधविश्वास दिखाया गया है। कहीं भी नेता को सफलता मिलने पर जनता उसे चमत्कार का रूप देना चाहती है। पिछले आंदोलन के समय गांधीजी के बारे में बहुत-सी कथाएँ गढ़ी गई थीं : जैसे कि जेल के भीतर बैठे-बैठे वायसराय से मिले और फिर लौट आए। इस कहानी में दीवान साहब का लड़का जयकृष्ण राजा साहब से भेंट करता है। दोनों में वाद-विवाद हो जाता हैं और दीवान साहब उसे घर से निकाल देने का वचन देकर राजा को आश्वस्त करते हैं। इस घटना की चर्चा जनता में इस प्रकार होती है—"अजी, वह आदमी नहीं था भाई, उसे किसी देवता का अवतार समझो। महाराज के पास जाकर बेधड़क बोला—अभी बेगार बंद कर दीजिए; वरना शहर में हंगामा हो जायगा। राजा साहब की तो ज़बान ही बंद हो गई। बगलें झाँकने लगे। शेर है शेर! उम्र तो कुछ नहीं; पर आफत का परकाला है। और वह यह बेगार बंद कराके रहता हमेशा के लिए, राजा साहब को भागने की राह न मिलती। सुना, घिघियाने लगे थे। मुदा इसी बीच में दीवान साहब पहुँच गए और उसे देश निकाले का हुक्म दे दिया।" अपनी लाचारी की प्रतिक्रिया जनता अपने नेता के कार्य में देखती है और जितना ही वह मजबूर होती है, उतना ही महान होकर नेता का कार्य उसके सामने आता है। जो बात देखी-सुनी नहीं, उसे भी कल्पित कर जनता यथार्थ का रंग दे देती है। नेता देवता हो जाता है और उसका कार्य चमत्कार!

'कर्मभूमि' में जनसमूह के अनेक स्थलों पर बड़े मार्मिक चित्रण हैं। मुन्नी भिखारिन का, जिसने दो गोरों की हत्या की थी, अदालत में मुकदमा चल रहा था। हत्या उस

अभागिनी पर किए गए बलात्कार का प्रतिशोध था। इसलिए स्वभावतः वह अपनी मर्यादा रक्षा के लिए सचेत विद्रोही आत्मा का प्रतीक बनी हुई थी। डाक्टर ने कचहरी में बयान दिया था कि हत्या के समय वह अस्थिरचित्त न थी। जनता को यह बुरा लगा; यह जानकर उसे संतोष था कि हत्या जानबूझकर की गई है लेकिन मुन्नी को छुड़ाने के लिए वह इस बात को कचहरी में सुनने के लिए तैयार न थी। डाक्टर साहब के प्रति जनता के व्यवहार से उसकी विरोधी प्रतिक्रिया का पता चलता है। "जिस दिन वह बयान देकर निकले, उन्हें इतनी धिक्कारें मिलीं कि बेचारे को घर पहुँचना मुश्किल हो गया। ऐसे अवसरों पर जनता की इच्छा के विरुद्ध किसी ने चूँ किया और उसे धिक्कार मिली। जनता आत्म-निश्चय के लिए कोई अवसर नहीं देती। उसका शासन किसी तरह की नर्मी नहीं करता।" जनता की यह अंध-प्रवृत्ति दर्शाने के बाद ही प्रेमचंद पाठक का ध्यान उसकी सहृदयता की ओर खींचते हैं, जो सहृदयता विशेष अवसरों में उभरने पर एकदम निःस्वार्थ और सर्वस्व तक वार देने वाली हो जाती है। अमरकांत मुकदमे की पैरवी के लिए रुपए इकट्ठा कर रहा था। गरीब पठानिन ने भी उसे दो रुपए दिए। वह रूमाल बनाती थी और उन्हीं को बेचकर अपना और अपनी लड़की सकीना का पेट पालती थी। अमरकांत मुन्नी के लिए चंदा इकट्ठा करने से ही अपने आपको कुछ समझने लगा था क्योंकि एक लोकप्रिय कार्य के लिए आगे बढ़ने से वह भी लोकप्रिय हो गया था। "इन फाकेमस्तों का यह उत्साह देखकर उसकी आँखें खुल गईं।" जब उसने रुपए लेने से इंकार किया तो सकीना ने कहा—"जहाँ गरीबों के रुपए नहीं पूछे जाते, वहाँ गरीबों को कौन पूछेगा।" गरीबों के इस त्याग के प्रेमचंद ने अन्यत्र भी उदाहरण दिए हैं, मानो उनका त्याग महत्तम हो, उस त्याग के आगे लाखों की सम्पत्ति में हज़ार का त्याग दो कौड़ी का हो।

'पत्नी से पति' (समरयात्रा) कहानी में एक अंधा भिखारी मिस्टर सेठ की पत्नी के पास भीख माँगता पहुँचता है। सेठ को स्वदेशी वस्तुओं से घृणा है, श्रीमती सेठ को उनसे उतना ही प्रेम। वह अंधा लड़का खँजरी बजाकर गा रहा था—

"वतन की देखिए तक़दीर कब बदलती है।"

गोदावरी—श्रीमती सेठ—ने संदूक खोला लेकिन सब नोट और रुपए ही वहाँ थे। "पैसे अगर दो-चार मिल जाते, तो इस वक्त वह ज़रूर दे देती; पर वहाँ एक ही पैसा था, वह भी इतना घिसा हुआ था, कि कहार बाज़ार से लौटा लाया था।" कुछ असमंजस के बाद गोदावरी ने वह पैसा उस अंधे को दे दिया। दूसरे दिन पति से लड़-झगड़कर कांग्रेस के जलसे में गई। चंदे में उस अंधे लड़के ने भी एक पैसा दिया और वहाँ से हटकर फिर गाने लगा। सभापति ने कहा—"मेरी आँखों में इस एक पैसे की क़ीमत किसी अमीर के एक हज़ार रुपए से कम नहीं।" गोदावरी ने फिर उसी पैसे को दो सौ रुपए में खरीदा। कांग्रेस के आंदोलन की लोकप्रियता ऐसी घटनाओं से

भली भाँति प्रकट होती है; यदि ऐसा त्याग भी आंदोलन को पूरी तरह क्रांतिकारी न बना सका तो दोष नेताओं का है।

जनता में जीट हाँकने की जो प्रतिभा होती है, उसका प्रदर्शन भी 'कर्मभूमि' में हुआ है। मुन्नी के मामले में फैसला सुनने के पहले ही शांतिकुमार और सलीम तो खुल्लम-खुल्ला कहते फिरते थे कि जज ने फाँसी की सज़ा दे दी। कोई खबर लाता था—"फौज की एक पूरी रेजिमेंट कल अदालत में तलब की गई है।" जीट के साथ प्रतिहिंसा है और प्रतिहिंसा के साथ परिहास भी। लोग तय करने लगे कि जज को सज़ा क्या दी जाय जिससे मुन्नी के ऐसे मामले में वह फिर ऐसी सज़ा न दे। अमरकांत ने कहा, उसका बायकाट कर दिया जाय। सलीम ने इसे 'बनियों की बात' कहकर टाल दिया और अपना प्रस्ताव भी रखा। "अगर सबक़ ही देना है, तो ऐसा सबक़ दो, जो कुछ दिन हज़रत को याद रहे। एक आदमी ठीक कर लिया जाय जो ऐन वक्त, जब हज़रत फैसला सुनाकर बैठने लगें, एक जूता ऐसे निशाने से चलाए कि मुँह पर लगे।" और अंत में अमर भी इस प्रस्ताव से सहमत हुआ। यद्यपि सलीम और अमरकांत पढ़े-लिखे आदमी हैं, फिर भी यहाँ वे समूह की मनोवृत्ति से प्रभावित हैं और उसके अनुसार बातें करते-सोचते-विचारते दिखाए गए हैं।

जनता के उत्साह प्रकट करने के प्रकार भी विचित्र होते हैं। समूह की क्रियाओं में एक बचपन-सा होता है जो नियंत्रण के अभाव में ऊपर उठ आता है। मुन्नी के छूटने की खबर सुनकर "घनिष्ठ मित्रों में धौलधप्पा होने लगा। कुछ लोगों ने अपनी-अपनी टोपियाँ उठा लीं। जो मसखरे थे उन्हें जूते उछालने की सूझी।" और यही मसखरापना, यही बालकों का-सा उत्साह उन्हें गोलियों की बौछार के आगे भी निर्भीक और निश्चल बना देता है। आंदोलन के दिनों में स्वयंसेवकों पर लाठियों की मार एक साधारण बात थी। 'जुलूस' नाम की कहानी में उस समय के जुलूसों का चित्र मिलता है। "पूर्ण स्वराज्य का जुलूस निकल रहा था। कुछ युवक, कुछ बूढ़े, कुछ बालक झंडियाँ और झंडे लिये बंदेमातरम् गाते हुए माल के सामने से निकले। दोनों तरफ दर्शकों की दीवारें खड़ी थीं, मानो उन्हें इस जत्थे से कोई सरोकार नहीं है, मानो यह कोई तमाशा है और उनका काम खड़े-खड़े देखना है।" इनमें कुछ लोग तमाशे का आनंद तो लेना चाहते हैं, परंतु तमाशा करने वालों को गाली देकर अपनी सफाई भी देते जाते हैं। "महात्मा जी भी सठिया गए हैं। जुलूस निकालने से स्वराज्य मिल जाता, तो अब तक कब का मिल गया होता। और जुलूस में हैं कौन लोग, देखो—लौंडे, लफंगे, सिर-फिरे। शहर का कोई बड़ा आदमी नहीं।" ऐसी बातें पास में खड़े और आदमी सुन रहे थे जिन्हें वे पसंद न थीं। उन्हीं में से एक मैकू था जो "चट्टियों और स्लीपरों की माला गरदन में लटकाए खड़ा था।" उसने टिप्पणी करने वालों को जवाब दिया। "बड़े आदमी क्यों जुलूस में आने लगें, उन्हें इस राज में कौन आराम नहीं है। मर तो हम लोग रहे हैं, जिन्हें रोटियों का ठिकाना नहीं। इस बखत कोई टेनिस खेलता होगा,

कोई चाय पीता होगा, कोई ग्रामोफोन लिये गाना सुनता होगा, कोई पारिक की सैर करता होगा, यहाँ आएँ पुलिस के कोड़े खाने के लिए, तुमने भी खूब कही।" जुलूस का सरदार इब्राहीम था। हमला होते ही पहला डंडा इब्राहीम के लगा और वह सिर पकड़कर बैठ गया। उसे उठाने के लिए कई आदमी आगे बढ़े परंतु कोई सफल न हुआ। "सवारों के डंडे बड़ी निर्दयता से पड़ रहे थे। लोग हाथों पर डंडों को रोकते थे और अविचलित रूप से खड़े थे।" लोग चाहते तो सवारों की कतार को चीरकर निकल सकते थे परंतु उन्होंने अहिंसा का व्रत लिया था। "कितनों ही के सिरों से खून जारी था, कितनों ही के हाथ जख्मी हो गए थे। एक हल्के में यह लोग सवारों की सफों को चीर सकते थे; मगर पैरों में बेड़ियाँ पड़ी हुई थीं—सिद्धांत की, धर्म की, आदर्श की।"

प्रेमचंद के आगे यह समस्या थी कि किस सीमा तक इस अहिंसाव्रत का पालन किया जाय। समूह की मनोवृत्ति से पूरी तरह परिचित होने के कारण प्रेमचंद जानते थे कि उसके लिए सभी परिस्थितियों में शांत और निष्क्रिय रहना सम्भव नहीं था। जैसा कि हम ऊपर देख चुके हैं, प्रतिहिंसा समूह के चरित्र में सम्मिलित है और बार-बार उत्तेजना मिलने पर वह उभर भी सकती है। यही नहीं, किन्हीं परिस्थितियों में यह प्रतिहिंसा क्षम्य भी है। 'प्रेमाश्रम' में हम देख चुके हैं, मनोहर ने गौस खाँ का खून किया था परंतु इसके लिए प्रेमचंद ने उसकी भर्त्सना नहीं की। ऐसे ही 'कर्मभूमि' में सलीम का घोष बाबू पर आक्रमण है। निश्चय ही प्रेमचंद अहिंसा को नीति के रूप में ही ग्रहण करते हैं। उनकी अहिंसा का अर्थ निष्क्रियता नहीं है। मनुष्य के मान पर, स्त्री की लाज पर आक्रमण होने से प्रतिक्रिया को सक्रिय दंड के रूप में प्रकट होना ही चाहिए। 'इस्तीफा' कहानी में दफ्तर का साहब एक बाबू के कान पकड़ता है। बाबू बेचारे चुपचाप चले आते हैं परंतु बीवी के आगे यही कहते हैं कि वह साहब को ठोंक आए हैं। बीवी बड़ी प्रसन्न हुई और उसने कहा, यदि वह साहब को मारकर न आते तो सचमुच वह उन्हें कायर समझती। यह सुनकर बाबू को अपनी पतित अवस्था का भान होता है और वह साहब के डंडा लगाकर ही आते हैं। ऐसे ही 'जेल' कहानी में एक गाँव में पुलिस लगान वसूल करने में मदद देने जाती है। एक किसान के घर में घुसकर उसे पीटना शुरू करती है। वह मार खाता रहा परंतु उसकी स्त्री कानिस्टिबिलों को बकने लगी। एक सिपाही ने पकड़कर उसे नंगा कर दिया। किसान से यह न सहा गया। "न देह में बल है, न दिल में हिम्मत; पर मनुष्य का हृदय ही तो ठहरा! बेचारा बेदम पड़ा हुआ था। स्त्री का चिल्लाना सुनकर उठ बैठा और उस दुष्ट सिपाही को धक्का देकर ज़मीन पर गिरा दिया।" नतीजा वही हुआ जो हो सकता था। वह किसान तो मार ही डाला गया, उससे सहानुभूति दिखाने और जो कोई आया, वह भी मारा गया। "आधे गाँव का क़त्लाम करके पुलिस विजय के नगाड़े बजाती हुई लौट गई।" कट्टर से कट्टर अहिंसावादी भी शायद यह न कह सकेगा कि जनता के प्रतिहिंसात्मक

कार्यों का प्रेमचंद ने शुभ परिणाम दिखाया है, ऐसे कार्यों से भयंकर हानि होती है। परंतु प्रेमचंद के लिए एक मनुष्य का हृदय भी है। और उसकी धड़कन सुनकर मनुष्य अपने मनुष्यत्व की, मर कर भी, रक्षा करता है।

प्रेमचंद ने जनता के भीतर आंदोलन के प्रति विभिन्न वर्गों की प्रतिक्रिया देखी थी। बड़े-बड़े पूँजीपति कभी कठिनाई से राष्ट्रीयता की ओर झुकते, कभी फिर फिसल जाते; सरकारी हाकिम-हुक्काम अधिकांशतः आंदोलन के विरोधी रहे; मध्यवर्ग के लोग वादविवाद करते और फिर आंदोलन में भाग लेते और समाज के निम्नतम अंग गरीब मजूर और किसान उसे शक्ति देते थे। निर्धन और निर्बल की सहिष्णुता और त्याग का प्रेमचंद ने मार्मिक वर्णन किया है। फिर भी उन्होंने देखा था कि आंदोलन से जो आशाएँ थीं वे पूरी नहीं हुईं। इसका दोष उन्होंने देश के नेतृत्व के माथे पर ही रखा है। लोगों ने सूत काता, शराब और विदेशी कपड़ों पर धरना भी दिया; बिना किसी लाभ के डंडों का सामना करते रहे। प्रेमचंद ने जनता को दोष नहीं दिया। 'ग़बन' में खटिक के दो लड़के पिकेटिंग में पुलिस द्वारा पीटे जाकर मारे गए। उनकी स्मृति वह अब भी हृदय में बनाए है। उससे कोई पूछे आंदोलन क्यों असफल रहा। उसने तो अपना उत्तरदायित्व पूरी तरह निबाहा। "बेटों को गंगा में सौंपकर मैं सीधे बजाजे पहुँचा और उसी जगह खड़ा हुआ जहाँ दोनों वीरों की लहास गिरी थी। गाहक के नाम चिड़िए का पूत तक न दिखाई दिया। आठ दिन वहाँ से हिला तक नहीं। नवें दिन दूकानदारों ने कसम खाईं, कि बिलायती कपड़े अब न मँगावेंगे। तब पहरे उठा लिये गए। तब से विदेशी दियासलाई तक घर में नहीं लाया।" प्रेमचंद ने देखा था यह त्याग, ये भावनाएँ लक्ष्यहीन-सी हवा में चक्कर लगाकर जैसे कहीं विलीन हो गई थीं। देवीदीन खटिक जनता और जनता के नेताओं की तुलना करता है। "इन बड़े-बड़े आदमियों के किए कुछ न होगा। इन्हें बस रोना आता है; छोकरियों की भाँति बिसूरने के सिवा इनसे और कुछ नहीं हो सकता। बड़े-बड़े देशभक्तों को बिना बिलायती सराब के चैन नहीं आता। उनके घर में जाकर देखो तो एक भी देशी चीज न मिलेगी। दिखाने को दस-बीस कुरते गाढ़े के बनवा लिये, घर का और सब सामान बिलायती है। ··· अरे; तुम क्या देश का उद्धार करोगे! पहले अपना उद्धार तो कर लो! गरीबों को लूटकर घर भरना तुम्हारा काम है। इसीलिए तुम्हारा इस देश में जनम हुआ है। हाँ, रोए जाव। बिलायती सराबें उड़ाओ, बिलायती मोटरें दौड़ाओ, बिलायती मुरब्बे और अचार चखो ··· पर देश के नाम को रोए जाव। मुदा इस रोने से कुछ न होगा। रोने से माँ दूध पिलाती है, सेर अपना सिंकार नहीं छोड़ता।" इन शब्दों को हम आंदोलन के प्रति प्रेमचंद के दृष्टिकोण का द्योतक समझ सकते हैं। प्रेमचंद इस परिणाम पर पहुँचे थे कि आगे के लिए देश को नए नेतृत्व की आवश्यकता है जिसमें स्वार्थ त्याग अधिक हो, जो समाज के निर्धन वर्ग का ठीक-ठीक प्रतिनिधि हो, जो अंत में एक समाजवादी ढाँचे के अनुसार समाज का निर्माण करने वाला हो।

राष्ट्रीय आंदोलन की जड़ देश की निर्धनता में थी। उसे अग्रसर होने के लिए वहीं से प्रेरणा मिली थी। 'प्रेमाश्रम' के किसान, 'कर्मभूमि' के निर्धन चमार, इस वर्ग को ही शासन ने सबसे अधिक चूर कर दिया था। इन्हीं की एक बलवती चेष्टा जैसे आंदोलन के रूप में प्रकट हुई थी। पीढ़ियों से चली आती गरीबी जैसे दूर होने को थी, एक लुभावने स्वप्न ने उनकी आँखों को जैसे मोह लिया था। साथ ही दमन का दुःस्वप्न भी सामने था जो बार-बार कहता, नहीं, यह लुभावना स्वप्न व्यर्थ है, भुलावे में मत आओ। और अंत में उस दुःस्वप्न के बाद वही पहले वाला नग्न यथार्थ फिर रह गया। मध्यवर्ग ने साथ दिया; शहर की दूकानों में भले घर की महिलाओं ने धरना दिया, अपमान सहा। जहाँ-तहाँ उच्च धनिक वर्ग ने भी सहयोग दिया। परंतु आंदोलन में कुछ ऐसी कमी थी, कि वह निर्धन वर्ग के कष्ट दूर न कर सका। राष्ट्रीय चेतना का विकास हुआ सही, परंतु जैसे वह उच्च वर्गों के ही लिए। प्रेमचंद की आंदोलन के बाद की रचनाओं में जन-आंदोलन का रूप राष्ट्रीय नहीं है; वह केवल आर्थिक है, निर्धन वर्ग की रोटी की पुकार है। एक नए सिरे से आर्थिक संगठन का आदर्श उन्होंने देश के सामने रख दिया है; परंतु उसके लिए अभी सामूहिक चेष्टा नहीं दिखाई देती। वर्गों का उत्पीड़न चलता ही रहता है। प्रेमचंद में अथवा उनके युग में नए नेतृत्व का निर्माण नहीं होता, न वह जनता को दूसरी राह से आगे बढ़ने का आदेश करता है। उनका युग वहीं समाप्त हो जाता है परंतु प्रेमचंद उसकी कमियों को भली भाँति अपने पाठकों के सामने रख जाते हैं, जिससे आगे के लिए जनता और उसके नेता उचित शिक्षा ग्रहण कर सकें और आंदोलन को अधिक सफल बना सकें।

समाज से बहिष्कृत

समाज में सबसे निर्धन वर्ग किसानों का है परंतु उससे इतर एक और वर्ग है जो सम्पत्ति और मान-सम्मान में उससे भी गया-बीता है। यह वास्तव में वर्ग नहीं, क्योंकि वर्ग से एक संगठन का बोध होता है; इस वर्ग की सबसे बड़ी विशेषता विशृंखलता है। जैसा कि प्रेमचंद ने 'कर्मभूमि' में लिखा है, किसान के लिए खेती एक सम्मान की वस्तु है। चाहे आधे पेट दिन बीतें, चाहे कर्ज से सुलझने की सात जनम भी सम्भावना न हो, फिर भी किसान होकर वह गृहस्थ है। यह गर्व उसकी सारी दुर्गति की पुरौती कर देता है। परंतु किसानों से इतर, समाज से बहिष्कृत प्राणियों के इस वर्ग में दुर्गति तो है, पर उसकी पुरौती का कोई साधन नहीं है। इस वर्ग में समाज के दलित, चमार, मेहतर आदि तथा समाज में फैले आवारे, भिखमंगे और अनाथ बच्चे आते हैं। प्रेमचंद की सहानुभूति सहज ही उनकी ओर ढर आई है। समाज के विभिन्न वर्गों के चित्रण में उन्हें भी स्थान मिला है। वे किसी विस्तृत परिमाण पर किए गए आंदोलन में भाग नहीं लेते, सामाजिक क्रांति में उनका विशेष महत्त्व हो, ऐसा भी नहीं, फिर भी सामाजिक परिवर्तन में उन्हें भुलाया नहीं जा सकता। हरिजन-आंदोलन की महत्ता जो गांधीजी के लिए है, वह शायद प्रेमचंद के लिए न थी; स्वराज्य-प्राप्ति का साधन उनके लिए राष्ट्रीय आंदोलन था, न कि हरिजन-उद्धार। फिर भी उसका चित्रण प्रेमचंद ने किया है और सामाजिक क्रांति के लिए उसकी यथोचित महत्ता को भी स्वीकार किया है। उनके चित्रण में विशेषता यह है कि अन्य रोमांटिक लेखकों की भाँति उन्होंने अपने आवारों को आदर्श रूप में नहीं रखा, न समाज के शिक्षित व्यक्तियों को उनकी तुलना में नितांत अधम और पातकी ही बताया है। स्वार्थ-सेवा, आलस्य, व्यसनों से प्रेम आदि उनमें दुर्गुण हैं, परंतु ये दुर्गुण उस कलुषित सामाजिक व्यवस्था की ओर इंगित करते हैं, जिससे वे उत्पन्न होते हैं।

प्रेमचंद की प्रसिद्ध कहानी 'कफन' इसका उदाहरण है। प्रसववेदना से छटपटाती बुधिया की चीखें सुन माधव के मुँह में यही बात आती है, "मरना ही है तो जल्दी मर क्यों नहीं जाती?" उसके तड़पने-चीखने से उसका मर जाना ही अच्छा है। माधव आदर्श से दूर पूरा यथार्थवादी है; जीवन के प्रश्न इसी तरह जल्दी सुलझ जाने चाहिए। माधव और उसका बाप घीसू अपने आलस्य के लिए प्रसिद्ध हैं। जब लंघन होने लगते

तो लकड़ी तोड़ने चलते या मजूरी ढूँढते; नहीं तो घर में पड़े रहते। कर्ज़ माँगते और मौका लगने पर आलू-मटर भी खेतों से चुरा लाते। माधव का ब्याह हुआ था तो औरत गृहस्थी में सहायता देने लगी थी; वैसे ही इन दोनों का आलस भी बढ़ गया था। कोई काम को बुलाता तो दूनी मजूरी माँगते परंतु जब वह स्त्री मर रही थी तो दोनों सोचते थे कि मर जाय तो आराम से सोएँ। एक दूसरे को कोंच रहा था कि वह भीतर जाकर औरत का हाल देख आवे परंतु दोनों ही टालते रहे कारण कि राख में आलू गड़े थे और वे समझ रहे थे कि एक भीतर गया तो दूसरा बहुत से आलू साफ कर देगा।

प्रेमचंद ने इस जघन्य आलस्य और स्वार्थपरता का कारण बताया है। ये चमार देखते थे कि एक ओर किसान जीतोड़ परिश्रम करते हैं परंतु उनकी दशा हमसे अच्छी नहीं है, दूसरी ओर किसानों की मेहनत से लाभ उठाने वाले मौज करते हैं; इसलिए वे इसी नतीजे पर पहुँचे कि भूखों ही मरना है तो बिना काम किए मरा जाय, काम भी करे और भूखों भी मरे तो फायदा क्या? अपनी गरीबी में उन्हें संतोष था कि उनकी मेहनत से कोई बेजा फायदा नहीं उठा रहा। और इसीलिए जब सबेरे उनकी स्त्री के मर जाने पर गाँव से कफन के लिए उन्हें पैसा मिलता है तो वे कफन न खरीदकर पूड़ी खाते हैं और ताड़ी पीकर नाचते-गाते हुए बेहोश होकर गिर पड़ते हैं। गिरते-गिरते इस अधम अवस्था को पहुँची मनुष्यता के लिए समाज की वह व्यवस्था उत्तरदायी है जिसमें मेहनत करने वाले भूखों मरते हैं और आलसी और निकम्मे उससे फायदा उठाते हैं। इन चमारों में और समाज के उन अमीर आलसियों में अंतर इतना है कि एक असफल हैं, दूसरे सफल। घीसू में "यह शक्ति न थी कि बैठकबाज़ों के नियम और नीति का पालन करता। इसलिए जहाँ उसकी मंडली के और लोग गाँव के सरग़ना और मुखिया बने हुए थे, उस पर सारा गाँव उँगली उठाता था।"

'मानसरोवर' के दूसरे भाग में छपी प्रेमचंद की एक सुंदर कहानी है, 'दूध का दाम'। बाबू महेशनाथ गाँव के जमींदार थे। उनके बच्चों को सौर में दूध पिलाने मूँगी मेहतरानी आती थी। तीन कन्याओं के बाद राम-राम करते महेशनाथ के लड़का हुआ। दूसरे के बच्चे को पालती थी, अपना बच्चा दुबला होता जाता था। दुर्भाग्य से मूँगी के पति गूदड़ की मृत्यु हो गई और कुछ वर्षों के बाद मूँगी को साँप ने डस लिया। बचपन में ही उसका लड़का मंगल अनाथ हो गया। जमींदार के दरवाजे एक नीम के नीचे वह पड़ा रहता। जाड़ा-गर्मी-बरसात में वह धीरे-धीरे बढ़ने लगा। उसके साथ एक कुत्ता था जो उसी की भाँति अनाथ और अपने समाज में तिरस्कृत था। दोनों में सहज ही मैत्री हो गई। साथ ही जमींदार के लड़के सुरेश ने भी मंगल से दोस्ती करनी चाही लेकिन निभी नहीं। सुरेश मंगल को घोड़ा बनाकर उस पर सवारी करना चाहता था परंतु मंगल राज़ी न हुआ। फल यह हुआ कि मंगल की शिकायत हुई और उसे वहाँ से निकल जाने की आज्ञा मिली। मंगल में मानापमान की भावना न थी; गाली

खाकर उसे निकलना ही पड़ा। अपने सकोरे और टाट का टुकड़ा उठाकर वहाँ से वह चल दिया।

टामी के साथ मंगल दूर चला आया परंतु भूख जोर मारने लगी। टामी और मंगल में मौन सम्भाषण होने लगा। मंगल सुरेश के घर की जूठन की कल्पना करने लगा, वह जूठन व्यर्थ ही घूरे पर फेंक दी जायगी! अंत में भूख से व्याकुल मंगल फिर सुरेश के घर चला। अँधेरे में दुबककर एक ओर खड़ा हो गया। देखा, सुरेश और महेश भोजन कर रहे हैं। नौकर आपस में खुश हो रहे थे कि मंगल चला गया, सबेरे-सबेरे भंगी का मुँह देखना पड़ता था। कहार पत्तल में जूठन बटोरकर फेंकने जा रहा था; तब मंगल सामने आया। कहार ने पत्तल मंगल को दे दी। मंगल ने अपने साथी कुत्ते का सिर सहलाकर कहा—"देखा, पेट की आग ऐसी होती है। यह लात की मारी हुई रोटियाँ भी न मिलतीं, तो क्या करते?" और मंगल ने याद किया, सुरेश को उसकी माँ ने पाला था जबकि वह स्वयं भूखा रखा गया था। दूध का यही दाम उसको मिला था। यह संसार का वही पुराना व्यापार था। दूसरे की सेवा पर जीने वाले स्वार्थियों की समाज-व्यवस्था जो मनुष्य में मानापमान की भावना नहीं रखती, उनमें केवल भय रह जाता है। जूठन को छोड़कर वह भागना चाहता है, परंतु पेट की आग उसे फिर वहीं खींच लाती है, बराबर आघात होने से कुंद हुई मनुष्यता उसे वहाँ आने से रोक नहीं पाती।

'प्रेम का उदय' (प्रेरणा) कहानी में प्रेमचंद ने कंजड़ों के जीवन का चित्र दिया है। अपने भैंसे और गधों के साथ यहाँ-वहाँ चलते हुए ये अपना जीवन बिताते हैं। पुलिस की निगरानी होने पर भी इनका मुख्य धंधा चोरी है। उनके सामाजिक आदान-प्रदान सब अपनी ही बस्ती में होते हैं। "इस दुनिया के बाहर वाला अखिल संसार उनके लिए केवल शिकार का मैदान था।" अपने सिरकियों के डेरे डालकर ये गाँवों-शहरों के बाहर कुछेक दिन को टिक जाते; उस "तीन हाथ चौड़ी और चार हाथ लम्बी सिरकी के अंदर एक-एक पूरा परिवार, जीवन के समस्त व्यापारों के साथ, कल्पवास से" करता रहता। इन्हीं में एक भोंदू कंजड़ था जो सबसे अलग मेहनत करके जीना चाहता था। कभी मजूरी मिलती कभी न मिलती; इसी से उसकी स्त्री बंटी उससे बहुत असंतुष्ट थी। दूसरी औरतों को बना-ठना देखकर उसे सहज ही ईर्ष्या होती। उसने अपने पति को धमकी दी कि अगर वह उसके बनाव-सिंगार के लिए और सचेष्ट न होगा तो वह उसे छोड़ देगी। निदान भोंदू ने चोरी की और पकड़ा गया। वह चोरी स्वीकार न करता था, तब पुलिस ने उसे अनेक प्रकार की यंत्रणा दी; बंटी भी बुलाई गई। पति की यंत्रणा देख उसने चोरी का हाल बता दिया। अंत में बंटी की ईर्ष्या शांत हो जाती है और कमाने में वह भी पति से योग देने लगती है। कंजड़ों के जीवन की अस्थिरता, उनकी निर्धनता और असामाजिकता तथा संगठित समाज की उनके प्रति असहानुभूतिपूर्ण दृष्टि का प्रेमचंद ने मार्मिक चित्रण किया है।

'मंत्र' (पाँच फूल) कहानी में एक बूढ़ा गरीब अपने लड़के को दिखाने डा. चड्ढा के पास आता है। डा. साहब उसे देख नहीं सकते क्योंकि उनके खेलने का समय हो गया है। लड़का मर जाता है। एक दिन डा. चड्ढा के लड़के को साँप काटता है; सारे उपचार व्यर्थ जाते हैं। बूढ़ा साँप का विष झारता था। उसे भी खबर लगी। वह प्रसन्न हुआ की भगवान ने बदला ले लिया। बुढ़िया से इस प्रसन्नता में एक चिलम और भरने को कहा। आधी रात हो गई थी। बुढ़िया तो सो गई परंतु बूढ़े को नींद न आई। आज यह पहला अवसर था जब साँप काटने का समाचार सुनकर वह घर पर बैठा रहा था। अंत में वह चला और उसके उपचार से डा. साहब का लड़का अच्छा भी हो गया। परंतु जब लोग लड़के के जीने की खुशियाली में थे, तभी वह वहाँ से चल दिया, डा. चड्ढा के प्रति उसी घृणा से भरा हुआ, उनके इनाम-इकराम की रंच भर भी चिंता न करता हुआ। चाहे इसे बूढ़े की सहृदयता कहें, चाहे उसका स्वभाव जो उसे साँप काटने का हाल सुनते ही यहाँ तक खींच लाया, उसका कार्य डा. चड्ढा से कहीं उदार था। फिर भी एक डा. चड्ढा हैं ज़िनके दवाखाने की साफ-सुथरी जमीन पर बूढ़े को पैर रखते भी भय हो रहा था कि कहीं कोई घुड़क न बैठे। दूसरा वह बूढ़ा है जिसके घर में न खटिया है न बिछौना; थोड़े से पुआल में बूढ़ा-बुढ़िया जाड़ा काटते थे। बुढ़िया सूखी लकड़ियाँ और उपले बटोरती और बूढ़ा सन बटता। प्रेमचंद ने उनके जीवन की नीरसता का बोध कराते हुए लिखा है—"उन्हें न किसी ने रोते देखा, न हँसते। उनका सारा समय जीवित रहने में कट जाता था।" कल की चिंता थी, सन उधार मिलेगा नहीं, पहले के पैसे नहीं दिए। फिर भी बूढ़ा डा. के लड़के को अच्छा करने गया; वहाँ से बहुत-सा रुपया पा सकता था, परंतु उसकी घृणा उसे वहाँ से खींच लाई। और कल फिर वही जीते रहने की समस्या उसके सामने थी।

'जुरमाना' (क़फन) कहानी में म्यूनिसिपैलिटी के मेहतरों का चित्रण किया गया है। एक मेहतरानी अलारखी है जिससे दरोगा हमेशा नाराज़ रहते हैं और हर महीने जुरमाना किया करते हैं। एक दिन हठात उसके मुँह से दरोगा के लिए गाली निकल जाती है और तब दरोगा सीधे हो जाते हैं। महीने के अंत में तनखाह बांटने के दृश्य का प्रेमचंद ने बड़ा सुंदर वर्णन किया है। "हजारों मेहतरानियाँ जमा थीं, रंग-बिरंग के कपड़े पहने, बनाव-सिंगार किए। पान-सिगरेट वाले भी आ गए थे, खोंचे वाले भी। पठानों का एक दल भी अपने आसामियों से रुपए वसूल करने आ पहुँचा था।" अलारखी को जब पूरी तनखाह मिलती है, तब वह खड़ी की खड़ी रह जाती है, क्योंकि तीन साल में ऐसी घटना एक बार भी न हुई थी। 'ठाकुर का कुआँ' (सरमयात्रा) गाँव की एक साधारण समस्या की कहानी है; ऊँची जाति के लोगों के कुएँ पर चमारों को पानी नहीं भरने दिया जाता। जोखू बीमार था; चमारों के कुएँ में कोई जानवर गिरकर मर गया था, उसका बदबूदार पानी जोखू से पिया न गया। उसकी स्त्री रात में छिपकर ठाकुर के कुएँ से पानी भरने गई। वड़ा जगत तक आया ही था कि ठाकुर के घर का दरवाज़ा

खुला। मारे भय के उसके हाथ से घड़ा छूटकर कुएँ में गिर पड़ा और वह घर की ओर भागी। ठाकुर कौन है, कौन है, की पीछे पुकार लगाते ही रहे। उस स्त्री का यह भय, चमारों के जीवन की यह छोटी-सी घटना, उन पर पीढ़ियों से होते आते अत्याचार की ओर इंगित करती है।

'सद्‌गति' (प्रेरणा) में उन्होंने चमार के हृदय में समाए हुए युग-युग के अंधविश्वास और ब्राह्मण के प्रति उसकी श्रद्धा को अंकित किया है। दुखी चमार लड़की के ब्याह के लिए साइत विचारने एक पंडित के यहाँ जाता है। घास का गट्ठर नजराने में ले जाता है। पंडितजी के दरवाजे झाड़ू लगाता है, गोबर से लीपता है, खलिहान से भूसा उठाता है और लकड़ी चीरता है। पंडिताइन उसके भोजन के लिए प्रस्ताव करती हैं, परंतु पडित यह सुझाकर कि वह सेर भर अन्न खा जायगा, प्रस्ताव को रद्द कर देते हैं। लकड़ी में गाँठ थी, फाड़े न फटती थी। पंडितजी भोजन के बाद सोकर उठे और दुखी को ललकारा। दुखी जी छोड़कर कुल्हाड़ी चलाने लगा। भूखे पेट उसकी इंद्रियाँ शिथिल हो रही थीं परंतु कन्या के विवाह का विचार उससे जबरन काम कराए जाता था। "पेट, पीठ में धँसा जाता था, आज सबेरे जलपान तक न किया था। अवकाश ही न मिला। उठना भी पहाड़ मालूम होता। जी डूबा जाता था; पर दिल को समझा कर उठा। पंडित हैं, कहीं साइत ठीक न विचारें, तो फिर सत्यानाश ही हो जाय। जभी तो संसार में इतना मान है। साइत ही का तो सब खेल है, जिसे चाहें बना दें, जिसे चाहें बिगाड़ दें।" ब्राह्मण के प्रति यही श्रद्धा उसके प्राण ले लेती है। लेकिन फिर समस्या उठ खड़ी हुई लाश उठाने की। ब्राह्मण ठाकुर का चमार की लाश उठाना तो कल्पना से परे था ही; एक गोंड़ ने चमारों को भी मना कर दिया कि लाश न उठाएँ, नहीं तो पुलिस उन्हें पकड़ लेगी, पंडित ने चमार की जान ली है, फँसने दो! पंडितजी ने बहुत समझाया परंतु चमारों में कोई लाश उठाने को राजी न हुआ; उल्टे चमारिनें आकर वहाँ रोने-चिल्लानें लगीं और वह होहल्ला सुनते-सुनते पंडिताइन के कान पक गए। पंडित को भी गाँव के आदमी ठेना देने लगे। उधर से कुएँ की राह थी, चमार की लाश के कारण लोग पानी भरने न जा सकते थे। धीरे-धीरे लाश की दुर्गंध भी फैलने लगी। अंत में पंडितजी ने ही हिम्मत कर रात में उसके पैर में रस्सी का फंदा कसा और उसकी लाश को गाँव के बाहर घसीटकर डाल आए। लौटकर स्नान किया, दुर्गापाठ पढ़ा और गंगा-जल छिड़का! "उधर दुखी की लाश को खेत में गीदड़ और गिद्ध, कुत्ते और कौए नोच रहे थे। यही जीवन-पर्यंत की भक्ति, सेवा और निष्ठा का पुरस्कार था।" जिस ब्राह्मणत्व ने दुखी चमार के हृदय में श्रद्धा और आतंक भर दिया था, उसी का यह बीभत्स चित्र पाठक के सामने आता है। आर्थिक शोषण की जड़ मज़बूत रखने के लिए धार्मिक ढकोसले अपनी पूरी शक्ति से सहायता करते हैं। जब इन शोषकों के हित में ठेस लगती है, तब वे प्रेमचंद को घृणा का प्रचारक कहते हैं। महाजनों, जमींदारों, महंत-पंडितों के प्रति प्रेमचंद ने बराबर घृणा दिखाई है, परंतु यह

घृणा उनके वर्ग के प्रति है, उनके शोषण के प्रति। इन्हीं वर्गों से अपनी प्रशंसा के लिए भी उन्होंने पात्र चुने हैं। यह स्वाभाविक है कि अधिकतर उनकी सहानुभूति पीड़ितों के साथ रही है।

'कर्मभूमि' के दूसरे भाग में चमारों की उस बस्ती का वर्णन है जहाँ अमरकांत अपना घर छोड़कर रहने आता है। बीस-पच्चीस झोंपड़ों का यह गाँव था। "पत्थर के रोड़ों को तले-ऊपर रखकर दीवारें बना ली गई हैं। उन पर छप्पर डाल दिया गया है। द्वारों पर बनकटे की टट्टियाँ हैं। उन्हीं काबुकों में उस गाँव की जनता अपने गाय-बैलों, भेड़-बकरियों को लिये अनंत से विश्राम करती चली आती है।" अमरकांत इन्हीं झोंपड़ों में रहना सीखता है। देश की दरिद्रता अपने चरम बीभत्स रूप में उसके सामने आती है। गंदे घरों में अमरकांत अपने हाथ से झाड़ू देता है और वहाँ के रहने वालों को सफाई से रहना सिखाता है। वहीं वह एक छोटी सी पाठशाला खोलता है जहाँ चमारों के लड़के पढ़ने आते हैं। यहीं एक दिन चमार खाने के लिए एक मुर्दा गाय लाते हैं। बच्चे गाय को देखकर उछलने-कूदने लगते हैं। अमरकांत के भीतर ऐसी भयानक प्रतिक्रिया होती है कि उसका सुधारवाद लुप्त हो जाता है और वहाँ से वह भाग जाना चाहता है। उसकी सहायता के लिए मुन्नी आती है और गाय के आगे सत्याग्रह करती है। चमार गाय खाना चाहते हैं परंतु अमरकांत को देख उनमें से कुछ गाय-मांस खाने का विरोध करते हैं। मुन्नी का हठ चरम सीमा को पहुँच जाता है; लोग उसे गाय से अलग घसीटकर दूर कर देना चाहते हैं परंतु इससे दूसरा दल मज़बूत हो जाता है और अंत में उस दल की ही विजय होती है। गाय का मांस नहीं खाया जाता। चमारों की अशिक्षा, अंधविश्वास, उनकी ग़रीबी और गंदगी, उनके रीति-रिवाजों आदि का प्रेमचंद ने यहाँ एक वृहत चित्र तैयार किया है। समाज के इन बहिष्कृतों से प्रेमचंद ने अपनी सहानुभूति ही नहीं दिखाई, अपने यथार्थ चित्रण से उस वर्ग से आत्मीयता का परिचय दिया है और अमरकांत को वहाँ भेजकर उसे शिक्षा, लगानबंदी आदि में भाग लेता दिखाकर ऐसे कार्य की आवश्यकता पर ज़ोर दिया है और उसे पूरा करने के प्रणाली पर प्रकाश डाला है।

'कर्मभूमि' के तीसरे भाग में प्रेमचंद ने शहर के अछूत आंदोलन का चित्र पाठक के सामने रखा है। एक ठाकुरद्वारे में कई दिन से कथा हो रही थी; एक दिन एक ब्रह्मचारीजी ने देखा कि श्रोताओं के पीछे कुछ अछूत भी बैठकर कथा सुनने आते हैं। ब्रह्मचारीजी जब उन्हें उठाने लगे तो और लोगों का भी ध्यान उधर गया। लाला समरकांत ने सभों को मारकर निकाल देने की आज्ञा दी। एक बूढ़े अछूत ने कहा कि वे लोग तो जूतों के पास बैठे थे। परंतु ब्रह्मचारीजी के लिए जूता पवित्र था, जूता बनाने वाला अपवित्र। यहाँ से वहाँ तक एक दरी बिछी हुई थी और इसलिए प्रसाद, चरणामृत आदि सभी नष्ट हो गया था। जब लोगों को मालूम पड़ा कि ये लोग रोज़ ही आकर उस मंदिर को इस प्रकार भ्रष्ट किया करते थे तो उन्हें बड़ा क्रोध आया। पवित्र जूते

उठाकर अपवित्र चमारों को मारने लगे। कुछ अछूतों के समर्थक जूतों का जवाब डंडों से देने वाले थे, कि डॉ. शांतिकुमार ने वहाँ पर शांति स्थापित की। शांतिकुमार ने ब्रह्मचारी और उनके भगवान दोनों को ललकारा। "अंधभक्तों की आँखों में धूल झोंककर यह हलवे बहुत दिन खाने को न मिलेंगे, महाराज! अब वह समय आ रहा है, जब भगवान भी पानी से स्नान करेंगे, दूध से नहीं।" इसके बाद शांतिकुमार अपनी मंडली के साथ वहाँ से चले गए और कथा भी आगे न बढ़ सकी।

दूसरे दिन शांतिकुमार ने अछूतों को मंदिर में ठाकुरजी के दर्शन करने के लिए उत्तेजित किया। मंदिर का प्रश्न जितने महत्त्व का उच्च वर्ग या अछूतोद्धारकों के लिए है, उतना शायद स्वयं अछूतों के लिए नहीं। शांतिकुमार के शब्द बारूद में चिंगारी का काम कर रहे थे, फिर भी "लोगों ने पगडियाँ सँभालीं, आसन बदले और एक दूसरे की ओर देखा, मानो पूछ रहे हों—चलते हो या अभी कुछ सोचना बाकी है। और फिर शांत हो गए। साहस ने चूहे की भाँति बिल से सिर निकालकर फिर अंदर खींच लिया।" कुछ ने यह भी कहा—"अपना मंदिर लिये रहें, हमें क्या करना है।" परंतु नैना और शांतिकुमार उन्हें बराबर उत्तेजित करते रहे और अंत में लोग उठकर ठाकुरजी के दर्शन करने चले। मंदिर के ठाकुरजी, और ठाकुरजी वाला धर्म कितना निर्जीव है यह लोगों के निरुत्साह से प्रकट होता था। "ज्यों-ज्यों मंदिर समीप आता जाता था, लोगों की हिम्मत कम होती जाती थी। जिस अधिकार से ये सदैव वंचित रहे, उसके लिए उनके मन में कोई तीव्र इच्छा न थी। वह विश्वास जो न्यायज्ञान से पैदा होता है, वहाँ न था। समूह की धौंस जमाकर विजय पाने की आशा ही उन्हें आगे बढ़ा रही थी।" चमारों के लिए सबसे महत्त्वपूर्ण प्रश्न ठाकुरजी का नहीं है; जिस प्रश्न से उनकी दशा का निकट सम्बन्ध है, वह आर्थिक है। चमार मंदिर में जाने लगे तो पंडे पुजारियों की ही आय बढ़ेगी; चमारों का क्या भला होगा? ठाकुरजी के प्रसाद से उनका पेट तो भरेगा नहीं; मोहनभोग पंडों के लिए ही रहेगा। अछूतों की समस्या के आर्थिक पहलू पर प्रेमचंद ने 'कर्मभूमि' में अन्यत्र प्रकाश डाला है।

भीड़ मंदिर तक पहुँची। शांतिकुमार और पुजारियों में मौखिक युद्ध हुआ, उसके बाद डंडों से प्रहार हुआ। भगदड़ पड़ गई और शांतिकुमार डंडा खाकर वहीं गिर पड़े! जो काम ठाकुरजी ने न किया वह मनुष्य ने किया। बात ठाकुरजी ही तक रहती तो लोग मार खाकर शायद घर बैठ रहते, परंतु शांतिकुमार के चोट आ गई थी इसलिए अब आन का प्रश्न हो गया और चमारों ने संगठित होकर मंदिर पर धरना देना शुरू किया। यही नहीं, उन्होंने मंदिर में दर्शन के लिए जाने वालों का मार्ग ही बंद कर दिया। नतीजा यह हुआ कि पुलिस बुलाई गई और कप्तान ने फायर करने का हुक्म दे दिया। गोलियों के आगे चमार डटे रहे परंतु उन्हें उत्तेजित करने वाले कुछ नेता भाग खड़े हुए। स्वामी आत्मानंद ने नैना को बताया, वह किस प्रकार गोलियों से भागते हुए जान बचा पाए थे। नैना ने अपने मन में कहा—"यह महाशय संन्यासी

बनते हैं, फिर भी इतने डरपोक! पहले तो गरीबों को भड़काया और जब मार पड़ी, तो सबसे आगे भाग खड़े हुए।" अंत में अछूतों का नेतृत्व करने के लिए सुखदा आई; अपनी बहू पर लाला समरकांत भी गोली न चलवा सकते थे। निदान अछूतों की विजय हुई। लाशें गंगा के किनारे जला दी गईं और दूसरे दिन मंदिर में भारी समारोह हुआ। यह प्रेमचंद की सूक्ष्म दृष्टि थी जिसने इस मंदिर-प्रवेश के आर्थिक पहलू को भी देखा। इस समारोह से किसे लाभ था, चमारों को या पंडे पुजारियों को? ठाकुरजी की उपासना के ठेकेदार वही रहे; लगान-वसूली में बढ़ती हुई। "ब्रह्मचारी आज फिर विराजमान हो गए थे, और जितनी दक्षिणा उन्हें आज मिली, उतनी शायद उम्र-भर में न मिली होगी।" इसलिए स्वाभाविक था कि "उनके मन का विद्रोह बहुत कुछ शांत हो गया।"

अछूतोद्धार के लिए मंदिर-प्रवेश अवश्य ही प्रेमचंद के लिए बहुत महत्त्व का साधन न था। देश में जैसा आंदोलन हुआ था उसका उन्होंने चित्रण किया है। चमारों ने डंडे और गोलियाँ खाईं; फलस्वरूप उन्हें मंदिर में जाने की आज्ञा मिल गई परंतु इससे जेब भरी पुजारी ही की। प्रेमचंद ने इस गांधीवादी हरिजनोद्धार से अलग उचित कार्यक्रम के लिए दूसरा मार्ग दिखाया है। वह है उनमें नवयुवकों द्वारा शिक्षा प्रचार का। इस सफाई और पढ़ाई-लिखाई का ध्येय भी उन्हें आर्थिक स्वतंत्रता देना ही है। इसलिए अमरकांत के आरम्भिक कार्यों की परिणति लगान-बंदी आंदोलन में होती है। यद्यपि प्रेमचंद ने स्पष्ट कर दिया है कि प्रचलित रीति से लगान-बंदी का आंदोलन चलाने पर उसकी सफलता निश्चित नहीं है, फिर भी उन्हें उस समस्या की महत्ता में कोई संदेह नहीं है। प्रेमचंद ने जहाँ-जहाँ अछूतों आदि के चित्र दिए हैं, वहाँ वे उनकी हीनता के आर्थिक कारणों की ओर इंगित करना नहीं भूले। उनमें गंदगी है, घिनौनापन है, अमानुषिकता है, आलस्य है, चोरी शराब के दुर्गुण हैं, मरे जानवरों का वे मांस खाते हैं, परंतु क्यों? इसलिए कि समाज का उच्च वर्ग इसी कोटि के पाप करने के लिए स्वछंद है। उस वर्ग के उत्पीड़न ने इन्हें नितांत निर्धन और निर्बल बना दिया है; साथ ही अनके आगे आलस्य और अमानुषिकता का आदर्श भी रखा है। 'कफन' के घीसू और माधव का तर्क समाज-व्यापी तर्क है। समाज के सम्पन्न व्यक्ति हमारे आगे परिश्रम और ईमानदारी का आदर्श नहीं रखते! धोखाधड़ी पर उनका मान-सम्मान स्थिर है। नैना के शब्दों में "आधी रात तक इसी मंदिर में जुआ खेलते हो, पैसे-पैसे पर ईमान बेचते हो, झूठी गवाहियाँ देते हो, द्वार-द्वार भीख माँगते हो, फिर भी तुम धर्म के ठेकेदार हो। तुम्हारे तो स्पर्श से ही देवताओं को कलंक लगता है।" ये देवताओं को कलंकित करने वाले मंदिरों में बने ही रहते हैं, मंदिर-प्रवेश से लाभ क्या होगा? इनकी मदद के लिए मोटे-मोटे सेठ हैं जो निरीह प्राणियों पर गोलियाँ चलवाते नहीं झिझकते। "जिस धर्म की रक्षा गोलियों से हो, उस धर्म में सत्य का लोप समझो!" फिर इस सत्यहीन धर्म की रक्षा किसलिए? उसकी रक्षा करने वाले सेठों की आवश्यकता

किसलिए? अमरकांत के कटु शब्दों में "तुम सब मोटी तोंद वाले हरामखोर हो, पक्के हरामखोर हो! तुम मुझे नीच समझते हो! इसलिए कि मैं अपनी पीठ पर बोझ लादे हुए हूँ। क्या यह बोझ तुम्हारी अनीति और अधर्म के बोझ से ज्यादा लज्जास्पद है, जो तुम अपने सिर पर लादे फिरते हो और शर्माते ज़रा भी नहीं।" और जब तक समाज से इस हरामखोरी का अंत न होगा तब तक समाज के इन बहिष्कृतों का उद्धार भी असम्भव है।

समाज की मर्यादा

प्रेमचंद के समाज-सुधार का केंद्र था परिवार। समाज के प्रति उनका दृष्टिकोण बहुत कुछ पुराना था, अर्थात पुराने आदर्शों को भूमिसात् किए बिना ही वह समाज के संगठन में परिवर्तन करना चाहते थे। पुराने आदर्शों के वे अंधभक्त न थे, यह तो सभी पर प्रकट है; उन आदर्शों में जो अच्छा था, प्रेमचंद उसे ग्रहण करने के पक्ष में थे। प्रेमचंद ने उन छोटी-छोटी समस्याओं पर विशेष ध्यान दिया है जो नित्यप्रति जीवन में आती हैं और न सुलझने पर उसे बहुत कुछ विशृंखल बना देती है। इन अच्छे आदर्शों में संयुक्त परिवार के आदर्श को प्रेमचंद अपने देश के लिए हितकर समझते थे और उसे बनाए रखने पर उन्होंने ज़ोर दिया है। इससे पारस्परिक प्रेम-भाव ही नहीं बढ़ता, आर्थिक समस्या के सुलझने में भी कुछ सहायता मिलती है। विशेषकर गाँव में अकेले आदमी को खेती करने में बड़ी कठिनाई होती है। संयुक्त परिवार में लड़ाई-झगड़ा होने पर भी किसानी का काम सरल हो जाता है। और गाँवों में आए दिन किसी न किसी रूप में बँटवारे की समस्या प्रत्येक परिवार में उठ खड़ी होती है। और यह भी सिद्ध करने की बात नहीं है कि गाँव में जहाँ चार भाई एक साथ रहते हैं, वहाँ वे उनसे अधिक समृद्ध होते हैं, जो अलग-अलग रहते हैं। प्रेमचंद की अधिकांश बँटवारे की कहानियाँ किसानों से ही सम्बन्ध रखती हैं। प्रकृति और शासन की शक्तियों से युद्ध करते किसान के लिए संयुक्त परिवार की आत्मीयता का जितना महत्त्व होता है, उतना शहर के रहने वाले के लिए नहीं। एक परिवार में रहने वाले धीरज से काम लेकर दूसरे की भली-बुरी बात सुनकर समाई करने वाले, आपस में लड़-झगड़कर भी गृहस्थी की गाड़ी चला ले जाते हैं। इसलिए प्रेमचंद के लिए संयुक्त परिवार का आदर्श इतना महत्त्वपूर्ण रहा है।

बँटवारे के अनेक कारण होते हैं। उनमें स्त्रियों की आपसी तकरार मुख्य है। गाँव के बड़े-बूढ़े अपने बच्चों को सिखाते हैं कि मिलकर रहना हो तो औरत की बात पर कभी कान न देना। और इस कहनूति में तथ्य है। प्रेमचंद की 'अलग्योझा' (मानसरोवर, प्रथम भाग) कहानी में नई बहू के कारण झगड़ा होता है। पन्ना और उसके बच्चे तथा सौतेले लड़के रग्घू में खूब मेल-मिलाप है, परंतु पन्ना रग्घू के ब्याह की ज़िद करती है। बहू आती है और आपस की रार बढ़ती है। बँटवारा होता है, दोनों दल नुकसान

में रहते हैं। परिश्रम और चिंता से रग्घू की मृत्यु हो जाती है और तब उसकी स्त्री को अपनी भूल का ज्ञान होता है। अंत में दोनों पक्ष फिर एक हो जाते हैं। प्रेमचंद की प्रसिद्ध कहानी 'बड़े घर की बेटी' में बड़े भाई की स्त्री और छोटे भाई में तकरार होती है और भाइयों में भी अलगाव-सा होता है, परंतु बाद में सब एक हो जाते हैं। यहाँ पर उन्होंने भारतीय परिवार के मानोभावों का बड़ा सुंदर चित्रण किया है। 'दो भाई' (प्रेमपूर्णिमा) में भाइयों के बैर और उसके घातक परिणाम की कथा है। 'बैर का अंत' कहानी में दो भाइयों के परिवारों में बैर चला करता है; उनमें से एक की मृत्यु के बाद उसका परिवार अनाथ हो जाता है। अंत में दूसरे को अपनी भूल मालूम होती है और दोनों परिवार फिर एक हो जाते हैं। 'गृह-नीति' (मानसरोवर, दूसरा भाग) में पारिवारिक संघर्ष और उसका गृहपति की चतुर नीति से सुलझना दिखाया गया है।

पारिवारिक संघर्ष का एक कारण अनेक घरों में विमाताओं का होता है। प्रेमचंद ने अच्छी-भली दोनों ही तरह की विमाताओं के चित्र दिए हैं। केवल विमाता होने से कोई स्त्री बुरी हो, यह धारणा उन्होंने नहीं बँधने दी। फिर भी नव-विवाहिता वधू सौतेले लड़कों से स्नेह न करके बहुधा कलह को जन्म देती है। इसका उत्तरदायित्व विवाह करने वाले पिता पर है। 'गृहदाह' (प्रेम द्वादशी) में सत्यप्रकाश को अपनी विमाता के कारण घर से निकलकर कलकत्ते में दूकान करनी पड़ती है। सत्यप्रकाश और उसके सौतेले भाई ज्ञानप्रकाश में प्रेम है परंतु विमाता यह प्रेम पनपने नहीं देना चाहती। इस द्वेष का परिणाम परिवार के लिए घातक होता है और बहुत हानि हो चुकने के बाद ही दोनों भाई एक हो पाते हैं। दोष सदा विमाताओं का ही नहीं होता। 'घरजमाई' (मानसरोवर, पहला भाग) में हरिधन विमाता के नाम से ही चिढ़कर उसके पास नहीं जाता। वह अपनी ससुराल में जाकर रहता है परंतु कुछ दिन के बाद उसका मान घटने लगता है और अंत में खुल्लमखुल्ला उसके अपमान की नौबत आ जाती है। अंत में ससुराल छोड़कर वह घर आता है और वही परिवार फिर एक हो शांतिपूर्ण जीवन बिताने लगता है। 'विमाता' (प्रेम-पचीसी) में भी ऐसी ही उदार स्त्री का चित्रण है। 'रंगभूमि' में ताहिरअली और उनकी दो विमाताओं के संघर्ष का कारण विमाताओं की धूर्तता और ताहिर का सीधापन है। वास्तव में संघर्ष जो कुछ भी है विमाताओं और ताहिर की स्त्री में है, ताहिर तो सबको समझाता ही रहता है और अंत में इसी कारण उसे भारी नुकसान उठाना पड़ता है। अत्यधिक सीधापन भी बुरा होता है; ताहिरअली परिवार को सँभालना चाहते थे परंतु थोड़ी रुखाई के अभाव में उन्होंने उसे बर्बाद कर दिया।

विमाता के आने से परिवार में कैसी-कैसी गुत्थियाँ पड़ जाती हैं, जिनका मनुष्य के चरित्र पर भी गहरा प्रभाव पड़ता है इसका आभास एक जगह 'कर्मभूमि' में मिलता है। समरकांत की पहली स्त्री सात साल के बालक को छोड़कर स्वर्ग चली गई। लालाजी ने दूसरा विवाह किया और पुत्र और स्त्री का द्वंद्व चल पड़ा। नई माता बात-बात पर

उसे डाँटती; पहले से माँ-बाप का लाड़ला होने से वह अदवदा कर उसी बात को करता जिसे माँ मना करती। एक कदम आगे बढ़कर उसने पिता से भी विद्रोह किया। विद्रोह इस सीमा को पहुँचा कि प्रत्येक छोटी-बड़ी बात में वह पिता का विरोध करने लगा और उसके चरित्र का एक विरोधी दशा में ही निर्माण होने लगा। "लालाजी जो काम करते, बेटे को उससे अरुचि थी। वह पूजा-पाठ बहुत करते थे। लड़का इसे ढोंग समझता था। वह परले सिरे के लोभी थे, लड़का पैसे को ठीकरा समझता था।'' सौभाग्य से विरोध करने के लिए समरकांत में दुर्गुण ही अधिक थे। उनकी जीविका का साधन महाजनी थी, इसलिए महाजनी से अमर को उत्कट घृणा हो गई। "महाजनी के हथकंडे और षड्यंत्र उसके सामने रोज़ ही रचे जाते थे। उसे इस व्यापार से घृणा होती थी। इसे चाहे पूर्व संस्कार कह लो; पर हम तो यही कहेंगे, कि अमरकांत के चरित्र का निर्माण पितृ-द्वेष के हाथों हुआ।" अमरकांत आगे चलकर जो विद्रोह और समाज-सुधार के कार्य करता है, उनका सूत्रपात यहाँ उसके परिवार में होता है। इस विश्लेषण से प्रेमचंद के मनोविज्ञान की सूक्ष्मता और भारतीय परिवार की विभिन्न समस्याओं से उनका परिचय स्पष्ट है। अमरकांत पर और जाने क्या बीतती पर उसके भाई न हुआ, नहीं तो, प्रेमचंद ने लिखा है, वह घर से निकाल दिया जाता। नई स्त्री के एक लड़की ही हुई और समरकांत को अपनी सम्पत्ति के लिए एक पुत्र आवश्यक था। वह ''अपनी सम्पत्ति को पुत्र से ज्यादा मूल्यवान समझते थे। पुत्र के लिए तो सम्पत्ति की कोई ज़रूरत न थी पर सम्पत्ति के लिए पुत्र की ज़रूरत थी।" इसीलिए विमाता की अमर को बनवास देने की इच्छा पूरी न हो सकी। और अंत में वह एक पुत्र की इच्छा लिये ही स्वर्ग सिधार गई। समरकांत ने भी फिर तीसरा ब्याह नहीं किया।

सभी कुटुम्बों में दूसरे विवाह का ऐसा शुभ परिणाम नहीं होता। कभी-कभी नव-विवाहिता की अतृप्त काम-वासना परिवार के लिए भयंकर द्वंद्व का कारण होती है। पति के प्रति क्रोध यदि सौतेले लड़के पर निकाला गया तो भलीभला, पर यदि वह बना रहा और सौतेले लड़के पर क्रोध के स्थान में प्रेम हो गया तो समाज की मर्यादा और प्रकृति की प्रेरणा का संघर्ष या तो विमाता या लड़का या पति, एक-न-एक या सभी के लिए घातक सिद्ध होता है। 'निर्मला' के अधिक भाग में इसी द्वंद्व का ऊहापोह किया गया है। निर्मला का ब्याह बाबू तोताराम के साथ हुआ था। उम्र चालीस के करीब थी पर वकालत ने बाल पका दिए थे। स्थूल देह में मंदाग्नि आदि की शिकायतें बनी ही रहतीं। वह दम्पति-विज्ञान में कुशल थे, निर्मला के लिए गहने लाते, खाने को मिठाई-मुरब्बे लाते, उसे सैर-तमाशे में ले जाते और काम से समय निकालकर उसे ग्रामोफोन सुनाते। निर्मला को बनाव-सिंगार, सैर-तमाशा बुरा न लगता परंतु वह तोताराम के पास बैठ न सकती थी। इसका कारण यह था कि "अब तक ऐसा ही एक आदमी उसका पिता था, जिसके सामने वह सिर झुकाकर देह चुराकर निकलती थी; अब उसकी अवस्था का एक आदमी उसका पति था।" जैसे-जैसे बाबू तोताराम

की आसक्ति बढ़ती, वैसे-वैसे उनके प्रति निर्मला की उदासीनता और बाद में घृणा बढ़ती गई। गहनों से सजकर आईने में वह जब अपना रूप निहारती तब "उसका हृदय एक सतृष्ण कामना से तड़प उठता था। उस वक्त उसके हृदय में एक ज्वाला-सी उठती। मन में आता इस घर में आग लगा दूँ।" धीरे-धीरे इस अतृप्ति ने अपनी शांति के लिए तोताराम के बच्चों को अपना लक्ष्य बनाया। पहले-पहल जब निर्मला एक रोते बच्चे को लेकर सोई तो उसे वह तुष्टि मिली जो जीवन में न मिली थी। अपना सारा समय वह बच्चों के लालन-पालन में ही लगाने लगी। इन्हीं में सबसे बड़ा लड़का मंसाराम था जो अवस्था में निर्मला के बराबर था, परंतु मानसिक विकास में पाँच साल छोटा था। मानसिक विकास की छुटाई ने उसे सचेत होने का अवसर भी नहीं दिया और निर्मला उसे बालक बनाकर उसके साथ खेलकर अपनी इच्छाओं को एक लक्ष्य पर केंद्रित रखने में समर्थ हुई। उसके साथ खेल की बातें सुनकर थोड़ी देर के लिए अपनी चिंताओं को भूल जाती; और चाहती कि एक बार फिर वही दिन आ जाते, जब गुड़ियाँ खेलती और उनके ब्याह रचाया करती थी।

तोताराम को पत्नी और पुत्र का परिचय फूटी आँखों न सुहाया। निर्मला से खीझे; बाकी गुस्सा उतारना चाहा बड़े लड़के मंसाराम पर, उसकी परीक्षा लेकर। लेकिन वह पढ़ने-लिखने में तेज था, इसलिए उनके सभी प्रश्नों का उत्तर देता गया। परीक्षा में स्वयं फेल हो तोताराम ने उसे शाम को खेलने के लिए डाँटा। जब उसने खेलने न जाने का भी वचन दिया तो कहा, तुम्हारे बारे में और बहुत सी शिकायतें सुनी हैं। तुम स्कूल में ही रहा करो। निर्मला ने जो उसे घर रखने के लिए वकालत की, तो वकील साहब हताश होकर चारपाई पर ही गिर पड़े। जी में आया, अभी लड़के को घर से बाहर निकाल दें परंतु कुछ सोचकर रह गए। मंसाराम दिन-दिन चिंता में मग्न, पिता के हृदय से अपने आवारापन का कलंक दूर करने के लिए घुलता जाता था। निर्मला को भी पति के संदेह का आभास मिल गया। इसलिए उसने भी मंसाराम से मिलना-जुलना छोड़ दिया। पर यह असाध्य तपस्या थी। "मंसाराम से हँसने-बोलने में उसकी विलासिनी-कल्पना उत्तेजित भी होती थी, और तृप्त भी। · · · प्रत्येक प्राणी को अपने हमजोलियों के साथ हँसने-बोलने की जो एक नैसर्गिक तृष्णा होती है, उसी की तृप्ति का यह अज्ञात साधन था। अब यह अतृप्त तृष्णा निर्मला के हृदय में दीपक की भाँति जलने लगी।" और दोनों ओर इस अतृप्ति का घातक प्रभाव पड़ा। तोताराम ने मंसाराम से कहा, निर्मला ने ही उनसे उसकी शिकायत की थी। निर्मला के बदले व्यवहार से मंसाराम को विमाता के द्वेष पर विश्वास भी हो गया। निर्मला मंसाराम को दिन-दिन घुलते देखती परंतु पति के संदेह के कारण वह उसे सांत्वना न दे सकती।

मंसाराम बोर्डिंग भेज दिया गया परंतु वहाँ भी उसका स्वास्थ्य न सुधरा। एक दिन वह खाट से लग गया। पिता के दांवघात का जब उसे पता चला तब उसे और भी वेदना हुई। पिता की ईर्ष्या का सबसे विकृत पहलू तब सामने आता है जब इस

रुग्णावस्था में भी तोताराम उसे घर नहीं लाना चाहते, उसे अस्पताल में ही रखते हैं। एक अज्ञात प्रेरणा जैसे पुत्र की हत्या करने के लिए उन्हें बाध्य करती है और अंत में उन्माद में मंसाराम की मृत्यु हो जाती है। आगे चलकर निर्मला अपनी सखी से स्वीकार करती है कि मंसाराम को आँख के सामने रखने के लिए ही उसने उससे अंग्रेजी पढ़ने का स्वाँग रचा था। निर्मला के मन में पाप न था परंतु यदि मंसाराम के "मन में पाप होता, तो मैं उसके लिए सब कुछ कर सकती थी। ··· यह बात सुनने में बुरी मालूम होती है; और है भी बुरी; लेकिन मनुष्य की प्रकृति को तो कोई बदल नहीं सकता।" प्रकृति के साथ यह अत्याचार निर्मला की जान लेकर ही रहता है। पुरुष की मानसिक वासना की तृप्ति के लिए समाज अनुमति देता है; शरीर में अन्य रोगों की भांति दिमाग़ में वासना का रोग भी पलता रहता है। यह रोग उसके लिए ही नहीं, आसपास वालों के लिए भी घातक हो जाता है। वह अपने आपको नष्ट कर परिवार के अन्य व्यक्तियों के नाश का कारण बनता है। इस तरह भीतर से समाज जर्जर, और खोखला हो जाता है, परंतु बाहर से उसकी मर्यादा बनी रहती है। हमारी मध्यवर्ग की समाज-व्यवस्था और उसके आचार-विचार पतन की इस सीमा को पहुँच गए हैं।

परिवार की एक दूसरी समस्या विधवा की है। या तो वह जीवन भर कुटुम्बियों के ताने सुनती अपने आप को घुला दे या छिपे रूप से व्यभिचार करे और अंत में वेश्या हो जाय या आत्महत्या कर ले। प्रेमचंद ने विधवाओं के लिए दो मार्ग बताए, वे विवाह कर लें, या किसी आश्रम आदि में जाकर सामज की सेवा करें। यदि विधवा परिवार में रहती है, तो उसके लिए आर्थिक स्वतंत्रता की आवश्यकता है। वह बैठे-बैठे खाती है, इसलिए सबको वह भार मालूम होती है और लोग उसे तंग करते हैं। 'सुभागी' (मानसरोवर, पहला भाग) विधवा हो जाती है; वह अपने पिता के यहाँ जाकर रहती है परंतु वहाँ भी भाई-भौजाई से नहीं बनती। उसके पिता को लड़के से अलग होना पड़ता है और सुभागी खेती-बारी में पिता की सहायता करती है। अपनी मेहनत से उसने पिता का ऋण चुकाया और उसका परिश्रम देखकर अनेक व्यक्ति विवाह के संदेश भेजने लगे। लोग सोचते, वह अभी इतना कमाती है; ब्याह होने पर घर का भला ही करेगी नुकसान न करेगी। अंत में उसने विवाह भी कर लिया। 'बालक' (मानसरोवार, दूसरा भाग) कहानी में प्रेमचंद सामाजिक उदारता में और आगे बढ़ते हैं। एक विधवा थी गोमती। पति के मरने के बाद वह विधवाश्रम में रख दी गई थी। वहाँ के कर्मचारियों ने उसका तीन बार विवाह कर दिया था पर तीनों बार वह उन्हें छोड़कर भाग गई थी। अंत में विधवाश्रम ने भी उसे निकाल दिया और वह एक कोठरी लेकर रहने लगी। ठलुओं को मनोरंजन का साधन मिला। इस विधवा से विवाह करने के लिए तैयार हुए गंगू ब्राह्मण। गंगू के मालिक ने बहुतेरा समझाया पर उनकी समझ में न आया। अंत में गंगू के साथ उसका विवाह हो गया। कुछ दिन के बाद वह गंगू को भी छोड़कर भागी। अस्पताल में ब्याह के छः महीने बाद उसके

बच्चा हुआ। गंगू को पता चला तो बच्चे सहित उसे ले आए और तब गंगू के मालिक जो गंगू का मज़ाक बनाते थे शांत हुए, "मैं ऊपर से सज्जन हूँ; पर दिल से कमीना हूँ।" इस तरह प्रेमचंद ने कुलटा को भी ग्रहण करने में आपत्ति नहीं दिखाई; समाज की मर्यादा गोमती के ठलुओं का मनोरंजन बने रहने में थी, परंतु प्रेमचंद ऐसी मर्यादा के कायल न थे।

'नैराश्यलीला' (मानसरोवर, तीसरा भाग) में चारों ओर से सताई जाकर विधवा समाज के नैतिक आदर्शों के प्रति विद्रोह कर बैठती है। कैलासकुमारी धनी पिता की युवती विधवा थी। उसकी वेदना पिता से देखी न जाती। उन्होंने उसके मनबहलाव के लिए जतन करना शुरू किया। सिनेमा, जल-विहार, गाना-बजाना, ताश, ग्रामोफोन आदि उसके मनोविनोद के सभी साधन जुटाए गए। कैलासकुमारी का मनोरंजन हुआ और ऐसा हुआ कि उसे और किसी बात की चिंता ही न रही। रोज़ ही कुछ प्रोग्राम होना आवश्यक था। फल यह हुआ कि मोहल्ले में चवाव होने लगा और औरतें उसकी माँ को ताने देने लगीं। पिता ने अब सैर-सपाटे बंद कर उसे धर्म की ओर लगाया। मंदिरों में जाना, पूजा-पाठ करना, तीन-तीन बार स्नान करना, सबसे अलग सफाई से रहना, यही उसका जीवन हो गया। परंतु इस ओर भी उसका झुकाव सीमा तक पहुँच गया और वह संन्यास लेने के लिए हठ करने लगी। मुहल्ले वालों के कानों में भनक पड़ी और मर्यादा के ठेकेदार सजग हो फिर उसके पिता के पास आए। उन्होंने कलजुगी साधु-महात्माओं की निंदा की और कैलासकुमारी को अध्यापिका बना देने की सलाह दी। निदान वह अध्यापिका भी बनी। कैलासकुमारी अब कन्याओं को पढ़ाने और उनकी सेवा में इतना दत्तचित्त रहने लगी कि घर वालों को यहाँ भी बदनामी का भय होने लगा। माँ-बाप कैलासकुमारी की इस अत्यधिक लगन का कारण जानते थे। "बिना माँझी के नाव पार लगाना कठिन है। जिधर हवा पाती है, उधर ही बह जाती है।" पर शायद माँझी खोजने के लिए वे तैयार न थे। कैलासकुमारी का स्कूल जाना भी बंद कर दिया गया। समाज की मर्यादा ने उसके हृदय में इस प्रकार बराबर चोटें कर उसमें भी प्रतिक्रिया पैदा कर दी। उसने अपने व्यक्तित्व, अपने मनुष्यत्व को प्रतिष्ठित करते हुए स्पष्ट कह दिया : "संसार मुझे जो चाहे समझे, मैं अपने को अभागिनी नहीं समझती। ··· मैं इसे अपना घोर अपमान समझती हूँ कि पग-पग पर मुझ पर शंका की जाय, नित्य कोई चरवाहों की भाँति मेरे पीछे लाठी लिये घूमता रहे कि किसी के खेत में न जा पड़ूँ।" विद्रोह और खुले रूप में व्यक्त हुआ; उसने जूड़ा बाँधा और उसमें गुलाब का फूल लगा लिया। माँ के जीभ दाबने और महरियों के छाती पर हाथ धरने की पर्वाह उसने न की। रंगीन रेशमी साड़ी पहनी और एकादशी का व्रत रखना छोड़ दिया। शायद इससे समाज की मर्यादा भंग हुई हो परंतु इसके लिए समाज ही उत्तरदायी था, कैलासकुमारी नहीं। 'नरक का मार्ग' में एक स्त्री अपनी आत्मकथा कहती है। वृद्ध पुरुष से उसका विवाह होता है; विधवा हो जाती है, परंतु चूड़ियाँ नहीं तोड़ती,

माँग में सेंदुर पहले भी न डालती थी, अब भी नहीं डालती। कैलासकुमारी के चारित्रिक विकास की सभी सीढ़ियों को पार करती अंत में वह वेश्या हो जाती है। वह जानती है, "मेरे लिए अब इस जीवन में कोई आशा नहीं। इस अधम दशा को भी मैं उस दशा से न बदलूँगी, जिससे निकलकर आई हूँ।" विधवा का जीवन इतना कटु और निर्दय बनाया गया है कि उससे वेश्याजीवन भी श्रेयस्कर है। प्रेमचंद का सामाजिक विद्रोह यहाँ चरम सीमा को पहुँच गया है। अन्यत्र, वेश्या-जीवन और विवाह से अलग वयस्क विधवाओं के लिए सेवाधर्म का भी निर्देश किया है जैसे 'प्रतिज्ञा' में।

बाल-वृद्ध-विवाह, गृहकलह आदि अनेक कारणों से बहुत-सी स्त्रियाँ वेश्या-जीवन बिताने के लिए बाध्य होती हैं। प्रेमचंद ने बिना हिचकिचाहट के इनके साथ विवाह करने की अनुमति दी है; वे विवाह न करना चाहें तो उनके लिए आश्रमों की भी व्यवस्था होनी चाहिए। 'सेवासदन' इसी समस्या को लेकर लिखा गया है। सुमन का एक दोहाजू के साथ विवाह होता है। बड़ी तपस्या करने पर भी वह उसे संतुष्ट नहीं कर पाता और युवती होने के कारण सुमन शीघ्र ही सफल गृहस्थिन भी नहीं बन पाती। सामने रंडी के यहाँ वह समाज के बड़े-बड़े संरक्षकों को पधारते देखती है। मोहल्ले के पं. पद्मसिंह वकील के यहाँ एक दिन उस भोली रंडी का मुजरा होता है। सुमन भी वहाँ जाती है। उसका पति गजाधर ईर्ष्यावश उसे घर से निकाल देता है। सुमन पं. पद्मसिंह के यहाँ आश्रय पाना चाहती है पर समाज के भय से वह उसे नहीं रखते और अंत में भोली रंडी ही उसे शरण देती है। सुमन नाचना-गाना शुरू कर देती है और उसके यहाँ विलास के सभी साधन एकत्र हो जाते हैं। प्रेम करने के लिए पं. पद्मसिंह का भतीजा सदनसिंह भी मिल जाता है। समाज-सुधारक बिट्ठलदास उसे समझाने जाते हैं, उसके सामने गृहस्थ नारी की मान-मर्यादा और अब के अधःपतन का चित्र खींचते हैं। सुमन ने समाज में व्याप्त एक इससे भी भंयकर चित्र खींचकर बिट्ठलदास को निरुत्तर कर दिया। उसने कहा—"मेरा तो यह अनुभव है कि जितना आदर मेरा अब हो रहा है उसका शतांश भी तब नहीं होता था। एक बार मैं सेठ चिम्मनलाल के ठाकुरद्वारे में झूला देखने गई थी, सारी रात बाहर खड़ी भीगती रही। किसी ने भीतर न जाने दिया, लेकिन कल उसी ठाकुरद्वारे में मेरा गाना हुआ तो ऐसा जान पड़ता था मानो मेरे चरणों से वह मंदिर पवित्र हो गया।" यही नहीं, सबेरे से शाम तक जो हज़ारों आदमियों की भीड़ उसके घर के आगे से जाती थी, उसकी आँखें भी सुमन की कृपा दृष्टि पाने को उत्सुक सी जान पड़ती थीं। तब कैसे कहा जाता कि उसका सम्मान कम है? समाज ऊपर से वेश्या को जितना पतित बताता है, भीतर से उससे उतना ही प्रेम करता है; घर की स्त्री को जितना पुस्तकों में आदर देता है, वस्तुजगत में उससे उतना ही घृणा करता है। बिट्ठलदास के पास सुमन के तर्कों का कोई उत्तर न था; वह ज्योति समाज में नहीं, कुलटा सुमन के हृदय में ही थी जिसने उसे वेश्या-जीवन छोड़कर 'सेवासदन' में दिन बिताने के लिए बाध्य किया।

विधवा, वेश्या आदि के प्रति इतना उदार होते हुए भी प्रेमचंद ने वासना को समाज की शृंखला तोड़ने की आज्ञा नहीं दी। जिस समाज में घरेलू और बाज़ारू व्यभिचार एक बड़े परिमाण में फैले हुए हैं, उसमें उन्होंने विवाह और एक पति-पत्नी धर्म को ही श्रेयस्कर समझा है। विवाह का बंधन स्त्री-पुरुष दोनों के लिए पवित्र है और उन्हें उसका पालन करना चाहिए। प्रेमचंद के इस आदर्श में भारतीयता की पूरी छाप है; स्त्री-पुरुष का सम्बन्ध इस जन्म का ही नहीं, शायद पूर्व जन्म का भी है, इससे भी अधिक महत्त्व की बात यह है कि विवाह दो शरीरों को नहीं, दो आत्माओं को बाँधता है। आत्मा से उनका तात्पर्य हृदय की भावनाओं से है; अर्थात् विवाह केवल शारीरिक वासना की तृप्ति का साधन नहीं, उससे प्रेम, त्याग आदि भावनाओं का विकास भी होता है। पुराने आदर्शवाद का प्रेमचंद पर इतना प्रभाव था कि विवाह-बंधन तोड़ने की अनुमति वह न दे सकते थे। उनकी रचनाओं में दाम्पत्य-जीवन के घोर असंतोष के चित्रण मिलते हैं परंतु उन्हें सुलझाने के लिए उन्होंने त्याग, धैर्य और समाई का ही उपदेश दिया है। इसका कारण यह है कि उनका सुधारवाद परिवार को अपना केंद्र बनाए है; बिना परिवार के समाज की शायद वह कल्पना भी नहीं कर सकते थे। परिवार के अस्तित्व के लिए विवाह आवश्यक है; दम्पति में असंतोष और भीतरी व्यभिचार के होने पर भी जब तक दम्पति है तब तक परिवार भी है। परंतु व्यक्तिगत सद्व्यवहार समाज-व्यापी रोग की दवा नहीं हो सकता। उस रोग से मुक्ति तभी मिल सकती है जब हम परिवार को छोड़कर समाज को ही अपने जीवन का केंद्र बनाएँ।

किन्हीं परिस्थितियों में परिवार की एकता बनाए रखने के लिए प्रेमचंद ने भोंड़े उपायों का भी सहारा लिया है। 'स्वर्ग की देवी' (मानसरोवर, तीसरा भाग) में पति अपनी स्त्री से उदास रहता है। एक दिन पत्नी ने देखा कि बैठक में रंडी आई है। पति की उदासी का कारण जान उसने भी सिंगार करना शुरू कर दिया और फिर सब सुखमय हो गया। 'स्त्री और पुरुष' (उपरोक्त) में स्त्री कुरूप है, इसलिए पति उसे प्यार नहीं करता। सौभाग्य से पुरुष को फालिज मार जाती है और तब दोनों एक दूसरे के अनुरूप हो जाते हैं। 'कुसुम' (मानसरोवर, दूसरा भाग) में स्त्री को पति बुलाता नहीं है, इसलिए कि दहेज कम मिला था। इससे उसके आत्म-सम्मान को ठेस लगती है और वह मायके में ही रहती है। परंतु पति के घर न जाकर वह आजन्म ब्रह्मचारिणी रहेगी या क्या करेगी, यह प्रेमचंद ने स्पष्ट नहीं किया। 'गोदान' में मेहता स्त्रियों की सभा में व्याख्यान देने जाते हैं। मेहता बहुत कुछ प्रेमचंद के विचारों को ही व्यक्त करते हैं। वह समझते हैं कि स्त्रियों का कार्य-क्षेत्र उनका घर ही है। उनके दफ्तरों, अदालतों में जाने या वोटों के लिए आंदोलन करने का वह विरोध करते हैं। मेहता का समाज-शास्त्र, जो प्रेमचंद का शास्त्र है, परिवार पर अवलम्बित है। "हमारा जीवन हमारा घर है। वहीं हमारी सृष्टि होती है, वहीं हमारा पालन होता है, वहीं जीवन के सारे व्यापार होते हैं; अगर वह क्षेत्र परिमित है, तो अपरिमित कौन-सा क्षेत्र है?" यह प्रश्न स्त्रियों से किया

जाता है, परंतु पुरुषों से नहीं। क्या पुरुष भी घर में ही काम किया करें? फिर प्रेमचंद ने स्त्रियों के सामने भी घर से बाहर निकलकर समाज-सेवा का आदर्श रखा है। वास्तव में उनका अर्थ यह नहीं है कि घर के बाहर निकला न जाय, वरन यह है कि सभी कार्यों का लक्ष्य घर को ही बनाया जाय। और घर को लक्ष्य बनाने पर निश्चय वहाँ स्त्री की आवश्यकता है। इसलिए स्त्रियों को सेवा और त्याग द्वारा ही अधिकार प्राप्त करने के शिक्षा दी गई है। यदि कोई कहे कि विवाहित-जीवन में प्रेम न होने पर उसे तोड़ देना चाहिए तो मेहता का तर्क है, "प्रेम अगर वैवाहिक-जीवन में कम है, तो मुक्त विलास में बिलकुल नहीं है।" यहाँ यह मान लिया गया है कि विवाह के अभाव का अर्थ मुक्त विलास ही है; विवाहित जीवन में प्रेम न मिलने पर मनुष्य वासना ही खोजेगा। प्रेम जैसे विवाह के बंधन से ही सुलभ होता हो। प्रेमचंद की ही रचनाओं में ऐसे पात्र भरे पड़े हैं जिनमें बिना विवाह के भी प्रेम होता है। 'सेवासदन' के सदनसिंह और सुमन, 'कर्मभूमि' के अमरकांत और सकीना, विवाह के अभाव में इनका प्रेम लालसा था या विवाह उसे और पवित्र कर सकता था? और फिर विवाह की ओट में जो वासना की तृप्ति होती है, तृप्ति ही नहीं, मानसिक विकारों की शांति के लिए जो व्यभिचार होता है, उसके शमन के लिए भी कुछ व्यवस्था है? अपनी भारतीयता की रक्षा करते प्रेमचंद ने विवाह की रूढ़ि पर होने वाले आघातों के लिए पश्चिम को ही दोषी ठहराया है, विदेशी शिक्षा ने ही विकृत आदर्श देश के सामने रखे हैं। परंतु ऐसे उदाहरण भी उनकी रचनाओं में भरे पड़े हैं जहाँ विलासप्रियता शिक्षा का परिणाम नहीं है। फिर जिस विदेशी शिक्षा ने मालती को बनाया है उसी ने मेहता को भी बनाया है। तब इतना अंतर क्यों? उसके लिए शिक्षा ही उत्तरदायी क्यों?

समाज के कल-पुर्जे इतने ढीले होने पर भी उसकी मर्यादा है, और जो भी उसे उल्लंघन करना चाहता है, उसे तुरंत ही उस मर्यादा का ज्ञान करा दिया जाता है। मर्यादा की रक्षा से समाज के ठेकेदारों का पेट भरता है, इसलिए वज्रपात-सी उसे किसी के सिर पर गिराने के लिए वह सदा अवसर खोजा करते हैं। विशेषकर गाँवों में गरीब किसान के ऊपर डाँड़ लगने से उसका मरन ही हो जाता है। 'गोदान' में होरी झुनिया को अपने यहाँ रख लेता है क्योंकि उसके लड़के गोबर से उसका प्रेम हो गया था और अब वह गर्भवती और निराश्रित थी। दातादीन, पटेश्वरी, झिंगुरीसिंह, नोखेराम, ये गाँव की समाज के विधाता थे। होरी को दंड देने में इनका स्वार्थ था। कहने को कहते थे कि होरी को घर में विधवा न रखनी चाहिए थी पर हृदय से चाहते थे कि ऐसे अवसर रोज़ आवें तो मुट्ठी गरम हुआ करे। अपने घर क्या होता है, इसकी उन्हें खबर न थी, या देखकर भी जानना न चाहते थे। ठाकुर झिंगुरीसिंह के तीन बीवियाँ थीं। "पति की आड़ में सब कुछ जायज़ है। मुसीबत तो उसको है, जिसे कोई आड़ नही। ··· घूँघट की आड़ में क्या होता है, इसकी उन्हें क्या खबर?" ये प्रेमचंद के ही शब्द हैं। समाज की मर्यादा घूँघट तक है; भीतर चाहे जो कुछ हो, उसे उघड़ना न

चाहिए। होरी का कसूर यह था कि वह इस घूँघट को बनाए न रख सका। घूँघट के उघड़ते ही समाज की मर्यादा में बट्टा लग गया। इसीलिए होरी "अपने सिर पर लादकर अनाज ढो रहा था, मानो अपने हाथों अपनी क़ब्र खोद रहा हो। ज़मींदार, साहूकार, सरकार, किसका इतना रोब था? कल बाल-बच्चे क्या खायँगे, इसकी चिंता प्राणों को सोखे लेती थी; पर बिरादरी का भय पिशाच की भाँति सिर पर सवार आँकुश दिए जा रहा था। बिरादरी से पृथक जीव की वह कोई कल्पना ही न कर सकता था। शादी-ब्याह, मूँड़न-छेदन, जन्म-मरण सब कुछ बिरादरी के हाथ में हैं। बिरादरी उसके जीवन में वृक्ष की भाँति जड़ जमाए हुए थी और उसकी नसें उसके रोम-रोम में बिंधी हुई थीं। बिरादरी से निकलकर उसका जीवन विशृंखल हो जायगा—तार-तार हो जायगा।"

मध्यवर्ग और देहात के किसान-वर्ग में यह भावना व्याप्त है कि समाज के बाहर व्यक्ति का कोई अस्तित्व नहीं। बात जितनी सच है, उतनी ही आज व्यंग्यपूर्ण बन गई है। समाज का कार्यक्रम केवल नकारात्मक है, उसका अस्तित्व हमें सामाजिक दंड मिलने पर ही ज्ञात होता है। सरकार की पुलिस की तरह वह कानून तोड़ने पर हमें तुरंत गिरफ्तार कर लेता है; परन्तु रचनात्मक कार्यक्रम के नाम पर उसके पास कुछ नहीं है। हमारे बच्चे अशिक्षित और भूखे रहें परंतु इसके लिए समाज का कोई उत्तरदायित्व नहीं है। होरी के मर जाने पर गोदान लेने के लिए दातादीन हाथ फैलाए हुए अंत में भी दिखाई देते हैं। ऐसे ही कटु अनुभव का चित्र प्रेमचंद ने 'मृतक भोज' (प्रेरणा) में आँका है। सेठ रामनाथ अपनी पत्नी, बच्चे और उनके सिर पर ऋण का बोझ छोड़कर मर गए। उनके मरने पर बिरादरी ने उनकी प्रशंसा के पुल बाँध दिए, क्योंकि उनके नाम के अनुरूप बिरादरी का भोज भी होना था। विधवा के गहने उतरा लिये गए और बहुत विरोध करने पर भी उसे बाध्य किया गया कि अपना घर भी गिरवीं रख दे। कुबेरदास को अपना कर्ज भी वसूल करना था। बड़ी शान से भोज हुआ; लोगों ने खूब सराह-सराहकर मिठाइयाँ खाईं परंतु रामनाथ के बच्चों के लिए भी कुछ बचा है या नहीं, कोई न पूछता था। गरीबी में विधवा दिन काटने लगी परंतु शीघ्र ही उसे अपने घर से निकलना पड़ा। अंत में अपनी लड़की के साथ उसने एक खटकिन के यहाँ आश्रय पाया। बिरादरी को यह भी सह्य न हुआ कि वह शांति से रह सके। सेठ झावरमल लड़की का पाणिग्रहण करने के लिए तैयार हो गए। उसके अस्वीकार करने पर उसे नाबालिग करार दे पंचों के अधिकार प्रदर्शन की बात चलाई। बिरादरी से बचने के लिए अंत में उस लड़की को गंगा माता की ही गोद में शरण मिल सकी।

समाज में इस भीतरी शोषण की जड़ जमाए रखने के लिए धर्म और अंधविश्वास उसे सींचा करते हैं। शोषण का वृक्ष वैसे ही लहलहा उठता है और उसकी काँटेदार डालियाँ निरीह प्राणियों को अपनी ओर खींचकर उनका रक्त पी जाती हैं। धर्म और ईश्वर के ढकोसले इस उत्पीड़न को बनाए रखते हैं; व्यक्ति के हृदय में पैठी हुई भीरुता

और सहज विश्वास से महाजन-पंडे-पुजारी पूरा लाभ उठाते हैं। समाज की व्यवस्था को जैसे ईश्वर ने ही रच दिया हो और उस व्यवस्था को तोड़ना ईश्वर के विरोध से कम अर्थ न रखता हो। हमारा धर्म समाजनीति से अलग नहीं है; उसका रूप अत्यंत व्यावहारिक है। यही कारण है कि समाज के भीतरी पतन में वह इतना सहायक होता है। पति की मृत्यु के बाद बिरादरी को भोजन न देने से पति की आत्मा संतुष्ट न होगी, और पति के संतुष्ट न होने से ईश्वर का भी कोप होगा। इसीलिए कुबेरदास की दृष्टि विधवा के मकान पर जाती है और झाबरमल की उसकी अनाथ बच्ची पर। प्रेमचंद ने आस्तिकता और नास्तिकता को सामाजिक रूप दे दिया है; सामाजिक परिस्थितियाँ ही मनुष्य को आस्तिक या नास्तिक बना देती हैं। सम्पन्न के लिए आस्तिक होना सहज है; संसार का मारा हुआ अपना गुस्सा ईश्वर पर उतारता है। 'प्रेमाश्रम' में दुखरन भगत अपनी सालिगराम की बटिया फेंककर यही कोप प्रकट करते हैं। धर्मभीरु, नित्य गीता का पाठ करने वाले महाजन समरकांत भी जब हंटरों की मार से सूजी हुई सलोनी चमारिन को देखते हैं तो ईश्वर के अस्तित्व में संदेह कर बैठते हैं। "निर्बल क्रोध और चाहे कुछ न कर सके, भगवान की खबर जरूर लेता है। इस जगत का नियंता कोई नहीं है। कोई दयामय भगवान सृष्टि करता होता, तो यह अत्याचार न होता! अच्छे सर्व-शक्तिमान हो! क्यों नरपिशाचों के हृदय में नहीं पैठ जाते, या वहाँ तुम्हारी पहुँच नहीं है? कहते हैं, यह सब भगवान की लीला है! अगर तुम्हें भी ऐसी ही लीला में आनंद मिलता है, तो तुम पशुओं से भी गए बीते हो!"

अन्य रोमांटिक विद्रोहियों की भाँति प्रेमचंद ने अनीश्वरवाद को अपने विद्रोह का मुख्य अंग नहीं बना दिया। वह जानते थे, यह निर्बल का क्रोध है; साथ ही आस्तिकवाद को भी उन्होंने सबल की शक्ति माना है, क्योंकि वह शोषण में सहायक होता है। निर्बल के लिए आस्तिकवाद भय है, उसे और भी शोषित होने के लिए प्रेरित करता है। अपनी रचनाओं में प्रेमचंद ने धर्म के इस स्वार्थी पहलू को बार-बार स्पष्ट किया है; बिना स्वयं किसी मत का पक्ष लिये उन्होंने धर्म की सामाजिक उपयोगिता को ही सामने रखा है। 'ब्रह्म का स्वाँग' (प्रेम पचीसी) कहानी में वकील पति की स्त्री बहुत पूजा पकाई रखती है। पति समाज-सुधारक हैं; असहयोग में भाग लेते हैं। उनके तर्कों से पत्नी भी समाज-सुधारक बन जाती है परंतु उसका समाज-सुधार उस सीमा को पहुँच जाता है जब पति की वकील वाली मर्यादा को धक्का लगता है! वह यह नहीं देख सकते कि मेहमानों के लिए रखी मिठाई पत्तलें चाटने वाले कंगलों को दे दी जायँ। पति ब्रह्म की एकता को स्वीकार करते हुए भी कहते हैं कि संसार में विषमता ईश्वर ने ही बना दी है। "हम सभी जानते हैं कि ईश्वर न्यायशील है, किंतु न्याय के पीछे अपनी परिस्थिति को कौन भूलता है?" मध्यवर्ग के इन प्रतिष्ठितों का कहने का धर्म और करने का धर्म और है। 'रामलीला' (प्रेमतीर्थ) में रामचंद्र की आरती में सैकड़ों रुपए वसूल होते हैं। रंडी का नाच होता है, आधा उसकी जेब में, आधा प्रबंधक की

जेब में। जो लड़का बेचारा रामचंद्र बना था उसे अपनी किताबें और फीस के लिए एक पैसा भी नहीं मिलता। उसका एक मित्र अपने पिता से उसे देने को कुछ पैसे माँगता है; पिता रंडी को वहीं अशर्फी दे आते हैं परंतु उसकी पढ़ाई के लिए उनके पास एक पैसा भी नहीं है। 'डामुल का कैदी' में सेठजी साहबों के लिए डालियाँ तैयार करते हैं; पुजारी कहता है कि ठाकुरजी के भोग को देर हो रही है। सेठजी ठाकुर और साहब का भेद जानते थे। कहते हैं—"तुम्हारे ठाकुरजी ही सब कुछ न दे देंगे। पेट भरने पर ही पूजा सूझती है।" सेठों की भक्ति का अर्थ है, उनके ठाकुरद्वारे की सी सजावट शहर में दूसरी जगह न हो, उनकी ऐसी कहीं झाँकी न बनती हो और उसी भक्ति के प्रताप से नगर में उनका सम्मान होता है। जैसा कि 'रंगभूमि' में जॉन सेवक कहते हैं, "धर्म तो व्यापार का शृंगार है। वह धनाधीशों को ही शोभा देता है। खुदा आपको समाई दे, अवकाश मिले, घर में फालतू रुपए हों, तो नमाज़ पढ़िए, हज कीजिए, मसजिद बनवाइए, कुएँ खुदवाइए। तब मजहब है। खाली पेट खुदा का नाम लेना पाप है।" धर्म का अर्थ मनुष्यता केवल कुछ पीड़ितों में रह गया है जो समाज की मर्यादा रखने वाले धर्म की उपेक्षा कर मनुष्यता की रक्षा करते हैं। सूरे भैरों की स्त्री को अपने यहाँ आश्रय देता है; होरी की स्त्री विधवा झुनिया को अपने घर में ठौर देती है। मनुष्यता की दृष्टि से यही लोग धार्मिक हैं।

प्रेमचंद ने सामाजिक आचार-विचार का जो चित्र दिया है वह विस्तृत, सर्वांगपूर्ण और यथार्थ है। परिवार की दिन-प्रतिदिन की नई समस्याओं को उन्होंने हमारे सामने रखा है; विधवा, विमाता, सास-बहू, नई शिक्षा में दीक्षिता नारी, ये सभी पुराने ढाँचे पर चारों ओर से आक्रमण कर रहे हैं। भीतर ही भीतर व्यभिचार और अनाचार ने समाज को खोखला कर दिया है। मर्यादा नहीं, केवल मर्यादा का स्वप्न लोगों की आँखों में रह गया है। अपने आपको मिटाकर भी वे उसकी रक्षा करने में लगे हैं। केवल दंड देने के लिए, सुधार और परिवर्तन का क्रम भंग करने के लिए, समाज अपनी सत्ता को जनाता है, अपनी नकारात्मक शक्ति का प्रदर्शन करता है। व्यक्ति की उन्नति से उसे कोई सम्बन्ध नहीं है; वह इतना निर्जीव है कि व्यक्ति की रक्षा भी नहीं कर सकता। केवल सड़ी हुए लाश की तरह जो उसके संसर्ग में आवे उसे भी सड़ाने-गलाने में सहायता दे सकता है। ऊपर से धर्म और ईश्वर का मायाजाल बुना हुआ है। जात बिरादरी में मोटे महाजन अपना पेट भरने के लिए उसका उपयोग करते हैं। बड़े-बड़े मंदिरों से बड़े-बड़े सेठों की ही स्वार्थ सिद्धि होती है। धर्म और मर्यादा के आगे लोग मनुष्यता की साधारण बातों को भूल जाते हैं। केवल बहकाने के लिए, लोगों को ठगने के लिए समाज के विधाताओं ने धर्म के आदर्श और व्यावहारिक दो रूप कर रखे हैं। प्रेमचंद ने कहीं समाज के इस जर्जर ढाँचे में दो लातें लगाई हैं, कहीं मिट्टी लेकर गिरती दीवाल को बनाने की कोशिश की है, लेकिन वह ढाँचा भीतर से कितना खुदा है, मिट्टी के कनकन एक दूसरे से कितने अलग हो गए हैं, यह वे भली प्रकार जानते

थे। वह जानते थे कि वर्षा, आतप और शीत से यह घर हमारी रक्षा नहीं कर पाता। प्रेमचंद का युग बीत रहा है, न जाने कब यह इमारत अपनी नई और पुरानी शहतीरों के साथ लोगों की खोपड़ी पर भरभरा पड़े। कल्याण इसी में है कि उसे छोड़कर हम दूसरी इमारत बनावें। हम उसकी मिट्टी को गारा बनाकर नई ईंटें जोड़ने के काम में ला सकते हैं; उसका और कोई दूसरा उपयोग नहीं है।

प्रेमचंद की कला

यह हम पहले ही कह चुके हैं कि प्रेमचंद का ध्येय समाज-सुधार था; कला की बातें गौण होकर आती हैं, उनका लक्ष्य पहले उस ध्येय की पुष्टि करना ही है। परंतु इसका अर्थ यह नहीं है कि कला के बारे में उन्होंने सोचा न था, विशेषकर उस कला के बारे में जिसका कहानी और उपन्यास के निर्माण से सम्बन्ध है। युवावस्था में प्रेमचंद ने बहुत से उपन्यास पढ़े थे—उनकी संख्या अनगिनती न रही हो परंतु उनमें भले-बुरे, कलात्मक और कलाहीन का हिसाब न लगाया गया था। तिलस्मे होशरुबा, चंद्रकांता संतति, बंकिमचंद्र और रेनॉल्ड के अनुवाद, और कुछ न मिला तो नवलकिशोर प्रेस से निकले पुराणों के उर्दू अनुवाद सभी कुछ उन्होंने पढ़ा था। 'मेरी पहिली रचना' और 'जीवनसार' (कफन) में उन्होंने अपने इस उपन्यास-प्रेम और अपनी पढ़ाई का हाल लिखा है। अपनी रचनाओं में प्रेमचंद का ध्येय समाज-सुधार था; एक समाज-सुधारक चंद्रकांता संतति और रेनाल्ड के अनुवाद पढ़े, कुछ अचरज सा लगता है। परंतु इससे सिद्ध होता है कि प्रेमचंद को कथा-मात्र से प्रेम था; जो पढ़ते थे, उसमें उनके लिए पहला आकर्षण कहानी थी। इसलिए सुधार का लक्ष्य होते हुए भी उनकी खुद की रचनाओं में कहानी-तत्त्व गौण होकर नहीं आया। पाठक उन्हें कथा के आनंद के लिए पढ़ सकते हैं; सुधार का लक्ष्य छिपा हुआ है। भले-बुरे, सभी श्रेणियों के उपन्यास पढ़ने से प्रेमचंद की चिंतनशक्ति उर्वर हुई; प्रत्येक महान प्रतिभा को अपने लिए एक बना-बनाया ढाँचा न चाहिए, जिसका वह अनुसरण करें,—उसे अपने विकास के लिए केवल संकेत, थोड़ा सहारा चाहिए जिससे वह अपनी मौलिकता को खोज सके। प्रेमचंद की विचित्र और बहु प्रकार की पठन सामग्री ने उनकी रचना शक्ति के लिए खाद का-सा काम किया और वह 'सेवासदन' जैसा आधुनिक उपन्यास लिख सके। केवल निर्माण की दृष्टि से स्वयं प्रेमचंद 'सेवासदन' को फिर न पा सके; अपने अन्य बड़े उपन्यासों में उन्होंने निर्माण का ढंग ही बदल दिया था।

'सेवासदन' में पाठक का ध्यान सुमन पर केंद्रित रहता है; विषम सामाजिक परिस्थितियों में उसका विवाह होता है, पति से विछोह और बाद में वेश्या-जीवन आरम्भ होता है। अंत में वह सेवासदन में स्वयं आश्रय खोजती दूसरों के आश्रय का प्रबंध करती है। आरम्भ से अंत तक सुमन पर से पाठक की दृष्टि नहीं हटने पाती और वही

कहानी के ऊहापोह का कारण बनती है। परंतु 'सेवासदन' की आधुनिकता इस निर्माण में ही नहीं है; उसकी महत्ता घटनाओं के तारतम्य, विशेषकर परिस्थिति, घटना और चरित्र के सामंजस्य में है। 'सेवासदन' में घटनाओं का सम्बन्ध चरित्र तक, कथा के कुछ पात्रों तक ही नहीं रहता; वह फैलकर परिस्थिति, समाज की विशिष्ट अवस्थाओं तक पहुँच जाता है। प्रेमचंद के पहले के उपन्यासकार इस सामाजिकता को न पहचान पाए थे; उनके उपन्यास कुछ पात्रों की कथाएँ हैं—प्रेमचंद के उपन्यास समाज का प्रतिबिम्ब है, पात्र केवल सामाजिक दशाओं के चित्रण में सहायता करते हैं। और अंत तक पहुँचते-पहुँचते 'सेवासदन' की कथा का केंद्र सुमन न होकर वेश्या-जीवन हो जाता है। सुमन की समस्या एक बृहत समस्या में घुल-मिल जाती है। फिर भी सुमन का चित्रण अत्यंत सजीव है; उसमें वैयक्तिक विशेषताएँ हैं और वह केवल एक सामाजिक परिस्थिति या किसी वर्ग का प्रतीक मात्र नहीं है। वर्ग और व्यक्ति दोनों को उनका उचित स्थान दिया गया है। आरम्भ में दारोगा कृष्णचंद की ऐसी परिस्थिति दिखाई गई है कि उन्हें कन्या के विवाह के लिए घूस लेना और फलतः जेल जाना पड़ता है। कोई दूसरा होता तो सब कुछ निबाह ले जाता परंतु कृष्णचंद्र की सिधाई स्थिति के सँभालने में बाधक होती है। वहीं से सुमन की विपत्ति-कथा का आरम्भ होता है। बाद में शहर में, उसका पति, पड़ोसी भोली रंडी, पद्मसिंह आदि उसके घर छोड़ने और रंडी बनने में सहायक होते हैं। सुमन की व्यक्तिगत चेष्टाएँ अनुकूल परिस्थितियों से प्रेरित होती हैं और उनका एक निश्चित दशा में अंत होता है। इसके बाद वेश्याओं को लेकर नगर में जो आंदोलन चलता है, उससे समाज का व्यभिचार, उसकी पतित अवस्था हमारे सामने आ जाती है। प्रेमचंद ने नगर के प्रमुख व्यक्तियों के सुंदर रेखाचित्र दिए हैं और वह व्यंग्यपूर्ण चित्रण देखते ही बनता है। सुमन के जीवन की दूर तक प्रतिक्रिया होती है और उसकी बहन को अविवाहित ही विधवा बनना पड़ता है। 'सेवासदन' में नगर के, बाजार के, बागों और मंदिरों के, सेठ-साहूकार, वकील, सुधारकों के, और नदी के किनारे मल्लाहों के चित्रण से, हम सुमन को उसके चारों ओर के वातावरण में सामाजिक परिस्थितियों के बीच देख सकते हैं। प्रेमचंद के पहले हम कथाएँ पढ़ते थे; यहाँ नित्यप्रति की देखी-सुनी बातें पाते हैं, कल्पना से यथार्थ में आते हैं।

'सेवासदन' में कथा-सूत्र एक ही है; 'रंगभूमि', 'प्रेमाश्रम' आदि की भाँति कई कथाएँ एक साथ नहीं चलतीं। उन बड़े उपन्यासों की श्रेणी से अलग प्रेमचंद का दूसरा सुगठित उपन्यास 'निर्मला' है। अपने घर में अविवाहित दशा से लेकर मृत्युपर्यंत निर्मला ही कथा का केंद्र है। फिर भी घटनाओं में अंतर नहीं पड़ता, अविलम्ब एक दूसरे का अनुसरण करती वे हमारे सामने आती हैं। निर्मला की दोहाजू से शादी होती है और फिर बाबू तोताराम की गृहस्थी की विचित्र समस्याएँ उठ खड़ी होती हैं। मंसाराम की मृत्यु के बाद निर्मला का जीवन लक्ष्यहीन हो जाता है और रोग और दरिद्रता में उसकी मृत्यु हो जाती है। यहाँ भी निर्मला के सहारे, जैसा कि हम देख चुके हैं, प्रेमचंद वयस्क

दोहाजू के विवाह से उत्पन्न घरेलू समस्याओं का ताना-बाना बुनते हैं। निर्मला के जीवन की घटनाओं में मग्न, कथा का आनंद लेता हुआ पाठक, समाज की इन गुत्थियों को भी सुलझाता चलता है। इसी श्रेणी में 'प्रतिज्ञा' उपन्यास भी आता है। अमृतराज और पूर्णा कथा का केंद्र हैं; अमृत केवल विधवा से शादी करने की प्रतिज्ञा करते हैं, और पूर्णा विधवा हो जाती है परंतु अनेक कारणों से फिर भी उनकी शादी नहीं होती। यहाँ भी कथा के साथ विधवा-जीवन के विभिन्न पहलुओं पर प्रकाश डाला गया है। 'ग़बन' इस कोटि के उपन्यासों में सबसे लम्बा है। यहाँ मूल समस्या गहनों को लेकर खड़ी हुई है। जालपा गहने चाहती है; उसके ससुर और पति मिथ्या सामाजिक मर्यादा के फेर में एक कमज़ोरी के बाद दूसरी कमज़ोरी की तरफ़ बढ़ते जाते हैं और जब जालपा सजग हो जाती है तब भी उसका पति रमानाथ नहीं सँभल पाता क्योंकि वह पतन की राह में बहुत आगे बढ़ चुका है। केवल जालपा का हठ और उसका त्याग, साथ ही ऐसी सामाजिक परिस्थितियाँ जो रमानाथ के सोते आत्मसम्मान को जगा देती हैं, उसे फिर मनुष्य की तरह जीवन बिताने योग्य बनाती हैं। आज का समाज किस तरह हमारी कमज़ोरियाँ उभारता है और हमें शीघ्र से शीघ्र पतित होने में सहायता देता है, इसका सूक्ष्म चित्रण यहाँ मिलता है। साथ ही रमा और जालपा की कहानी से भी हमारा ध्यान नहीं हटने पाता। उसी कथा को उभारने के लिए रतन और उसके पति वकील की कथा भी आ जाती है, परंतु वह बहुत छोटे परिमाण में है।

अन्य उपन्यासों में दो या अधिक कथाएँ साथ-साथ चलती हैं और मूल कथा, किसे कहें, यह निश्चय करना कठिन हो जाता है। 'प्रेमाश्रम' में एक ओर ज्ञानशंकर, प्रेमशंकर, गायत्री, कमलानंद आदि ज़मींदार वर्ग के पात्र हैं, उनकी समस्याएँ हैं, उनकी कथा है, दूसरी और गौस खाँ के किसान, मनोहर, बलराज, कादिर आदि हैं, उनकी समस्याएँ हैं, उनकी भी कहानी है। परंतु ये कहानियाँ जितनी अलग ऊपर से जान पड़ती हैं, उतनी वासतव में नहीं हैं। दोनों का एक दूसरे के निकट का सम्बन्ध है और वे एक दूसरे की आश्रित हैं। यह भी ध्यान देने की बात है कि इस कोटि के मुख्य उपन्यास, 'प्रेमाश्रम', 'रंगभूमि' और 'गोदान' गाँवों से सम्बन्धित हैं और इसलिए प्रेमचंद को वहाँ के दो वर्गों का चित्रण करना आवश्यक था। 'सेवासदन', 'ग़बन' और 'निर्मला' की समस्याएँ एक ही वर्ग या परिवार की हैं अथवा वहाँ वर्ग-संघर्ष इतना स्पष्ट नहीं हो पाया था। गाँवों में जमींदार एक तरफ़, किसान एक तरफ़—दोनों के खेमे जुदा-जुदा हैं। इसलिए किसानों का शोषण चित्रित करने के लिए उन्हें ज़मींदारों का चित्रण करना ही था। और प्रेमचंद दोनों वर्गों को निकट से जानते थे, इसलिए बड़े परिमाण पर उन्होंने उनके चित्र बनाए हैं। गायत्री और ज्ञानशंकर की प्रेमलीलाओं से किसानों का निकट का सम्बन्ध है। जब गायत्री का कृष्ण-प्रेम उमड़ता है, वह सनातन धर्म की सभाएँ करती हैं, धर्मशालाएँ बनवाती हैं, तो इसका बोझ किसानों के कंधों पर ही पड़ता है। ज्ञानशंकर की व्यक्तिगत धूर्तता और उनका पाखंड उन्हें एक आदर्श हृदयहीन

ज़मींदार के रूप में हमारे सामने रखता है। और अंत में मायाशंकर और किसान दोनों वर्गों का सहकारिता की खेती में, एक वर्गहीन समाज में अंत होता है। 'प्रेमाश्रम' में खूब विभिन्नता है; उसका ध्येय किसानों को सरकारी और ज़मींदारी शासन के नीचे पिसता हुआ दिखाना है। इसलिए एक गठित कथा को लेकर चलना घातक होता। अनेक आधुनिक उपन्यासकार कथा को छोड़कर केवल सामाजिक परिस्थितियों का चित्रण करते हैं। अपनी विशृंखलता से ही वे पाठक पर एक प्रभाव छोड़ना चाहते हैं। प्रेमचंद में वैसी विशृंखलता नहीं है। रूसी क्रांति के पूर्व के उपन्यासकार टाल्स्टाय, मैक्सिम गोर्की आदि की भाँति कथासूत्रों को लेते हुए वे सामाजिक परिस्थितियों का चित्र देते हैं। निर्माणकला की दृष्टि से 'प्रेमाश्रम' उतना ही महत्त्वपूर्ण है जितना 'सेवासदन'। 'सेवासदन' का क्षेत्र संकुचित है, 'प्रेमाश्रम' का बृहत। पूरा उपन्यास पढ़ने पर गाँवों का समाज, उसकी समस्याएँ, शोषण-यंत्र की विचित्र गतिविधि, सभी से हमारा परिचय हो जाता है। प्रत्येक महान कृति की भाँति हम उसके लिए कह सकते हैं, यह जीवन का ही चित्र है।

'रंगभूमि' की कथा के दो केंद्र हैं, एक सूरदास दूसरे विनयसिंह। सूरदास के पास थोड़ी सी ज़मीन है; जॉन सेवक उस पर अपना तमाखू का कारखाना बनाना चाहते हैं। यही सारे झगड़े की जड़ है। सूरदास के चारों ओर भैरों, जगधर, नायकराम आदि देहात के अन्य पात्र हैं; भैरों की स्त्री सुभागी को लेकर एक टंटा खड़ा हो जाता है। कारखाना बनने से कुछ गाँव वालों को अपना लाभ भी दिखाई देता है; वे डटकर, एक होकर सेवक साहब का विरोध नहीं कर पाते। सूरदास और उसके गुट को अपना केंद्र मान प्रेमचंद ने उस गाँव की दशा चित्रित की है जो पुरानी मान-मर्यादा के विचारों के होते हुए भी नए उद्योग-धंधों के आक्रमण से अपने अस्तित्व को नहीं बचा सकता। सेवक और सूरदास के बीच ताहिरअली, जो सेवक के क्लर्क हैं, अपनी छोटी-सी कथा लिये आते हैं। भले सीधे आदमी, परिस्थिति की मार से, जान-बूझकर अधर्म का काम करते हैं, और उन्हें सज़ा भी मिलती है, अधर्म की नहीं, अपनी सिधाई की। सूरदास के विरोधी दल में सेवक के साथ कुँवर भरतसिंह, राजा महेंद्र प्रतापसिंह, आदि मिले हुए हैं। भरतसिंह ही सबसे पहले कारखाने के हिस्से खरीदने को तैयार होते हैं। महेंद्रसिंह ज़मीन दिलाने को कहते हैं। हाकिम क्लर्क भी सेवक के लालच दिखाने पर उनकी सहायता करते हैं। ज़मीन के मालिक जमींदार, जागीरदार आदि भूमिपति से आधुनिक पूँजीपति बन सकते हैं। इन भूमिपतियों, नए व्यापारियों और इनके सहायकों के साथ एक गुट आदर्शवादियों का है जिसमें कुछ द्वंद्व से अलग हो जाना चाहते हैं, कुछ उसे सुलझाना चाहते हैं, और परिस्थिति की थपेड़ों से कुछ प्रतिक्रियावादी होकर जन-पक्ष के दमन में भी सहायक हो जाते हैं। विनयसिंह को अपनी माता से पुराने ढंग की आत्मत्याग और देश-सेवा की शिक्षा मिली है। वह एक आदर्शवाद लिये जीवन में प्रवेश करते हैं परंतु परिस्थिति उन्हीं के जीवन में एक द्वंद्व उत्पन्न कर देती है और वह

कभी इस ओर, कभी उस ओर, अर्द्ध-निष्क्रिय से झोंके खाया करते हैं। प्रभु सेवक इस द्वंद्व से दूर हो अपने आप को कविता में भूल जाना चाहते हैं। उनके पिता बार-बार उन्हें व्यापार की भँवर में डालना चाहते हैं, परंतु कमल-पत्र की भाँति उन पर पानी चढ़ता ही नहीं है। सोफी विनय से प्रेम करती है; उसका कार्यक्रम विनय से ही प्रभावित होकर बनता है। राजपूताने की रियासतों में जब विनय से अलग वह षड्यंत्रकारियों से मिल जाती है, तो विनय के कार्यों की प्रतिक्रिया के ही कारण। कुँअर भरतसिंह की पत्नी रानी जाह्नवी के देश-प्रेम का स्रोत पुत्र है : मेरा पुत्र महान हो, यह उनकी कामना है, और उसके महान बनने के लिए देशसेवा एक साधन है। इन आदर्शवादियों में कोई भी समस्या को ठीक तरह नहीं सुलझा पाता। सेवक और सूर का संघर्ष चला करता है और अंत में सूर के साथ सारा गाँव, जैसा कि हम देख चुके हैं, तहस-नहस हो जाता है। इस तरह कथा के अनेक सूत्र एकत्र कर प्रेमचंद एक बृहत सामाजिक परिवर्तन का चित्र दे सके हैं; मूल कथा विनय और सोफी की, या सूर और सुभागी की नहीं रहती—उपन्यास का कथानक एक सामाजिक परिवर्तन हो जाता है और प्रेमचंद की कला इसे चित्रित करने में पूरी तरह सफल हुई है।

'कर्मभूमि' का ढाँचा अन्य उपन्यासों से भिन्न है। यहाँ पर दो कथाएँ हैं, एक चमारों के गाँव की, एक नगर की, परंतु दोनों ही अमरकांत के व्यक्तित्व से जुड़ी हुई हैं, साथ ही दोनों का ही सम्बन्ध अछूतों से है। एक तरफ अमरकांत के गाँव में लगानबंदी का आंदोलन चलता है, दमन होता है, दूसरी तरफ नगर में मंदिर-प्रवेश के लिए सत्याग्रह होता है, गोली चलती है, अछूतों के लिए नए मकान बनें, इसके लिए म्यूनिसिपैलिटी के विरुद्ध आंदोलन चलता है। अछूत समस्या का यहाँ भी बृहत चित्र खींचा गया है; उसके आर्थिक, सामाजिक पहलू हमारे सामने आते हैं। अमरकांत की कहानी अछूत आंदोलन की कहानी बन जाती है। कथा के दो क्षेत्र होने से प्रभाव कम नहीं होता वरन वे एक दूसरे की सहायता करते हैं और एक निश्चित कलात्मक प्रभाव के अंग बन जाते हैं। निर्माण की दृष्टि से 'कायाकल्प' प्रेमचंद का सबसे निर्बल उपन्यास है। चक्रधर की कहानी और रानी देवप्रिया की पारलौकिक गाथा काफी दूर-दूर चलती हैं। यद्यपि अंत में वे एक हो जाती हैं परंतु उन्हें एक करने में जितना विलम्ब लगता है, उससे पाठक धीरज खो बैठता है। कथाओं के असम्बद्ध होने पर भी लेखक का ध्येय राजा-ज़मींदारों का चित्रण करना स्पष्ट रहता है। ये पात्र इतने मौलिक और मजेदार हैं कि उपन्यास की रोचकता नष्ट नहीं होती। 'गोदान' का ढाँचा बहुत कुछ 'प्रेमाश्रम' जैसा है—एक गुट होरी के चारों ओर किसानों का है, दूसरा गुट रायसाहब के चारों ओर उच्च वर्ग के लोगों का है। इनमें मेहता और मालती भी हैं जो गाँव वालों से सहानुभूति रखते हैं परंतु लड़ाई में कूदकर, डटकर उनका पक्ष लेकर लड़ नहीं सकते। इन्हीं के साथ पत्रकार, मिलों के मालिक, शहर के अमीर आवारा आदि भी हैं जो होरी की गरीबी से अलग उच्चवर्ग की ऊपरी चमक-दमक का चित्र पेश करते हैं। लेकिन

यह वर्ग मूल चित्र के पृष्ठभाग में ही रहता है; चित्र का अधिक भाग होरी और उसके साथियों को ही दिया गया है। इसका कारण यह है कि होरी की मुख्य लड़ाई उतनी इस उच्च वर्ग के साथ नहीं है जितनी गाँव के ही महाजनों से। 'गोदान' का कथानक किसान-महाजन संघर्ष को लेकर रचा गया है, उच्च वर्ग केवल चित्र की पूर्णता के लिए है। कथाक्रम में 'प्रेमाश्रम' की ही भाँति तीव्रता है—वहाँ एक गाँव का गाँव स्वाहा हो जाता है, यहाँ होरी पूरे महाजन वर्ग और उसके सहायक जमींदार वर्ग के कारिंदों से युद्ध करता हुआ परास्त होता है। किसान-महाजन संघर्ष का होरी ही एक महान प्रतीक बन जाता है और उसका अकेला चरित्र कथा की एकसूत्रता में सहायता करता है। उसके अनेक सहायक पात्र हैं जो शोषण चक्र में पिसते दिखाई देते हैं। शोषकों में भी काफी विचित्रता है; इसलिए कथा की एकता के साथ उसकी विचित्रता और रोचकता में कमी नहीं होने पाती।

चरित्र-चित्रण में प्रेमचंद पात्र की वैयक्तिक विशेषताओं में पैठते हुए भी परिस्थितियों के अनुसार उसका उत्थान-पतन दिखाते चलते हैं। सारा व्यापार अत्यंत स्वाभाविक और मानव-सुलभ हो उठता है, और पाठक पर सत्यता की छाप डालता है। 'कायकल्प' में चक्रधर का और 'रंगभूमि' में विनयसिंह का पतन, इसके दो उदाहरण हैं। 'कर्मभूमि' में अमरकांत का भी कुछ ऐसा हाल होता है। आत्मानंद महंत का गुरुद्वारा घेर लेने के पक्ष में हैं, अमरकांत पहले समझौते की बात करना चाहते हैं! एक बार वह अफसरों से मिलने जाते हैं। उनके व्यवहार से वह मुग्ध हो जाते हैं; चमारों से आत्मीयता और बंधुत्व वाला भाव कुछ क्षणों को लोप हो जाता है। "अफसरों की सोहबत ने कुछ अफसरी शान पैदा कर दी थी।" लोगों से कहा—"हाकिम परगना तुम्हारी हालत जाँच करने आ रहे हैं। खबरदार! कोई उनके सामने झूठा बयान न दे! · · · तहकीकात में देर जरूर लगेगी; लेकिन राज्य-व्यवस्था में देर लगती ही है। · · · रुपए में आठ आने छूट का ज़िम्मा मैं लेता हूँ। सब्र का फल मीठा होता है, इतना समझ लो।" धीरे-धीरे आत्मानंद भी अमरकांत की सलाह मान गए। वह सभा में लोगों को बाकी लगान दे देने की सलाह दे रहे थे। उसी समय अमरकांत को घर का पत्र मिला, जिसमें उसकी स्त्री सुखदा की गिरफ्तारी और जेल-यात्रा का वृत्तांत था। तुरंत ही अमर की कल्पना अपनी वीरांगना नारी के अतिरंजित चित्र खींचने लगी। "ऊपर असीम आकाश में केसरिया साड़ी पहने कौन उड़ी जा रही है? सुखदा! सामने की श्याम पर्वत-माला में गोधूलि का हार गले में डाले कौन खड़ी है?" इसका परिणाम यह हुआ कि उसने सभा में बड़ा ही उग्र भाषण दिया और अपना पक्ष छोड़कर लगानबंदी का ज़ोरों से समर्थन किया। परिस्थिति के चक्र में उत्थान-पतन दोनों होते हैं। 'गबन' में ज़ोहरा रमानाथ को फँसाना चाहती है, परंतु उसकी स्त्री जालपा को राजबंदियों के निःसहाय कुटुम्बों में बर्तन माँजते देख उसका हृदय पसीज उठता है और वह जालपा की सबसे बड़ी हितू बन जाती है। 'गोदान' में विलासप्रिय मालती के चरित्र का विकास भी ऐसा

ही हुआ है।

मनुष्य के भावों-विचारों में किस तरह छोटी-छोटी गुत्थियाँ पड़ती और सुलझती हैं, इसका चित्रण करने की प्रेमचंद में अद्भुत क्षमता है। 'गोदान' का 10वाँ अध्याय एक उदाहरण है। होरी रात से अपने खेत के पास की मड़ैया में लेटा है; उसकी स्त्री धनिया खबर लाती है कि उसके लड़के गोबर की छोड़ी हुई स्त्री झुनिया उसके यहाँ आश्रय चाहती है, पाँच महीने का उसके गर्भ है। धनिया उसे घर में रखने के पक्ष में नहीं है, होरी उसे हाथ पकड़ दूर कर देने की बात कहता है। दोनों घर की ओर चले तो पति-पत्नी में विवाद होने लगा। धनिया को चिंता हुई, रात को कहाँ जायगी; कहीं डरडरा न जाय। घर तक पहुँचते धनियाँ होरी को कसम रखाने लगी कि उस पर हाथ न उठाए। और घर के भीतर जब होरी पहुँचा तो सामाजिक मर्यादा-ज्ञान के ऊपर उसकी ग्रामीण सहृदयता जाग उठी; अपने पैरों पर पड़ी झुनिया से वह यही कह सका—"डर मत बेटी, डर मत। तेरा घर है, तेरा द्वार है, तेरे हम हैं। आराम से रह।" मानव-चरित्र में ऐसे घात-प्रतिघात उनके उपन्यासों में भरे पड़े हैं। इसीलिए उन्हें पढ़ते ही उनकी यथार्थता पर विश्वास हो जाता है—प्रेमचंद ने मनुष्य की कमज़ोरियों और शहज़ोरियों का निकट से अध्ययन किया था, यह उनकी रचनाओं से स्पष्ट मालूम होता है।

कहानी में चरित्र-विकास और कथानक के नियम दूसरे ही हैं। सूक्ष्म मनोविज्ञान की बातें यहाँ खूब उघर कर आती हैं और कहानी को सुंदर बना देती हैं। दूसरे प्रेमचंद की शब्द-चित्रण की प्रतिभा के लिए यहाँ विशेष क्षेत्र रहता है। 'रंगभूमि' में ताहिरअली, नायकराम, राजा महेंद्रप्रताप आदि के जैसे शब्द-चित्र उन्होंने दिए, या 'गोदान' में महाजनों के, 'प्रेमाश्रम' में चपरासी-कारिंदों के—ऐसे शब्द-चित्र कहानी की जान हो जाते हैं। थोड़े में एक पात्र को सजीव आँखों के सामने खड़ा कर देने की क्षमता कहानी को सफल बनाने में विशेष सहायता देती है। प्रेमचंद का व्यंग्य भी यहाँ खूब निखर कर आता है। जैसे शंखनाद में चौधरी के बड़े लड़के बितान "एक सुशिक्षित मनुष्य थे। डाकिए के रजिस्टर पर दस्तखत कर लेते थे। बड़े अनुभवी, बड़े मर्मज्ञ, बड़े नीतिकुशल। मिर्जई की जगह कमीज पहनते, कभी-कभी सिगरेट भी पीते, जिससे उनका गौरव बढ़ता था।" प्रेमचंद दो-चार बातों को शब्दचित्र में ऐसा सजा देते हैं कि सारा चित्र जी उठता है; रेखाचित्र को सफल बनाने के लिए जैसे उसके सभी अंगों का पूरा-पूरा बनाना आवश्यक नहीं होता, केवल कुछ रेखाओं से ही वह सजीव हो उठता है। इसके साथ प्रेमचंद का छिपा हुआ हास्य, चारित्रिक विशेषताओं पर व्यंग्य करता हुआ चलता रहता है। उपन्यास और कहानियों में वह समान रूप से देखने को मिलता है। 'दंड' (मानसरोवर, तीसरा भाग) कहानी में कचहरी उठ जाने के बाद "अहलकार और चपरासी जेबें खनखानाते घर जा रहे थे। मेहतर कूड़े टटोल रहा था कि शायद कहीं पैसे-वैसे मिल जायँ। कचहरी के बरामदों में सांड़ों ने वकीलों की जगह ले ली थी। पेड़ों के

नीचे मुहर्रिरों की जगह कुत्ते बैठे नज़र आते थे।" 'शतरंज के खिलाड़ी' उनके व्यंग्य और हास्य का सुंदर नमूना है। 'कफ़न' में करुणा और हास्य अद्‌भुत रूप से मिलते हुए हैं। कहीं-कहीं यह हास्य, यथार्थ के संघर्ष में आकर अत्यंत कटु हो गया है। 'नशा' (मानसरोवर, पहला भाग) में एक ठाकुर पूछने आता है, स्वराज्य में जमींदारों की जमीन छीन ली जायगी कि नहीं। कहानी का लेखक जो अपने मित्र के यहाँ जमींदार का स्वाँग बनाए हुए है, कहता है कि जो जमीन न देंगे, उनकी छीन ली जायगी, और अपने इलाके में स्वराज्य होते ही वह जमीन किसानों के नाम हिबा कर देगा। ठाकुर वहीं चलना चाहता है परंतु लेखक बताता है कि अभी उसे अख्तियार नहीं है; होने पर बुला लेगा। मोटर ड्राइवरी सिखाकर ठाकुर के ड्राइवर बनने की बात भी पक्की हो गई। नतीजा यह हुआ, "उस दिन ठाकुर ने खूब भंग पी और अपनी स्त्री को खूब पीटा और गाँव के महाजन से लड़ने को तैयार हो गया।" मोटेराम वाली कहानियों में हास्य बहुत उथला है परंतु यह उथलापन तब आता है जब प्रेमचंद हास्य की ही कहानी लिखना चाहते या हास्यपूर्ण परिस्थिति बनाना चाहते हैं। उनका हास्य सबसे सफल तब होता है जब चरित्र-चित्रण या वर्णन के साथ वह मिल जाता है या मनुष्य की छोटी-छोटी कमज़ोरियों की ओर इंगित करता है।

चरित्र-चित्रण के लिए शब्द-चित्र ही एक साधन नहीं है; ज्यादा काम वार्तालाप से लिया जाता है। पात्रों की बातचीत से उनके चरित्र की विशेषता दिखाने में प्रेमचंद ने कमाल किया है। बातचीत बहुत ही स्वाभाविक होती है और पात्रों के अनुसार भाषा में भी परिवर्तन हुआ करता है। धाराप्रवाह बोलने वाली बातूनी स्त्रियों का 'गोदान' की धनिया एक उदाहरण है; अपनी बातों से वह बड़ों-बड़ों के छक्के छुड़ा देती है और उसकी भाषा ऐसी रोचक होती है कि उसकी वक्तृता सुनते जी नहीं आघाता। मनुष्यों की बातचीत की स्वाभाविकता का तो कहना ही क्या; पशुओं के मूक सम्भाषण को भी प्रेमचंद ने शब्दों में बाँध दिया है। पशु जिस प्रकार कुछ सोचते हैं, सोचते के बाद मिलकर कोई काम करते हैं,—कम से कम उनके कार्यों से भासित ऐसा होता है कि वे सोच रहे हैं, उस दशा का चित्रण 'दो बैलों की कथा' (मानसरोवर, दूसरा भाग) में मिलता है। 'दूध का दाम' में टामी और मंगल की बातचीत ने यथार्थ और कल्पना के सम्मिश्रण से एक विचित्र भाव-जगत तैयार कर दिया है। मंगल जमींदार के यहाँ से निकाल दिया गया है; वहाँ लौटकर नहीं जाना चाहता; टामी से सलाह करता है। "खाओगे क्या टामी, मैं तो भूखा ही लेट रहूँगा।" टामी कूँ कूँ कर उत्तर देता है—"इस तरह का अपमान तो जिंदगी भर सहना है। यों हिम्मत हारोगे, तो कैसे काम चलेगा। मुझे देखो न, अभी किसी ने डंडा मारा, चिल्ला उठा; फिर ज़रा देर बाद दुम हिलाता हुआ उसके पास जा पहुँचा। हम-तुम दोनों इसीलिए बने हैं भाई।"

अधिकाशं कहानियों में प्रेमचंद एक ही प्रधान घटना रखते हैं; कथानक की गति उसी की ओर होती है, और पाठक का ध्यान एक ही धारा में बहता है। उनकी सबसे

सुंदर कहानियों में कथा का समय भी थोड़ा ही होता है। 'कफन' में सारी घटनाएँ बिना टूटे हुए कुछ घंटों में हो जाती हैं। ऐसे ही उनकी अन्य सुंदर कहानी 'पूस की रात' (मानसरोवर, पहला भाग) में केवल एक रात की घटनाओं का वर्णन है। 'शतरंज के खिलाड़ी' निर्माण कला का सुंदर उदाहरण है। 'सद्गति' में भी घटनाओं का क्रम टूटने नहीं पाता; दुखी चमार जब से घर से साइत विचरवाने चलता है, तब से उसकी मृत्युपर्यंत उस पर से पाठक की दृष्टि एक क्षण को भी नहीं उठने पाती। जहाँ इस समय की एकता का विचार नहीं होता, वहाँ भी मूल समस्या एक ही हो, इस बात का ध्यान रखा जाता है। सारी बात प्रभाव की होती है; प्रेमचंद की कहानी का प्रभाव सधा हुआ और संगठित होता है। कहने कुछ लगे और कह गए कुछ, ऐसा देखने को नहीं मिलता। चरित्र-चित्रण और वार्ता दोनों का लक्ष्य ही इस प्रभाव को उभारता रहता है। अंत में कहानी पढ़ने पर पाठक को एक तृप्ति मिलती है; समस्या सुलझ जाती है और पाठक आगे के लिए चिंतित नहीं रहता। कथा के आनंद को प्रेमचंद अधूरा नहीं रखते।

इसके साथ ही कहानियों और उपन्यासों में प्रेमचंद अपनी कथा के लिए उचित 'सेटिंग' तैयार कर लेते हैं। उनकी वर्णन शक्ति चित्र के पृष्ठभाग को सजाने में सहायता देती है। 'पूस की रात' में ठंड का बड़ा प्रभावपूर्ण वर्णन है। थोड़े से ही शब्दों में प्रकृति और मनुष्य के संघर्ष को वह सजग कर देते हैं। "आकाश पर तारे भी ठिठुरते मालूम होते थे" या "रात में शीत को हवा ने धधकाना शुरू किया" ऐसे वाक्य गाँव में पूस की ठंड की कल्पना करा देते हैं। कहीं-कहीं उनका प्रकृति-वर्णन कवित्वपूर्ण होने के साथ हल्की भावुकता लिये होता है। परंतु बार-बार उनकी भाषा अपनी वर्णन-क्षमता से हमें अचम्भे में डाल देती है। "अंतस्तल की गहराइयों से एक लहर-सी उठती हुई जान पड़ी, जिसमें उसका अपना अतीत जीवन टूटी हुई नौकाओं की भाँति उतराता हुआ दिखाई दिया।" (जेल—समरयात्रा) मनोभावों को दर्शाने के लिए उनकी चित्रमय व्यंजना देखते ही बनती है। जब बुढ़िया नोहरी दुखी हुई तो "उसके मुख की झुर्रियाँ मानो रेंगने लगीं" (समरयात्रा—समर); शब्द-चित्र करुणा की व्यंजना साथ लिये है। भाषा को सबल बनाने के लिए प्रेमचंद ने साधारण से साधारण बात को भी अपनाने में असाहित्यिकिता का भान नहीं किया। "मिस मालती मेहता के साथ चलने को तैयार हो गईं। खन्ना मन में ऐंठकर रह गए। जिस विचार से आए थे, उसमें जैसे पंचर हो गया।" (गोदान) भोला एक जगह "अपील भरी आँखों" से होरी को देखता है और दूसरी जगह गोबर के शब्द "तपते हुए बालू की तरह (धनिया के) हृदय पर पड़े और चने की भाँति सारे अरमान झुलस गए।" प्रेमचंद की सफलता का रहस्य बहुत कुछ उनकी भाषा है। पहले वह उर्दू में लिखते थे, इसलिए कुछ लोग कह देते हैं, उनके गद्य पर उर्दू की छाप है। प्रेमचंद जैसे यथार्थ के विद्यार्थी के लिए उर्दू में बहुत दिन तक लिखना सम्भव न था। प्रेमचंद के ग्रामीण पात्रों की भाषा देखने से

यह स्पष्ट हो जायगा। क्या उनके सूरदास, कादिर, होरी, मनोहर, बलराज, गोबर, धनिया, दातादीन, झिंगुरीसिंह, आदि के उर्दू बोलने की कल्पना की जा सकती है? यद्यपि गाँव के किसान सचमुच तो अपनी दिहाती बोली में बात करते हैं परंतु वह बोली हिंदी के अति निकट होने से प्रेमचंद के लिखे वार्तालापों में घुल-मिल गई है। किसानों को बातचीत कराने में प्रेमचंद ने असाधारण रूप से देहात के मुहावरों और शब्दों को अपनाया है। देहाती बोली और हिंदी के एकीकरण में उन्हें इतनी सफलता मिली है कि गाँव का रहने वाला पाठक भी प्रेमचंद के किसानों की बात सुनकर उसे अस्वाभाविक नहीं कह सकता। प्रेमचंद के मुसलमान पात्र जो शहर में रहते हैं, उर्दू बोलते हैं। परंतु जो गाँव के हैं, वे हिंदी ही बोलते हैं। इससे साम्प्रदायिक भेद-भाव से परे भाषा की एकता का पता चलता है। गाँव के किसानों के लिए कौन भाषा सबसे सुलभ होगी, प्रेमचंद के किसानों की बातचीत से देखा जा सकता है।

परंतु प्रेमचंद किसानों की बातचीत के लिए ही देहात से शब्द नहीं लेते; उनकी भाषा का गठन ही उस देहाती बोली की भूमि पर हुआ है। जो सुंदर मुहावरे, कहावतें, उपमाएँ और हास्य के पुट उनके गद्य में हमें मिलते हैं, उन्हें प्रेमचंद ने अपने गाँव की बोली से सीखा था। अपनी उपमाएँ उन्होंने बहुधा ग्रामीण जीवन से ली हैं। "गाय मनमारे उदास बैठी थी, जैसे कोई बधू ससुराल आई हो" (गोदान)। "रग्घू खाने बैठा, तो कौर विष के घूँट-सा लगता था। ··· दो चार ग्रास खाकर उठ आया, जैसे किसी प्रियजन के श्राद्ध का भोजन हो" (अलगोझा—मानसरोवर पहला भाग) "तिलक-मंडप से अभी तक आग की ज्वाला निकल रही थी। राजा साहब और उनके साथ के कुछ गिने-गिनाए आदमी उसके सामने चुपचाप खड़े थे, मानो श्मशान में खड़े किसी मृतक की दाह-क्रिया कर रह हों' (कायाकल्प) इत्यादि। प्रेमचंद की भाषा के अलंकार उसके प्रवाह में सहज ही सज जाते हैं। सारी बात अनुभव और सचाई की है। प्रेमचंद जनता को जानते थे, उसकी भाषा को जानते थे; वहीं से उन्हें शक्ति मिली है। चमत्कार उत्पन्न करने के सैकड़ों उपाय हैं परंतु प्रेमचंद को वे सोचने न पड़े थे। उनकी भाषा जितनी सरल और चमत्मकार-पूर्ण है, उतना ही वह जनता की भाषा में छिपे हुए वैचित्र्य और साहित्यिकता की गवाही देती है।

अस्तु, समाज-सुधारक प्रेमचंद से कलाकार प्रेमचंद का स्थान कम महत्त्वपूर्ण नहीं है। उनका लक्ष्य जिस सामाजिक संघर्ष और परिवर्तनक्रम को चित्रित करना रहा है, उसमें वह सफल हुए हैं। उनके उपन्यासों की लम्बाई से अनुमान करना कि उनमें भरती की गई है, भ्रमात्मक है। अपने बड़े उपन्यासों में उन्होंने समाज के बृहत चित्र दिए हैं, उसके लिए वैसा परिमाण आवश्यक था। लम्बे उपन्यास लिखने में प्रेमचंद अकेले नहीं हैं। विदेश के अन्य लेखकों ने भी जिनकी कथा-वस्तु इस प्रकार की रही है, ऐसे अपन्यास लिखे हैं। 'निर्मला', 'सेवासदन' आदि लिखकर उन्होंने दिखा दिया है कि वह एक सुगठित कथा लिख सकते हैं, परन्तु इनका कलात्मक प्रभाव बड़े उपन्यासों

से भिन्न है। समाज के बड़े-बड़े परिवर्तन-क्रम, जिनमें हमारी सभ्यता का ध्वंस और निमार्ण होता है, जिनमें समाज की बड़ी-बड़ी वर्गशक्तियाँ अपनी-अपनी हार-जीत के लिए प्राणपन से चेष्टा करती हैं, जिनमें व्यक्ति से ऊपर उठ हम समाज के समूहों को ही पात्र-रूप में कार्य करते देखते हैं, वह संघर्ष की विशद कल्पना, सामाजिक-विकास का सूक्ष्म विश्लेषण और चित्रकार की बड़े परिमाण में निर्माणकला छोटे उपन्यासों में सुलभ नहीं है। कहानियों में शब्द-चित्रों के साथ वह कथा-तत्त्व का पूरा ध्यान रखते हैं और हास्य और व्यंग्य उनके चित्रण को सजीव बनाते हैं। वार्तालाप में स्वाभाविकता ऐसी होती है कि जिस श्रेणी का व्यक्ति होता है, वैसी ही उसकी भाषा भी होती है। प्रेमचंद के पात्रों की भाषा एक अध्ययन करने की वस्तु है; देहाती, हिंदी, उर्दू, अंग्रेज़ी और इनके मिश्रण से बनी अनेक प्रकार की भाषा-शैलियाँ एक युग के सांस्कृतिक आदन-प्रदान का इतिहास है। 'कफन' के चमारों से लेकर 'शतरंज के खिलाड़ी' के बीते युग के नवाबों तक सैकड़ों श्रेणियों के पात्रों का उनकी स्वाभाविक भाषा में बातचीत कराना समाज के अद्‌भुत ज्ञान का साक्षी है। ऐसी क्षमता संसार के महत्तम साहित्यिकों में ही पाई जाती है। प्रेमचंद का गद्य देहाती भाषा की दृढ़ भूमि पर निर्मित हुआ है; कहावतें, मुहावरें, उपमाएँ उन्होंने वहीं से सीखी हैं; भाषा की सरलता के लिए भी उन्हें वहीं से प्रेरणा मिली है। प्रेमचंद की कला का रहस्य एक शब्द में उनका देहातीपन है; ग्रामीण होने के कारण वह समाज के हृदय में पैठकर उसके सभी तारों से सम्बन्ध स्थापति कर सके हैं। अपनी भाषा के लिए, अपने चित्रण के लिए, वह आवश्यकतानुसार अपने देहात के अनुभव पर निर्भर हो सकते थे और उसने उन्हें कभी धोखा नहीं दिया। देश के गरीबों के प्रति उनकी सहानुभूत, उनसे उनके प्रगाढ़ परिचय और उनके चित्रण की सचाई ने ही उन्हें सफल कलाकार बनाया है।

परिशिष्ट

प्रेमचंद के विचार

प्रत्येक कलाकार की भांति प्रेमचंद के विचार भी उनकी साहित्यिक कृतियों में व्यक्त हुए हैं। उनकी कहानियों और उपन्यास पढ़कर यह जानने को बाकी नहीं रह जाता कि उनके राजनीतिक या सामाजिक विचार क्या थे। परंतु उपन्यास और कहानी लेखक के साथ प्रेमचंद सम्पादक भी थे और अनेक पुस्तकों की, उन्होंने अपने पत्र 'हंस' में आलोचना भी की थी। इसलिए हिंदी की गतिविधि आदि के बारे में उनके क्या विचार थे, हम जान पाते हैं। वैसे तो कलाकार के ही नाते हम उनके विचारों को जितना ही अधिक जान सकें, उतना अच्छा होगा। कला के सम्बन्ध में हम उनके विचार पहले अध्याय में देख चुके हैं। यहाँ उनके भाषा और आधुनिक साहित्य से सम्बन्ध रखने वाले विचार रक्खे जाते हैं।

प्रेमचंद ने भाषा के सम्बन्ध में काफी विचार किया था और उसके सम्बन्ध में लिखा भी काफी है। जब उन्होंने उर्दू छोड़कर हिंदी में लिखना शुरू किया था तब भी उनके सामने भाषा का प्रश्न महत्त्वपूर्ण होकर आता था। इसीलिए 'सेवासदन' में भी हम उन्हें इस विचार पर सोचते-विचारते देखते हैं। डा. श्यामाचरण मोटर से उतरकर जब अंग्रेजी में अपने देर होने की क्षमा चाहते हैं तब कुँअर साहब उन्हें याद दिलाते हैं, "डाक्टर साहब, आप भूलते हैं, यह काले आदमियों का समाज है।" डाक्टर साहब अंग्रेजी को देश की लिंग्वा फ्रांका मानते हैं, परंतु कुँअर साहब इसका कारण देश के कुछ अंग्रेजी भक्तों को बताते हैं। अंग्रेजी से कुँअर साहब को "ऐसी ही घृणा होती है जैसी किसी अंग्रेज के उतारे कपड़े पहनने से।" उर्दू और हिंदी का प्रश्न प्रेमचंद के सामने ताज़ा था। उसके बारे में कुंअर साहब कहते हैं—"फारस और काबुल के मूर्ख सिपाहियों और हिंदू व्यापारियों के समागम से उर्दू जैसी भाषा का प्रादुर्भाव हो गया। अगर हमारे देश के भिन्न-भिन्न प्रांतों के विद्वज्जन अपनी ही भाषा में सम्भाषण करते तो अब तक कभी एक सार्वदेशिक भाषा बन गई होती।" दिसम्बर '31 के हंस में

एक पुस्तक की आलोचना करते हुए प्रेमचंद ने लिखा था—"साहित्य मंडल ने उर्दू के केंद्र दिल्ली में हिंदी-प्रकाशन का भार उठाया है, यह उद्योग प्रशंसनीय है।" प्रेमचंद हिंदी-उर्दू का भेद मिटाने के पक्ष में थे क्योंकि वास्तव में भाषाएँ दोनो एक हैं। इसके लिए वह काफी उदारता से काम लेना चाहते थे; भाषा शुद्ध ही हो, इसके वह कायल न थे। परंतु राष्ट्रभाषा को कुछ गिने-चुने आदमियों की न होकर देश के समूह की समझ में आने वाली होना चाहिए। जैसा उन्होंने 'हंस' में लिखा था, "राष्ट्रभाषा केवल रईसों और अमीरों की भाषा नहीं हो सकती। उसे किसानों और मजदूरों की भाषा बनना पड़ेगा।" कौन-सी भाषा किसानों और मजदूरों की भाषा बन सकती है, यह उनकी कहानियों और उपन्यासों के ही किसान-मजदूरों की भाषा देखकर बताया जा सकता है। अन्य भाषा-भाषियों की सुगमता के लिए वह हिंदी का कोष बढ़ाना चाहते थे परंतु वह ऐसे शब्द लेने के पक्ष में न थे जिनसे हिंदी हिंदी न रहे। नवम्बर '35 के हंस में उन्होंने लिखा था, "इसका ध्यान रखना पड़ेगा कि अपना कोष बढ़ाने की धुन में वह अपना रूप ही न खो बैठे। ··· हिंदी की भी एक मर्यादा है, और उसका चाहे जितना ही विस्तार हो, उसकी इस मर्यादा की रक्षा होनी आवश्यक है।" इन शब्दों में उन्होंने अपने जीवन-पर्यंत के अनुभव और चिंतन का सार रख दिया है।

सरल भाषा लिखने के पक्षपाती होते हुए भी प्रेमचंद साहित्यिक की कठिनाइयों को जानते थे। उन्होंने स्वीकार किया है, दर्शन, विज्ञान आदि में और कथा-साहित्य में भी जहाँ वह विवेचनात्मक हो जाता है, जन-साधारण की भाषा से अलग कठिन शब्द अपनाने पड़ते हैं। भाषा काठिन्य के विरुद्ध कुछ लोगों की तरह आवाज़ न उठाकर प्रेमचंद ने जनसाधारण में ही अधिकाधिक भाषा और साहित्य के प्रचार पर ज़ोर दिया है। जो लोग उच्चकोटि का गम्भीर साहित्य रचने वाले की भाषा-सम्बन्धी कठिनाइयों को न समझकर उस पर तुरंत ही दुरूहता, अस्वाभविकता आदि का आक्षेप कर बैठते हैं, उन्हें प्रेमचंद के इन शब्दों को ध्यान में रखना चाहिए—"जब तक जनता में शिक्षा का अच्छा प्रचार नहीं हो जाता, उनकी व्यावहारिक शब्दावली बढ़ नहीं जाती, हम उसके समझने लायक भाषा में तात्त्विक विवेचनाएँ नहीं लिख सकते।" शिक्षा का प्रचार होने पर, वही कठिन शब्द "जिन्हें देखकर आज हम भयभीत हो जाते हैं, जब अभ्यास में आ जाएँगे तो उनका हौआपन जाता रहेगा" ('हंस', जनवरी '35)। राष्ट्रभाषा के राजनीतिक महत्त्व को वह पूरी तरह स्वीकार करते थे और इसके लिए उन्होंने नेताओं पर यह दोष भी लगाया है कि वे इस सम्बन्ध में अधिक सचेष्ट नहीं रहे। "जब हमारे नेता हिंदी-साहित्य से बेखबर से हैं, जब हम लोग थोड़ी-सी अंग्रेजी लिखने की सामर्थ्य होते ही हिंदी को तुच्छ और ग्रामिणों की भाषा समझने लगते हैं, तब यह कैसे आशा की जा सकती है कि हिंदी में ऊँचे दर्जे के साहित्य का निर्माण हो।" ('हंस', जनवरी '36) फिर भी उनका विचार था कि देश का साहित्य यदि उन्नति कर सकता है तो वह राष्ट्रभाषा के द्वारा ही, अन्य उपभाषाओं से नहीं; राष्ट्रभाषा का साहित्य ही अंतर्राष्ट्रीय प्रतिद्वंद्विता में

ठहर सकेगा, दूसरा नहीं। 'यह स्वप्न देखना कि भारत की सभी प्रांतीय भाषाएँ संसार की समुन्नत भाषाओं के बराबर हो सकती हैं, भूल है। एक राष्ट्र एक ही भाषा को लेकर अंतर्राष्ट्रीय संघों के सामने खड़ा हो सकता है।" ('हंस', नवम्बर '35) इससे मालूम होता है, राष्ट्रभाषा के प्रश्न को प्रेमचंद कितना महत्त्वपूर्ण समझते थे और उसके साहित्य की उन्नति के लिए उनमें कैसी उत्कट अभिलाषा थी। उसी लगन से साहित्य रचकर उन्होंने राष्ट्रभाषा का मस्तक भी ऊँचा किया है। लिपि के सम्बन्ध में उन्होंने विशेष कुछ विवेचनात्मक नहीं लिखा, परंतु जैसे भाषा के सम्बन्ध में उनकी पहली कसौटी बोधगम्यता की है, उसी प्रकार लिपि के लिए उन्होंने पहले-पहल उसका सरल और सुबोध होना आवश्यक समझा है। इसलिए उन्होंने देवनागरी लिपि का ही समर्थन किया है। "हिंदुस्तानी भाषा के लिए हिंदी लिपि रखना ही सुविधा की बात है।" ('हंस', नवम्बर '34)

प्रेमचंद किस प्रकार के साहित्य की उन्नति चाहते थे, यह तो उनका साहित्य देखकर समझा जा सकता है; फिर भी साहित्य की अन्य धाराओं के प्रति उनका दृष्टिकोण उदार था और कड़े शब्दों में उन्होंने किसी का खंडन नहीं किया, मतलब की चीज़ मिलने पर उसका स्वागत अवश्य किया है। दोषों को उन्होंने छिपाया भी नहीं है, उनकी ओर इंगित किया है। यद्यपि 'हंस' में पुस्तकों का परिचय देते हुए वह विशेष विवेचन न कर सकते थे, फिर भी उनकी टिप्पणियाँ उनके सूक्ष्म विवेक का परिचय देती हैं। प्रसादजी के 'कंकाल' की आलोचना करते उन्होंने लिखा था : "मुझे अब तक आपसे यह शिकायत थी कि आप क्यों प्राचीन वैभव का राग अलापते हैं, ऐसी चीज़ें क्यों नहीं लिखते, जिनमें वर्तमान समस्याओं और गुत्थियों को सुलझाया गया हो।" प्रेमचंद का यथार्थवादी दृष्टिकोण प्रसाद की रोमांटिक भावुकता के विपरीत हो, यह स्वाभाविक था, फिर भी उन्होंने इस विरोध को बहुत ही नम्रता के साथ व्यक्त किया है, "न जाने क्यों मेरी यह धारणा हो गई है, कि हम आज से दो हज़ार वर्ष पूर्व की बातों और समस्याओं का चित्रण सफलता के साथ नहीं कर सकते।" 'कंकाल' में जो वर्तमान समस्याओं को सुलझाने की चेष्टा की गई है, उसका उल्लेख कर उन्होंने प्रसाद के इस पहले उपन्यास का यह कहकर स्वागत किया है, "आज हिंदी में बहुत कम ऐसे उपन्यास हैं, जो इसके सामने रक्खे जा सकें।" देश-विदेश के बहुत कम कलाकार ऐसे मिलेंगे जो अपने एक प्रतिद्वंद्वी का ऐसे मुक्तकंठ से, ऐसी आतुरता से स्वागत करते हैं। 'तितली' पर प्रेमचंद ने जो कुछ लिखा, वह प्रसाद के शेष साहित्य के लिए भी सत्य है। प्रसाद के दोष और गुणों को उन्होंने खूब पहचाना है और सूत्ररूप में जो यहाँ उन्होंने कहा है, उससे अधिक कुछ तथ्यपूर्ण प्रसाद-सम्बन्धी आलोचना में नहीं कहा गया। "उपन्यास पढ़ते हुए मन इस प्रवंचना में नहीं पड़ने पाता कि यह कोई यथार्थ जीवन का चित्र है। उसकी औपन्यासिकता मन से दूर नहीं होती। चरित्र सजीव न होकर छाया से मालूम होते हैं। सूर्य का तीव्र प्रकाश कहीं नहीं है, मद्धिम चाँदनी में सारे दृश्य दिखाई

देते जान पड़ते हैं। अंत खुद एक पहेली है। हम चरित्रों की झलक-सी देखते हैं। उनका सम्पूर्ण रूप हमारे सामने नहीं आता; मगर शायद यह उनका अधखुलापन ही है, जो उन्हें हृदय के समीप पहुँचा देता है।" रोमांटिक प्रसाद यथार्थ के कितना निकट आ सकते थे, प्रेमचंद ने इसे भली प्रकार समझा था; फिर भी उनके रोमांटिक सौंदर्य को प्रेमचंद ऐसी अच्छी तरह व्यक्त कर सके, यह कम आश्चर्य की बात नहीं है। मद्धिम चाँदनी के दृश्य कितनी सुंदरता और पूर्णता से प्रसाद के कल्पना-जगत का वर्णन करते हैं और वे स्वयं प्रेमचंद के जेठ-बैसाख की लूक में झुलसे दृश्यों से कितना भिन्न हैं, यह सोचकर उनकी उदार ग्राहिका शक्ति का अनुमान किया जा सकता है।

उग्रजी के 'शराबी' की भी प्रेमचंदजी ने प्रशंसा ही की है, यद्यपि उसकी भावुक यथार्थवादिता उनके वृत्त के बाहर की वस्तु थी। उसकी भाषा के प्रवाह और स्फूर्ति का उल्लेख कर उसके यथार्थवाद के लिए यही लिखा है कि रुचि या कुरुचि की पर्वाह न करते हुए वह अपने असली रूप में दिखाई देता है। नवीन लेखकों में वह सर्वश्री जैनेंद्र, अज्ञेय, भुवनेश्वर प्रसाद प्रभृति लेखकों का स्वागत करने वालों में थे; इनकी ऊँचे शब्दों में उन्होंने प्रशंसा की थी, फिर भी इनकी कमज़ोरियाँ उनसे छिपी न थीं। श्री अज्ञेय की भावुकता के लिए लिखा था, "काश, अज्ञेयजी कल्पना-लोक से उतरकर यथार्थ के संसार में आते।" श्री भुवनेश्वर प्रसाद की प्रगतिशीलता के लिए उन्होंने "विधवाओं का तेज और कसक और विद्रोह" लिखा था तथा उनके अस्वस्थ आत्मचिंतन को लक्ष्य कर लिखा था, "उन्हें अपने आप में डूबे रहने और अपनी कटुताओं से सरल जीवन को कटु बनाने का वह मरज़ है, जो अगर एक ओर साहित्य की जान है, तो दूसरी ओर उसकी मौत भी है।" प्रगतिशील लेखकों का भी उन्होंने स्वागत किया था लेकिन 'प्रगतिशील' नाम की तथ्यहीनता का उल्लेख उन्होंने प्रगतिशील लेखक सम्मेलन में ही किया था। प्रगतिशील लेखक संघ नाम गलत है, बताते हुए उन्होंने कहा था, "साहित्यकार या कलाकार स्वभावतः प्रगतिशील होता है; अगर यह उसका स्वभाव न होता तो शायद वह साहित्यकार ही न होता।" प्रगतिशील लेखक साहित्य में कुछ ऐसा न करने जा रहे थे जो नितांत नवीन हो और पूर्व साहित्य उससे अपरिचित हो। केवल नाम का बिल्ला लगाने से कोई प्रगतिशील या अन्य रूप से महान साहित्यिक नहीं हो जाता; प्रेमचंद के लिए साहित्य का ही अर्थ प्रगति था। ऊपर दिए गए थोड़े से उद्धरणों से भी प्रेमचंद की उदारता और सूक्ष्म विवेचन-बुद्धि स्पष्ट समझ में आ जायगी।